今注本二十四史

後漢書

南朝宋 范曄 撰 唐 李賢等 注

卜憲群 周天游 主持校注

一六 傳 〔一二〕

中國社會科學出版社

後漢書　卷六六

列傳第五十六

陳蕃　王允

　　陳蕃字仲舉，汝南平輿人也。[1]祖河東太守。[2]蕃年十五，嘗閑處一室，而庭宇蕪穢。[3]父友同郡薛勤來候之，[4]謂蕃曰："孺子何不洒埽以待賓客？"[5]蕃曰："大丈夫處世，當埽除天下，安事一室乎！"[6]勤知其有清世志，甚奇之。

　　[1]【今注】汝南：郡名。治平輿縣（今河南平輿縣北）。
　　[2]【今注】河東：郡名。治安邑縣（今山西夏縣西北）。案，錢大昕《三史拾遺》卷四："列傳叙述祖父，必舉其名。此有官而無名，又別無事迹，則不如其不載矣。蔚宗好引用《風俗通義》，此必因應書有'其祖河東太守，冢在召陵'之文而增入耳。"
　　[3]【今注】蕪穢：土地荒亂，雜草叢生。
　　[4]【今注】薛勤：字恭祖，汝南郡人。曾任山陽太守。勤，又作"懃"。　候：訪問，看望。
　　[5]【今注】孺子：小子。薛勤爲陳蕃父輩，故以此稱之。

案，埽，大德本、殿本作“掃”。下“當埽除天下”同。

[6]【今注】案，周天游《八家後漢書輯注》輯謝承《後漢書》卷四：“陳蕃家貧，不好掃室，客怪之者，或曰：‘可一掃乎？’蕃曰：‘大丈夫當爲國掃除天下，豈徒室中乎！’”（上海古籍出版社 1986 年版，第 119 頁）

初仕郡，舉孝廉，[1]除郎中。[2]遭母憂，[3]弃官行喪。服闋，[4]刺史周景辟別駕從事，[5]以諫爭不合，投傳而去。[6]後公府辟舉方正，[7]皆不就。太尉李固表薦，[8]徵拜議郎，[9]再遷爲樂安太守。[10]

[1]【今注】孝廉：漢代察舉制的科目之一。西漢武帝元光元年（前 134）初令郡國舉孝、廉各一人，後合稱爲孝廉。漢代舉孝廉者多任郎官，有年齡限制，後又加考試。東漢順帝時期，“初令郡國舉孝廉，限年四十以上，諸生通章句，文吏能牋奏，乃得應選；其有茂才異行，若顏淵、子奇，不拘年齒”（本書卷六《順帝紀》）。

[2]【今注】郎中：官名。漢承秦置。西漢有車、户、騎三將，内充侍衛，外從作戰。東漢罷郎中三將，遂分隸五官、左、右中郎將三署，備宿衛，充車騎。屬光禄勳，比三百石。

[3]【今注】母憂：母喪。

[4]【今注】服闋（què）：三年守喪期滿除服。

[5]【李賢注】《續漢志》曰：“別駕從事，校尉行部奉引（部，大德本作‘邵’），揔録衆事。”【今注】刺史：官名。西漢武帝時始置，分全國爲十三部州，州置刺史一人。奉詔巡行諸郡，以六條問事，省察治政，黜陟能否，斷理冤獄。無治所，秩六百石。漢成帝時改刺史爲州牧，秩二千石。漢哀帝中復爲刺史，旋復爲牧。東漢光武帝建武十八年（42），罷州牧，復置刺史。東漢刺

史，秩亦六百石。漢靈帝中平元年（184），黃巾起義爆發，復改刺史爲州牧，成爲郡以上的一級行政組織。周景所任爲豫州刺史。

周景：字仲饗，廬江舒（今安徽廬江縣西南）人。傳見本書卷四五。　辟：徵召。　別駕從事：東漢司隸校尉及州部屬吏。校尉及刺史行部則奉引，錄衆事。案，曹金華《後漢書稽疑》：“此謂辟陳蕃爲別駕從事，《書鈔》卷七三引《謝承書》同，而《吳志·周瑜傳》注引《謝承書》作‘辟汝南陳蕃爲別駕，潁川李膺、荀緄、杜密、沛國朱寓爲從事’。”（中華書局 2014 年版，第 861 頁）

[6]【李賢注】投，弃也。傳謂符也，音丁戀反。【今注】投傳：這裏指辭官。

[7]【今注】公府：漢朝太尉、司徒、司空稱三公，其府稱公府。　方正：漢代選拔人才的一種制度。主要用於選舉品格賢良方正，能够直言極諫的人士。

[8]【今注】太尉：官名。東漢光武帝建武二十七年（51）改大司馬置，秩萬石，爲三公之首。本書《百官志一》：“太尉，公一人。本注曰：掌四方兵事功課，歲盡即奏其殿最而行賞罰。凡郊祀之事，掌亞獻；大喪則告謚南郊。凡國有大造大疑，則與司徒、司空通而論之。國有過事，則與二公通諫爭之。”　李固：字子堅，漢中南鄭（今陝西漢中市）人。傳見本書卷六三。

[9]【今注】議郎：官名。郎官之一種，光禄勳屬官，爲高級郎官，不入直宿衛，職掌顧問應對，參與議政，秩比六百石。《漢書·百官公卿表上》：“郎掌守門户，出充車騎，有議郎、中郎、侍郎、郎中，皆無員，多至千人。議郎、中郎秩比六百石，侍郎比四百石，郎中比三百石。”本書《百官志二》：“凡郎官皆主更直執戟，宿衛諸殿門，出充車騎。唯議郎不在直中。”“凡大夫、議郎皆掌顧問應對，無常事，唯詔令所使。”

[10]【李賢注】《續漢志》曰，樂安本名千乘（本，大德本作“縣名”，殿本作“縣名本”），和帝更名也。【今注】樂安：

東漢質帝本初元年（146）改樂安國置，治高菀縣（今山東鄒平縣東北苑城）。

　　時李膺爲青州刺史，[1]名有威政，屬城聞風，[2]皆自引去，[3]蕃獨以清績留。郡人周璆，高絜之士。[4]前後郡守招命莫肯至，唯蕃能致焉。字而不名，特爲置一榻，[5]去則縣之。[6]璆字孟玉，臨濟人，[7]有美名。

　　[1]【今注】李膺：字元禮，潁川襄城（今河南襄城縣）人。傳見本書卷六七。　青州：西漢武帝時所置十三刺史部之一。轄境相當於今山東德州市、齊河縣以東，馬頰河以南，濟南、臨朐、安丘、高密、萊陽、棲霞、乳山等市縣以北、以東和河北吳橋縣地。東漢治所在臨菑縣（今山東淄博市臨淄區北）。
　　[2]【今注】屬城：指下轄諸郡縣。
　　[3]【今注】引去：離去，隱退。
　　[4]【李賢注】璆音仇（大德本、殿本“仇”後有“又巨秋反”四字）。【今注】周璆：字孟玉。前後十五辟皆不就，曾任高唐令（一説爲樂城令）。
　　[5]【今注】榻：長狹而低的坐臥用具。
　　[6]【今注】縣：通“懸”。
　　[7]【今注】臨濟：縣名。治所在今河南封丘縣東。

　　民有趙宣，葬親而不閉埏隧，[1]因居其中，行服二十餘年，鄉邑稱孝，州郡數禮請之。郡內以薦蕃，蕃與相見，問及妻子，而宣五子皆服中所生。蕃大怒曰：“聖人制禮，賢者俯就，不肖企及。[2]且祭不欲數，以其易黷故也。[3]況乃寢宿冢藏，[4]而孕育其中，誑時惑衆，誣汙鬼神乎？"[5]遂致其罪。

[1]【李賢注】埏隧，今入墓道也（入，紹興本、殿本作
"人"，是）。杜預注《左傳》云："掘地通路曰隧。"【今注】埏
（shān）：墓道。

[2]【李賢注】《禮記》曰："三年之喪，可復父母之恩也。
賢者俯而就之，不肖者企而及之。"【今注】案，《禮記·喪服四
制》："聖人因殺以制節，此喪之所以三年，賢者不得過，不肖者不
得不及。"李賢引文不見今本《禮記》。

[3]【李賢注】黷，媟也。《禮記》曰："祭不欲數，數則煩，
煩則不敬。"【今注】黷（dú）：玷污。

[4]【今注】冢藏：墳墓。

[5]【今注】誣汙：玷污。

　　大將軍梁冀威震天下，[1]時遣書詣蕃，有所請
託，[2]不得通，使者詐求謁，蕃怒，笞殺之，[3]坐左轉
脩武令。[4]稍遷，拜尚書。[5]

[1]【今注】大將軍：官名。戰國以來掌征伐的高級武官，漢
初爲臨時封號，位在三公下，事迄則罷。西漢武帝之後漸成常置，
多冠以大司馬號，領尚書事，爲中朝官領袖。秩萬石。東漢多以貴
戚擔任，位在三公之上。　梁冀：字伯卓，安定烏氏（今寧夏固原
市東南）人。傳見本書卷三四。

[2]【今注】請託：以事相託付。

[3]【今注】笞（chī）：用鞭、杖打。

[4]【今注】左轉：降職、貶官。　脩武：縣名。治所在今河
南獲嘉縣。

[5]【今注】尚書：官名。東漢尚書臺六曹，每曹設尚書一

人，分別負責己曹事務。秩六百石。本書《百官志三》："尚書六人，六百石。本注曰：成帝初置尚書四人，分爲四曹：常侍曹尚書主公卿事；二千石曹尚書主郡國二千石事；民曹尚書主凡吏上書事；客曹尚書主外國夷狄事。世祖承遵，後分二千石曹，又分客曹爲南主客曹、北主客曹，凡六曹。"

　　時零陵、桂陽山賊爲害，[1]公卿議遣討之，又詔下州郡，一切皆得舉孝廉、茂才。[2]蕃上疏駮之曰：[3]"昔高祖創業，萬邦息肩，[4]撫養百姓，同之赤子。[5]今二郡之民，亦陛下赤子也。[6]致令赤子爲害，豈非所在貪虐使其然乎？宜嚴勅三府，[7]隱覈牧守令長，[8]其有在政失和，侵暴百姓者，即便舉奏，更選清賢奉公之人，能班宣法令情在愛惠者，可不勞王師，而群賊弭息矣。[9]又三署郎吏二千餘人，[10]三府掾屬過限未除，[11]但當擇善而授之，簡惡而去之。[12]豈煩一切之詔，以長請屬之路乎！"[13]以此忤左右，故出爲豫章太守。[14]

　　[1]【今注】零陵：郡名。治泉陵縣（今湖南永州市零陵區）。桂陽：郡名。治郴縣（今湖南郴州市北湖區）。

　　[2]【今注】一切：權宜，臨時。　茂才：漢代察舉制重要科目之一。西漢稱秀才，東漢避光武帝劉秀諱，改爲茂才，或作茂材。

　　[3]【今注】駮：同"駁"。殿本作"駁"。

　　[4]【今注】息肩：卸除負擔而獲得休息。

　　[5]【李賢注】《尚書》曰："若保赤子，唯人其康乂（唯，大德本、殿本作'惟'。人，殿本作'民'）。"【今注】赤子：百

姓，人民。

［6］【今注】案，大德本、殿本“下”後有“之”字。

［7］【今注】勑：詔命。　三府：太尉、司徒、司空府。

［8］【今注】隱覈（hé）：審核。　牧：州牧。官名。省稱牧。西漢武帝時分全國爲十三州部，各置刺史監察諸郡，秩六百石。成帝綏和元年（前8）更名州牧，秩二千石，位次九卿。哀帝建平二年（前5）復舊稱。元壽二年（前1）又改州牧。東漢復置刺史，逐漸演變爲州一級行政長官。靈帝中平五年（188）天下紛亂，劉焉以刺史威輕，建議改制州牧，選重臣以居其位。靈帝從之。州牧掌全州軍政大權，地位高於郡守。　令長：縣令、縣長。萬户以上縣設縣令，秩千石；不足萬户設縣長，秩四百石或三百石。

［9］【今注】弭（mǐ）息：平息，止息。

［10］【今注】三署：隸屬於五官中郎將、左中郎將、右中郎將宫廷宿衞諸郎的統稱。

［11］【今注】掾屬：公府屬吏，正曰掾、副曰屬，如各曹掾史及其下屬吏。　除：任命。

［12］【今注】簡：通“柬”。選擇。

［13］【今注】請屬：求爲屬官。案，惠棟《後漢書補注》引《汝南先賢傳》曰：“蕃上書曰‘昔明帝時，公主爲子求郎，不許，賜錢千萬。左右問之，曰：“郎，天官也。以當叙德，何可妄與人耶！”今陛下以郎比一把菜，臣以爲反側。’”

［14］【今注】豫章：郡名。治南昌縣（今江西南昌市東湖區）。案，周天游《八家後漢書輯注》輯謝承《後漢書》卷四：“陳蕃爲豫章太守，正雅矯俗，以禮導下。”（第120頁）

性方峻，不接賓客，士民亦畏其高。[1] 徵爲尚書令，[2] 送者不出郭門。遷大鴻臚。[3] 會白馬令李雲抗疏諫，[4] 桓帝怒，當伏重誅。[5] 蕃上書救雲，坐免歸田里。復徵拜議郎，[6]數日遷光禄勳。[7]

[1]【李賢注】蕃喪妻，鄉人畢至，唯許子將不往，曰："仲舉性峻，峻則少通，故不造也。"

[2]【今注】尚書令：官名。漢承秦置。初爲尚書署長官，掌收發文書，隸少府。秩六百石。西漢武帝以後，職權漸重，爲宮廷機要官員，掌傳達記録詔命章奏，秩千石。東漢爲尚書臺長官，掌決策出令、綜理政務，秩位低而總領朝政，名義上仍隸少府。本書《百官志三》："尚書令一人，千石。本注曰：承秦所置，武帝用宦者，更爲中書謁者令，成帝用士人，復故。掌凡選署及奏下尚書曹文書衆事。"《通典》卷二二《職官四》："至秦，置尚書令。尚，主也。漢因之，銅印青綬。武帝用宦者，更爲中書謁者令。成帝去中書謁者令官，更以士人爲尚書令。後漢衆務，悉歸尚書，三公但受成事而已。尚書令主贊奏事，總領紀綱，無所不統。與司隸校尉、御史中丞朝會皆專席而坐，京師號曰'三獨坐'。故公爲令、僕射者，朝會不陛奏事。天子封禪，則尚書令奉玉牒檢兼藏封之禮。"

[3]【今注】大鴻臚：官名。秦置典客，掌諸歸義蠻夷。西漢景帝中更名大行令，武帝太初元年（前104）更名大鴻臚。成帝河平元年（前28）罷典屬國併大鴻臚。王莽時改稱典樂。東漢復稱大鴻臚。九卿之一，秩中二千石。本書《百官志二》："大鴻臚，卿一人，中二千石。本注曰：掌諸侯及四方歸義蠻夷。其郊廟行禮，贊導，請行事，既可，以命群司。諸王入朝，當郊迎，典其禮儀。及郡國上計，匡四方來，亦屬焉。皇子拜王，贊授印綬。及拜諸侯、諸侯嗣子及四方夷狄封者，臺下鴻臚召拜之。王薨則使弔之，及拜王嗣。"

[4]【今注】白馬：縣名。治所在今河南滑縣東。　李雲：字行祖，甘陵（今山東臨清市東北）人。傳見本書卷五七。　抗疏：

上書直言。

[5]【今注】案，紹興本無“重”字。

[6]【今注】議郎：官名。秦置漢承。掌顧問應對，參與議政。不入直宿衛。漢九卿之一光祿勳（郎中令）屬官，秩比六百石。

[7]【今注】光祿勳：官名。秦稱郎中令，漢因之。西漢武帝時更名光祿勳，掌宮掖門户。秩中二千石，位列九卿。本書《百官志二》：“光祿勳，卿一人，中二千石。本注曰：掌宿衛宮殿門户，典謁署郎更直執戟，宿衛門户，考其德行而進退之。郊祀之事，掌三獻。”案，周天游《八家後漢書輯注》輯袁山松《後漢書》卷四：“桓帝時，京師稱曰：‘李元禮嚴嚴如玉山，陳仲舉軒軒如千里驥。’”（第672頁）

時封賞踰制，內寵猥盛，[1]蕃乃上疏諫曰：“臣聞有事社稷者，社稷是爲；有事人君者，容悦是爲。今臣蒙恩聖朝，備位九列，[2]見非不諫，則容悦也。夫諸侯上象四七，垂燿在天，下應分土，藩屏上國。[3]高祖之約，非功臣不侯。[4]而聞追録河南尹鄧萬世父遵之微功，[5]更爵尚書令黄儁先人之絶封，[6]近習以非義授邑，[7]左右以無功傳賞，授位不料其任，[8]裂土莫紀其功，至乃一門之内，侯者數人，故緯象失度，[9]陰陽謬序，稼用不成，[10]民用不康。臣知封事已行，[11]言之無及，誠欲陛下從是而止。又比年收斂，[12]十傷五六，萬人飢寒，不聊生活，[13]而采女數千，[14]食肉衣綺，脂油粉黛，不可貲計。[15]鄙諺言‘盗不過五女門’，[16]以女貧家也。今後宮之女，豈不貧國乎！是以傾宮嫁而天下化，[17]楚女悲而西宮災。[18]且聚而不御，[19]必生憂悲之感，以致并隔水旱之困。[20]夫獄以禁止姦違，官以稱才理物。若法虧於平，官失其人，則王道有缺。而令天下之論，皆謂獄由怨起，爵以賄成。夫不有臭穢，則蒼蠅不飛。陛下宜採求失得，擇從忠善。尺一選舉，委尚書三公，[21]使褒責誅賞，各有所歸，豈不幸甚！”帝頗納其言，爲出宮女五百餘人，但賜儔爵關內侯，[22]而萬世南鄉侯。[23]

[1]【今注】猥盛：衆多。

[2]【今注】九列：九卿。

[3]【李賢注】上象四七，謂二十八宿各主諸侯之分野，故曰下應分土，言皆以輔王室也。【今注】四七：二十八宿。黃道帶上星象，四方各有七宿。東方名爲蒼龍，有角、亢、氐、房、心、尾、箕宿；北方名爲玄武，有斗、牛、女、虛、危、室、壁宿；西方名爲白虎，有奎、婁、胃、昴、畢、觜、參宿；南方名爲朱雀，有井、鬼、柳、星、張、翼、軫宿。

[4]【今注】案，《史記》卷五七《絳侯周勃世家》：“竇太后曰：‘皇后兄王信可侯也。’景帝讓曰：‘始南皮、章武侯先帝不侯，及臣即位乃侯之。信未得封也。’竇太后曰：‘人主各以時行耳。自竇長君在時，竟不得侯，死後乃其子彭祖顧得侯。吾甚恨之。帝趣侯信也！’景帝曰：‘請得與丞相議之。’丞相議之，亞夫曰：‘高皇帝約“非劉氏不得王，非有功不得侯。不如約，天下共擊之”。今信雖皇后兄，無功，侯之，非約也。’景帝默然而止。”

[5]【今注】案，聞，大德本誤作“間”。　錄：記載，登記。
河南尹：東漢光武帝建武十五年（39）置。爲京都雒陽所在河南郡長官。主掌京都事務，春行屬縣，勸農桑，振乏絕；秋冬案訊囚徒，平其罪法；歲終遣吏上計；並舉孝廉，典禁兵。秩二千石。

鄧萬世：南陽新野人。唐人避諱或作鄧萬。東漢桓帝鄧皇后叔父。
延熹八年（165）鄧皇后廢，與鄧后兄虎賁中郎將鄧會下獄死。

遵：鄧遵。鄧騭從弟。嘗任烏桓校尉。東漢安帝元初元年（114）
遷度遼將軍，先後出軍鎮壓羌人起事，封武陽侯。後受誣下獄，
自殺。

[6]【今注】絕封：謂已絕的封爵。

[7]【今注】近習：近幸之人。　非義：指不合理的緣由。

[8]【今注】料：計算，挑選。

[9]【今注】緯象：星象。

[10]【今注】稼用：農作物。

[11]【今注】封事：奏事防有洩漏，用皂囊封緘，故稱。

[12]【今注】比：頻。

[13]【今注】聊：苟且。

[14]【今注】采女：漢代宮女選自民家，故稱。

[15]【李賢注】貲，量也。【今注】案，周天游《八家後漢
書輯注》輯司馬彪《續漢書》卷五：“陳蕃諫桓帝云：‘宮女數千，
脂粉之耗，不可勝數。’”（第466頁）

[16]【今注】案，言，大德本、殿本作“云”。

[17]【李賢注】《帝王紀》曰“紂作傾宮，多采美女以充之。
武王伐殷，乃歸傾宮之女於諸侯”也。【今注】傾宮：桀或紂的宮
殿名。《春秋繁露·王道》：“聽鄭衛之音，充傾宮之志。”蘇輿《義
證》：“《尚書大傳》：‘歸傾宮之女。’《文選》劉淵林注《吳都賦》：
‘汲郡地中《古文冊書》：“桀作傾宮，飾瑤臺。”’高誘云：‘傾宮，
築作宮牆，滿一傾田中，言博大也。’李賢《後漢書》注引《帝王
世紀》云：‘紂時傾宮婦人衣綾紈者三百餘人。’《晏子·諫下》：
‘殷之衰也，其王紂作爲傾宮靈臺。’是桀紂竝作傾宮。”

[18]【李賢注】《公羊傳》曰：“西宮災。”何休注云：“時僖
公爲齊桓所脅，以齊媵爲嫡，楚女廢居西宮，而不見恤，悲愁怨

曠所生。"【今注】西宮：春秋時魯侯的小寢。

　　[19]【今注】御：臨幸。

　　[20]【今注】并隔：猶隔并。謂水旱失調。

　　[21]【李賢注】尺一謂板長尺一，以寫詔書也。

　　[22]【今注】關内侯：爵位名。爲二十等爵的第十九級爵。關内侯又名倫侯，秦琅邪刻石有"倫侯"，地位在"列侯"之下。里耶秦簡更名方有"關内侯爲倫侯"，説明倫侯即關内侯。關内侯有侯號，居京師，無封土，但享受食邑權。關内侯所食户數在一百户至五千户之間，但以三百户、五百户爲主。

　　[23]【今注】南鄉：縣名。治所在今河南淅川縣西南。《漢書·地理志》不見此縣名。漢魏洛陽故城南郊東漢刑徒墓地出土刑徒磚有"右無任南陽南鄉鬼薪張伯，永寧元年五月十六日死"。(中國社會科學院考古研究所編著：《漢魏洛陽故城南郊東漢刑徒墓地》，文物出版社 2007 年版，第 104 頁) 永寧爲漢安帝年號，可知南鄉最晚在東漢安帝永寧元年（120）已經置縣。

　　延熹六年，[1] 車駕幸廣城校獵。[2] 蕃上疏諫曰："臣聞人君有事於苑囿，唯仲秋西郊，順時講武，[3] 殺禽助祭，以敦孝敬。如或違此，則爲肆縱。故皋陶戒舜'無放逸遊'，[4] 周公戒成王'無槃于遊田'。[5] 虞舜、成王猶有此戒，況德不及二主者乎！夫安平之時，尚宜有節，況當今之世，有三空之厄哉！田野空，朝廷空，倉庫空，是謂三空。加兵戎未戢，[6] 四方離散，[7] 是陛下焦心毀顔，坐以待旦之時也。豈宜揚旗曜武，騁心輿馬之觀乎！[8] 又前秋多雨，[9] 民始種麥。今失其勸種之時，而令給驅禽除路之役，非賢聖恤民之意也。齊景公欲觀於海，[10] 放乎琅邪，[11] 晏子爲陳百姓惡聞旌旗輿馬之音,[12]舉首嚬眉之感,[13]景公爲之不行。[14]周穆王欲肆車轍馬跡,祭公、謀父爲誦《祈招》之詩,以止其心。誠惡逸遊之害人也。"[15]書奏不納。

[1]【今注】延熹:東漢桓帝劉志年號(158—167)。

[2]【李賢注】廣城,苑名,在今汝州梁縣西也。【今注】校獵:用柵欄把禽獸圍住,再獵取之。

[3]【今注】講武:講習武術、戰事。

[4]【李賢注】《尚書·呇繇謨》曰:"無教逸欲有邦。"【今注】放:效法。大德本、殿本作"教"。 逸遊:今本《尚書》作"逸欲",逸樂貪欲。案,曹金華《後漢書稽疑》:"'遊'當作'欲',《尚書·皋陶謨》作'無教逸欲'。《後漢紀》卷二二引作'無敢遊佚',《御覽》卷四五二引《謝承書》作'無畋遊',皆誤。"(第861頁)

[5]【李賢注】《尚書·無逸篇》之言。【今注】槃:通"盤"。安樂。 遊田:游獵。案,今本《尚書》作"文王不敢盤于遊田"。

[6]【今注】戢:止息。

[7]【今注】案,赦,紹興本、大德本、殿本作"散",是。

[8]【今注】騁心:恣意。

[9]【今注】案,前秋,殿本作"秋前"。

[10]【今注】齊景公:名杵臼。齊莊公異母弟。以崔杼爲右相,慶封爲左相。在位期間,朝政混亂,好治宮室,厚賦重刑。在位五十八年。

[11]【今注】琅邪:春秋齊邑。在今山東青島市黃島區西南。

[12]【今注】晏子:晏嬰。傳見《史記》卷六二。

[13]【今注】嚬眉:皺眉頭。表示憂愁、不快。

[14]【今注】案,曹金華《後漢書稽疑》:"'爲陳'云云,乃

孟子對齊宣王之語，而誤以爲晏子之語。詳見《孟子·梁惠王下》。”（第862頁）

[15]【李賢注】祭公，祭國公，爲周卿士。謀父，名也。《祈招》，逸詩也。《左傳》曰：“昔周穆王欲肆其心，周行天下，將皆必有車轍馬跡焉。祭公謀父作《祈招》祈招之詩以止王心。其詩曰：‘祈招之愔愔（招，大德本誤作“昭”），式昭德音，思我王度，式如王（王，紹興本、大德本、殿本作“玉”），式如金。刑人之力，而無醉飽之心。’”【今注】祈招：一説祈父爲周司馬，招爲其名；一説“祈招”爲祈求明德之意。

自蕃爲光禄勳，與五官中郎將黄琬共典選舉，[1]不偏權富，而爲執家郎所譖訴，[2]坐免歸。頃之，徵爲尚書僕射，[3]轉太中大夫。[4]八年，代楊秉爲太尉。[5]蕃讓曰：“‘不愆不忘，率由舊章，’[6]臣不如太常胡廣。[7]齊七政，[8]訓五典，[9]臣不如議郎王暢。[10]聰明亮達，[11]文武兼姿，臣不如弛刑徒李膺。”[12]帝不許。

[1]【今注】五官中郎將：官名。漢承秦置。職掌宿衛殿門，出充車騎。光禄勳屬官，秩比二千石。本書《百官志二》：“五官中郎將一人，比二千石。本注曰：主五官郎。”　黄琬：字子琰，江夏安陸（今湖北雲夢縣）人。傳見本書卷六一。

[2]【今注】執：通“勢”。　案，訴，紹興本、大德本、殿本作“訴”，是。

[3]【今注】尚書僕射：官名。秦置，屬少府。西漢因之，爲尚書令副職，主文書啓封。秩六百石。東漢爲尚書臺次官，職權益重。本書《百官志三》：“尚書僕射一人，六百石。本注曰：署尚書事，令不在則奏下衆事。”

［4］【今注】太中大夫：官名。秦始置，居諸大夫之首，西漢武帝時次於光禄大夫，屬郎中令（光禄勳），無員額。侍從皇帝左右，掌顧問應對，參謀議政，奉詔出使。多以寵臣貴戚充任，東漢後期權任漸輕。秩比千石。

［5］【今注】楊秉：字叔節，弘農華陰（今陝西華陰市東）人。傳見本書卷五四。

［6］【李賢注】《詩·大雅》也。言成王令德，不過誤，不遺失，循用舊典文章，謂周公之禮法也。【今注】愆：過失。案，曹金華《後漢書稽疑》："此出《大雅·假樂》，有二解也。《毛詩序》：'《假樂》，嘉成王也。'《詩三家義集疏》：'《論衡·藝增篇》："《詩》言'子孫千億'，美周宣王之德能慎天地，天地祚之，子孫衆多，至於千億。"'《魯詩》與《毛序》'嘉成王'不同。"（第862頁）

［7］【今注】太常：官名。秦置奉常，漢初因之。西漢景帝中元六年（前144），改名爲太常。王莽時曾改名秩宗，東漢又復名太常。掌宗廟祭祀禮儀，兼選試博士。爲諸卿之首，秩中二千石。本書《百官志二》載："太常，卿一人，中二千石。本注曰：掌禮儀祭祀，每祭祀，先奏其禮儀；及行事，常贊天子。每選試博士，奏其能否。大射、養老、大喪，皆奏其禮儀。每月前晦，察行陵廟。"　胡廣：字伯始，南郡華容（今湖北潛江市西南）人。傳見本書卷四四。

［8］【今注】七政：《尚書·堯典》："在璿璣玉衡以齊七政。"顧頡剛、劉起釪《尚書校釋譯論》："經師們對此至少有四種不同之説：（一）《尚書大傳》云：'七政者，謂春、秋、冬、夏、天文、地理、人道，所以爲政也。人道正而萬事順成，故天道，政之大也。'（《天官書索隱》引）此伏生系今文家説。（二）《史記·天官書》云：'北斗七星，所謂旋璣玉衡，以齊七政。'此亦西漢今文説。皮錫瑞《大傳疏證》云：'《易通卦驗》曰："遂皇始出握機

矩。”是法北斗七星而立七政。《乾鑿度》曰：“合七八以視旋機，審矣。”’緯書皆今文説，同《史記》所用義。新城新藏《二十八宿起源説》亦以爲應指北斗，因中國古代曾以北斗爲觀測之目標。（三）《史記·律書》贊云：‘在旋機玉衡以齊七政，即天、地、二十八宿、十母、十二子。’亦司馬遷用今文説。（四）馬融《尚書》注云：‘七政者，北斗七星各有所主。第一曰主日法天，第二曰主月法地，第三曰命火，謂熒惑也，第四曰煞土，謂填星也，第五曰伐水，謂辰星也，第六曰危木，謂歲星也，第七曰罰（《後案》引作剽）金，謂太白也。日月五星各異，故名曰七政也。’（《史記·天官書》引）此援引北斗而强説爲日月五星。鄭玄乃明確説：‘七正，日月五星也。’（《史記·五帝本紀·集解》引）（戴震、江聲誤謂鄭玄亦主《大傳》説，孫星衍輯《馬鄭注》不采二人説，皮錫瑞《考證》辨明鄭祗主日月五星説）。自古文家馬、鄭倡日月五星説，而後僞傳、《蔡傳》及宋元諸儒著作大都從之，很少異説。（戴震《義考》始謂五星‘何以與日月並列稱七政’，魏源《書古微》謂‘北斗七星無主日月五星之理’。）”“其實察旋機玉衡以齊七政，就是觀察斗柄所指方向來認識四季不同星象和物候特點，來安排民生首要的農事活動及有關生活處理和行政設施。”（中華書局2016年版，第118—120頁）

[9]【今注】訓：教導。　五典：《尚書·堯典》：“慎徽五典，五典克從。”顧頡剛、劉起釪《尚書校釋譯論》：“僞姚方興傳釋爲‘五常之教’（按僞古文本《舜典》原缺僞孔傳，由姚方興僞撰抵充），舉《左傳·文公十八年》使布五教於四方之‘父義、母慈、兄友、弟共（恭）、子孝’爲其義。《蔡傳》釋：‘五常也。父子有親，君臣有義，夫婦有別，長幼有序，朋友有信是也。’（據《孟子·滕文公》）總之皆釋爲五種倫常禮教。《史記集解》引鄭（玄）云：‘五典，五教也。’亦五常之教。由於儒家經師重五倫德教之故。楊氏《覈詁》則以爲《曲禮》言天子之五官曰司徒、司馬、司空、司士、司寇，‘五典’，疑即五官之典。這是從堯誠勉舜

好好從政出發，似近理。雖五官爲周代始有，與所説堯時無關，然《堯典》係摭拾先秦時所存歷史資料寫成，時代概念不强，則其采入此‘五典’之義亦有可能。”（第 99 頁）

[10]【今注】王暢：字叔茂，山陽高平（今山東鄒城市西南）人。傳見本書卷五六。

[11]【今注】亮達：明達事理。

[12]【今注】弛刑徒：以戍邊或從事其他兵役、勞役爲代價而獲得減免刑罰的刑徒，因被解除枷鎖，故稱，居延漢簡中常常寫作“施刑”（參見張鶴泉《略論漢代的弛刑徒》，《東北師大學報》1984 年第 4 期；陳玲、寇鳳梅《漢代弛刑徒略論》，《河西學院學報》2010 年第 1 期）。　李膺：字元禮，潁川襄城（今河南襄城縣）人。傳見本書卷六七。

　　中常侍蘇康、管霸等復被任用，[1]遂排陷忠良，共相阿媚。大司農劉祐、廷尉馮緄、[2]河南尹李膺，皆以忤旨，爲之抵罪。蕃因朝會，固理膺等，[3]請加原宥，[4]升之爵任。[5]言及反覆，誠辭懇切。帝不聽，因流涕而起。

[1]【今注】中常侍：官名。秦始置，西漢沿置，出入宮廷，侍從皇帝，通常爲列侯至郎中的加官。東漢以宦者爲之，屬少府，秩千石，員額不限。侍從皇帝，備顧問應對，傳達詔命和掌理文書。本書《百官志三》載：“中常侍，千石。本注曰：宦者，無員。後增秩比二千石。掌侍左右，從入內宫，贊導內衆事，顧問應對給事。”　蘇康管霸：東漢宦官。二人專制省內，排陷忠良，後被竇武誅殺。

[2]【李賢注】音古本反。【今注】大司農：秦置治粟內史，西漢景帝時更名大農令，武帝時更名大司農，王莽改大司農曰羲

和，後更爲納言。職掌全國租賦收入和國家財政開支。九卿之一，秩中二千石。本書《百官志三》載："大司農，卿一人，中二千石。本注曰：掌諸錢穀金帛諸貨幣。郡國四時上月旦見錢穀簿，其逋未畢，各具別之。邊郡諸官請調度者，皆爲報給，損多益寡，取相給足。"　劉祐：字伯祖，中山安國（今河北博野縣東南）人。傳見本書卷六七。　廷尉：官名。秦置漢承，西漢景帝時更名爲大理，武帝時復爲廷尉，哀帝復更名爲大理，王莽時更名爲作士。掌管刑獄，九卿之一，秩中二千石。本書《百官志二》："廷尉，卿一人，中二千石。本注曰：掌平獄，奏當所應。凡郡國讞疑罪，皆處當以報。"　馮緄：字鴻卿，巴郡宕渠（今四川渠縣東北）人。傳見本書卷三八。

　　[3]【今注】理：申辯。

　　[4]【今注】原宥：寬赦。

　　[5]【今注】爵任：指官職、爵位。

　　時小黃門趙津、南陽大猾張氾等，[1]奉事中官，[2]乘埶犯法，二郡太守劉瓆、成瑨考案其罪，[3]雖經赦令，而並竟考殺之。宦官怨恚，[4]有司承旨，遂奏瓆、瑨罪當弃市。[5]又山陽太守翟超，[6]没入中常侍侯覽財產，[7]東海相黃浮，[8]誅殺下邳令徐宣，[9]超、浮並坐髠鉗，[10]輸作左校。[11]蕃與司徒劉矩、司空劉茂共諫請瓆、瑨、超、浮等，[12]帝不悦。有司劾奏之，矩、茂不敢復言。蕃乃獨上疏曰：

　　[1]【今注】小黃門：官名。掌侍從皇帝左右，收受尚書奏事。其位下於中常侍，而高於中黃門。隸屬少府，秩六百石。本書《百官志三》載："小黃門，六百石。本注曰：宦者，無員。掌侍左

右，受尚書事。上在內宮，關通中外，及中宮已下眾事。諸公主及王太妃等有疾苦，則使問之。" 南陽：郡名。治宛縣（今河南南陽市臥龍區）。 大猾：大奸惡之人。 張汜：惠棟《後漢書補注》："《謝承書》，張汜即張子禁，乃桓帝乳母中官貴人外親也。"

[2]【今注】中官：宦官。

[3]【今注】二郡：案，錢大昕《三史拾遺》卷四："太原太守劉瓆案趙津，南陽太守成瑨案張汜，故云'二郡'。《王允傳》稱'小黃門晉陽趙津。'晉陽爲太原屬縣，故劉瓆得案之。此傳刪去'晉陽'字，而二郡之文不可通矣。" 劉瓆成瑨：本書卷三〇下《襄楷傳》李賢注引謝承《後漢書》曰："劉瓆字文理，平原人。遷太原太守。郡有豪彊，中官親戚，爲百姓所患。瓆深疾之，到官收其魁帥殺之，所臧匿主人悉坐伏誅。桓帝徵瓆詣廷尉，以瓆宗室，不忍致之于刑，使自殺。""成瑨字幼平，弘農人。遷南陽太守。時桓帝美人外親張子禁怙恃榮貴，不畏法網，瑨與功曹岑𣆶捕子禁付宛獄，笞殺之。桓帝徵瑨詣廷尉，下獄死。""瓆音質。瑨音晉。"

[4]【今注】怨恚（huì）：怨恨。

[5]【今注】弃市：刑罰名。在鬧市執行死刑，尸暴街頭，言與眾人共棄之。

[6]【今注】山陽：郡名。治昌邑縣（今山東巨野縣東南）。

[7]【今注】侯覽：山陽防東（今山東單縣東北）人。宦官。傳見本書卷七八。

[8]【今注】東海：諸侯王國名。治郯縣（今山東郯城縣西北）。 黃浮：字隱公，汝南陽安人。

[9]【今注】下邳：郡名。治下邳縣（今江蘇邳州市南）。

[10]【今注】髡鉗：刑罰名。剃去頭髮稱髡，用鐵圈束住脖子稱鉗。

[11]【今注】輸作：罰作勞役。 左校：官署名。屬將作大匠，長官爲左校令。本書《百官志四》載："左校令一人，六百石。本注曰：掌左工徒。丞一人。"案，左，大德本作"右"。

[12]【今注】司徒：官名。秦、西漢置丞相，西漢哀帝元壽二年（前1）改丞相爲大司徒。東漢去"大"，爲三公之一。本書《百官志一》："司徒，公一人。本注曰：掌人民事。凡教民孝悌、遜順、謙儉、養生送死之事，則議其制，建其度。凡四方民事功課，歲盡則奏其殿最而行賞罰。凡郊祀之事，掌省牲視濯，大喪則掌奉安梓宮。凡國有大疑大事，與太尉同。"　劉矩：字叔方，沛國蕭（今安徽蕭縣西北）人。傳見本書卷七六。案，錢大昭《後漢書辨疑》："蕃爲太尉，與司空茂同時，其時之司徒乃許詡也。至劉矩嘗再任太尉，未嘗爲司徒，傳殆誤矣。"　司空：官名。東漢三公之一，掌工程、祭祀等。本書《百官志一》："司空，公一人。本注曰：掌水土事。凡營城起邑、浚溝洫、修墳防之事，則議其利，建其功。凡四方水土功課，歲盡則奏其殿最而行賞罰。凡郊祀之事，掌掃除樂器，大喪則掌將校復土。凡國有大造大疑，諫爭，與太尉同。世祖即位，爲大司空，建武二十七年，去'大'。"

臣聞齊桓修霸，務爲内政；[1]《春秋》於魯，小惡必書。[2]宜先自整勑，後以及人。今寇賊在外，四支之疾；[3]内政不理，心腹之患。臣寢不能寐，食不能飽，實憂左右日親，忠言以疏，内患漸積，外難方深。陛下超從列侯，繼承天位。[4]小家畜産百萬之資，子孫尚恥愧失其先業，況乃産兼天下，受之先帝，而欲懈怠以自輕忽乎？誠不愛己，不當念先帝得之勤苦邪？[5]

[1]【李賢注】《國語》曰："桓帝問管仲曰：'安國可乎？'對曰：'未可。君若正卒伍，修甲兵，大國亦如之。若欲速得志於天下諸侯，則可以隱令，可以寄政。'公曰：'隱令寄政若何？'對

曰：'作内政而寄軍令焉。'"

　　[2]【李賢注】《公羊傳》莊公四年，公及齊人狩于郜，譏其與讎狩也。僖公二十年，新作南門，譏其奢也。故曰"小惡必書"也。【今注】案，《公羊傳》隱公十年《傳》曰："《春秋》錄內而略外，於外大惡書，小惡不書；於內大惡諱，小惡書。"劉逢禄《春秋公羊經何氏釋例》卷三《名例》列"譏內小惡九十"，可參。

　　[3]【今注】四支：四肢。支，通"肢"。

　　[4]【李賢注】言桓帝以蠱吾侯即位。

　　[5]【今注】案，邪，殿本作"耶"。

　　　前梁氏五侯，毒徧海內，[1]天啓聖意，[2]收而戮之，天下之議，冀當小平。[3]明鑒未遠，覆車如昨，而近習之權，復相扇結。[4]小黃門趙津、大猾張汜等，肆行貪虐，姦媚左右，前太原太守劉瓆、南陽太守成瑨，[5]糾而戮之。雖言赦後不當誅殺，原其誠心，在乎去惡。至於陛下，有何惛惛？[6]而小人道長，熒惑聖聽，[7]遂使天威爲之發怒。如加刑謫，[8]已爲過甚，況乃重罰，令伏歐刀乎！[9]又前山陽太守翟超、東海相黃浮，奉公不橈，[10]疾惡如讎，超沒侯覽財物，浮誅徐宣之罪，並蒙刑坐，不逢赦恕，覽之從橫，[11]沒財已幸；宣犯釁迵，[12]死有餘辜。

　　[1]【李賢注】五侯謂胤、讓、淑、忠、戟五人，與冀同時誅。事見《冀傳》也。【今注】案，曹金華《後漢書稽疑》以爲李賢注非，"《梁冀傳》載及冀敗，'悉收子河南尹胤、叔父屯騎校尉讓，及親從衛尉淑、越騎校尉忠、長水校尉戟等……無少長皆棄

市’，此即‘收而戮之’者也，然其五人，除梁胤外，皆未封侯。《梁冀傳》載‘建和元年……封（弟）不疑爲潁陽侯，不疑弟蒙西平侯，冀子胤襄邑侯……永興二年，封不疑子馬爲潁陰侯，胤子桃爲城父侯’，此即梁氏‘五侯’也。《後漢紀》卷二一作‘建和元年……封少府梁不疑爲潁陽侯，不疑弟蒙爲西平侯，梁冀子胡狗爲襄邑侯，不疑子焉爲潁陰侯，冀孫桃爲城父侯’，雖然二書所載稍異，然其五侯名稱相同，而非讓、淑、忠、戟者也。又《梁冀傳》載梁氏敗時，‘不疑、蒙先卒’，‘收而戮之’者豈能爲‘五侯’？緣其文義，陳蕃上疏泛稱而已”（第 863—864 頁）。

[2]【今注】天啓：指發生災異。本書卷三四《梁冀傳》：“延熹元年，太史令陳授因小黃門徐璜，陳災異日食之變，咎在大將軍，冀聞之，諷洛陽令收考授，死於獄。帝由此發怒。”本書《五行志三》：“二年六月，彭城泗水增長，逆流。”劉昭注引《梁冀別傳》曰：“冀之專政，天爲見異，衆災並湊，蝗蟲滋生，河水逆流，五星失次，太白經天，人民疾疫，出入六年，羌戎叛戾，盜賊略平民，皆冀所致。”

[3]【今注】小平：小太平。

[4]【今注】扇結：煽動，勾結。

[5]【今注】太原：郡名。治晉陽縣（今山西太原市西南）。

[6]【李賢注】《說文》曰：“悁悁，恚忿。”

[7]【今注】營惑：惑亂，迷惑。

[8]【今注】刑讁：刑法。又作“刑謫”。

[9]【今注】歐刀：刑人的刀。案，刀，大德本、殿本作“刃”。

[10]【今注】案，橈，大德本、殿本作“撓”。

[11]【今注】從橫：橫暴，恣肆。

[12]【今注】釁（xìn）迥：迥，紹興本、大德本、殿本作“過”，是。罪過。

昔丞相申屠嘉召責鄧通，洛陽令董宣折辱公主，而文帝從而請之，光武加以重賞，[1]未聞二臣有專命之誅。而今左右群豎，惡傷黨類，妄相交搆，致此刑譴。聞臣是言，當復嗁訢。[2]陛下深宜割塞近習豫政之源，[3]引納尚書朝省之事，公卿大官，五日壹朝，[4]簡練清高，[5]斥黜佞邪。如是天和於上，地洽於下，休禎符瑞，[6]豈遠乎哉！陛下雖厭毒臣言，凡人主有自勉强，[7]敢以死陳。

[1]【李賢注】文帝時，太中大夫鄧通愛幸，居上旁有怠嫚禮（嫚，大德本、殿本作“慢”）。丞相申屠嘉入朝，因見之，爲檄召通。通至，嘉曰：“通小臣，戲殿上，不敬（紹興本、大德本、殿本‘不’前有‘大’字），當斬。”通頓首，首盡出血。文帝使使召通，而謝丞相曰“吾弄臣，君釋之”也。湖陽公主蒼頭白日殺人，匿主家，吏追不得。公主出，宣駐車叩馬，以刀畫地數主。主言於帝，帝賜宣錢三十萬（三，殿本作“二”）。託見《董宣傳》（託，紹興本、大德本、殿本作“語”，是）。【今注】申屠嘉：傳見《漢書》卷四二。 鄧通：蜀郡南安（今四川樂山市）人。西漢文帝寵臣。傳見《漢書》卷九三。 董宣：字少平，陳留圉（今河南杞縣）人。傳見本書卷七七。 公主：湖陽公主。東漢光武帝劉秀長姐，建武二年（26）封爲湖陽公主。

[2]【今注】嗁：同“啼”。 案，訢，紹興本、大德本、殿本作“訴”，是。

[3]【今注】割塞：割除堵塞，猶杜絕。 豫政：干預政事。

[4]【李賢注】宣帝五日一聽事，自丞相已下，各敷奏其言。【今注】尚書朝省：指完善内外朝制度。尚書，始於戰國，漢承秦制。西漢武帝時漸成爲重要宫廷政治機構，參與國家機密，常以中

朝大臣兼領、平、視，以左右曹諸吏平尚書奏事，參與議政決策，宣示詔命。百官奏事先呈尚書，皆爲正、副二封，由領尚書者拆閲副封，加以裁決，可屏抑不奏。百官選舉任用考察詰責彈劾之責亦歸之。漢成帝時設尚書五人，開始分曹辦事，群臣章奏都經尚書。這裏指內朝當用士人，不宜用宦官。朝，朝廷，天子與群臣議政之所。省，省中，又稱禁中，皇帝日常辦公、生活的區域。　案，壹，大德本、殿本作“一”。

[5]【今注】簡練：挑選。

[6]【今注】休禎符瑞：吉祥的徵兆。

[7]【今注】勉强：盡力而爲。

　　帝得奏愈怒，竟無所納。朝廷衆庶莫不怨之。宦官由此疾蕃彌甚，選舉奏議，輒以中詔譴卻，[1]長吏已下多至抵罪。[2]猶以蕃名臣，不敢加害。瓆字文理，高唐人。[3]璵字幼平，陝人。[4]並有經術稱，[5]處位敢直言，多所搏擊，知名當時，皆死於獄中。[6]九年，李膺等以黨事下獄考實。[7]蕃因上疏極諫曰：

[1]【今注】中詔：指宮中直接發出的帝王親筆詔令。　譴卻：責問並拒絕受理。

[2]【今注】長吏：當作“長史”，東漢三公、將軍幕府諸掾史之長，秩千石。這裏指太尉長史。　案，已，殿本作“以”。

[3]【李賢注】高唐，縣名，今博州縣也。【今注】高唐：縣名。治所在今山東禹城市西南。

[4]【今注】陝：縣名。治所在今河南三門峽市西。

[5]【今注】經術：猶經學，但傾向經學在政治中運用的方面。（參見程勇《“經學”“經術”的分野與漢代經學文論話語的雙重性質》，《學術月刊》2005年第7期）

[6]【今注】案，曹金華《後漢書稽疑》："此謂延熹八年太尉陳蕃等諫請太原太守劉瓆、南陽太守成瑨，接續帝怒不納，瑨、瓆'皆死於獄中'，然後云'九年，李膺等以黨事下獄，蕃因上疏極諫'，帝諱其言切，免太尉陳蕃。而《桓帝紀》載延熹九年'南陽太守成瑨、太原太守劉瓆，並以譖棄市'。故《集解》引惠棟説，謂'瑨、瓆被譖棄市，據《陳蕃傳》在延熹八年，時蕃爲太尉，上疏極諫，明年李膺等以黨事下獄，蕃又疏諫，帝惡其切直，托以辟召非人策免，紀書此事於蕃免官之後，似失其次也'。而據《天文志》'其九年十一月，太原太守劉瓆、南陽太守成瑨……皆棄市'，則本傳説誤。蓋因傳載八年蕃訟瓆、瑨，次年則訟李膺，故將瓆、瑨'死於獄中'置於八年也。"（第864頁）

[7]【今注】黨事：黨錮。東漢桓、靈二帝時期官僚士大夫因反對宦官專權而遭禁錮的政治事件。詳見本書卷六七《黨錮傳》。

考實：考按實情。

臣聞賢明之君，委心輔佐；亡國之主，諱聞直辭。故湯武雖聖，而興於伊呂；[1]桀紂迷惑，亡在失人。[2]由此言之，君爲元首，臣爲股肱，同體相須，共成美惡者也。[3]伏見前司隸校尉李膺、太僕杜密、太尉掾范滂等，[4]正身無玷，[5]死心社稷。以忠忤旨，橫加考案，[6]或禁錮閉隔，或死徙非所。杜塞天下之口，聾盲一世之人，與秦焚書阬儒，何以爲異？[7]

[1]【今注】伊呂：伊尹和呂望。伊尹，名摯，商初的賢相。相傳湯伐桀，滅夏，遂王天下。湯崩，其孫太甲無道，伊尹放諸桐宮，俟其悔過，再迎之復位。呂望，姜尚。世家見《史記》卷

三二。

[2]【李賢注】關龍逢，桀臣。王子比干，紂諸父。二人並諫（二，大德本誤作"三"），悉皆誅死。

[3]【李賢注】《前書》曰"君爲元首，臣爲股肱，明其一體相須而成"也。

[4]【今注】伏：敬辭。　司隸校尉：官名。西漢武帝時置，掌察舉京師及京師近郡犯法者，並領京師所在之州。秩二千石。東漢時，主掌監察皇親國戚、京城百官，兼有領兵、檢敕、捕殺罪犯之權。同時爲司隸州行政長官，轄有京兆、左馮翊、右扶風、河東、河内、河南及弘農七郡，治所在今河南洛陽市。秩比二千石。本書《百官志四》："司隸校尉一人，比二千石。本注曰：孝武帝初置，持節，掌察舉百官以下，及京師近郡犯法者。元帝去節，成帝省，建武中復置，并領一州。"　太僕：官名。秦、漢沿置。掌皇帝專用車馬，兼管官府畜牧業。列位九卿，秩中二千石。本書《百官志二》："太僕，卿一人，中二千石。本注曰：掌車馬。天子每出，奏駕上鹵簿用；大駕則執馭。丞一人，比千石。"大德本作"大僕"。　杜密：字周甫，潁川陽城（今河南登封市東南）人。傳見本書卷六七。　太尉掾：太尉屬官，東西曹掾比四百石，其餘掾比三百石，統稱"公府掾"。　范滂：字孟博，汝南征羌（今河南商水縣西）人。傳見本書卷六七。

[5]【今注】玷：缺點，污點。

[6]【今注】考案：拷問查究。

[7]【李賢注】秦始皇時，丞相李斯上言曰："天下已定，百姓力農。今諸生好古，惑亂黔首，臣請史官非秦記及天下敢有藏《詩》、《書》、百家語者，悉燒之。"事見《史記》。衛宏《詔定古文尚書序》曰（尚，紹興本、大德本、殿本作"官"，是）："秦既焚書，患苦天下不從所改更，而諸生到者拜爲郎，前後七百人。乃密令種瓜於驪山阬谷中温處，瓜實，詔博士説之，人人不

同。乃令就視，爲伏機，諸生賢儒皆至焉，方相難不決，因發機從上填之以土，皆壓之，終乃無聲。”今新豐縣溫湯處號愍儒鄉。湯西有馬谷，西岸有阬，占老相傳以爲表阬儒處也（占，紹興本、大德本、殿本作“古”，是。表，紹興本、大德本、殿本作“秦”，是）。【今注】阬：同“坑”。

　　昔武王克殷，表閭封墓，[1]今陛下臨政，先誅忠賢。遇善何薄？待惡何優？夫讒人似實，巧言如簧，[2]使聽之者惑，視之者昏。夫吉凶之効，存乎識善；成敗之機，在於察言。人君者，攝天地之政，秉四海之維，[3]舉動不可以達聖法，[4]進退不可以離道規。謬言出口，則亂及八方，何況髡無罪於獄，殺無辜於市乎！昔禹巡狩蒼梧，見市殺人，下車而哭之曰：“萬方有罪，在予一人！”故其興也勃焉。[5]

　　[1]【李賢注】《史記》，武王克殷，命畢公表商容之閭，閎夭封比干之基也（基，紹興本、大德本、殿本作“墓”，是）。【今注】表：樹立碑表以示表彰。　閭：里巷的大門。　封：堆土植樹爲界。

　　[2]【李賢注】《詩·小雅》曰：“巧言如簧，顏之厚矣。”簧，笙簧也。言讒人之口以喻笙簧也。

　　[3]【今注】維：綱紀。

　　[4]【今注】案，達，紹興本、大德本、殿本作“違”。

　　[5]【李賢注】《説菀》曰（菀，大德本、殿本作“苑”）：“禹見罪人，下車泣而周之（周，紹興本、大德本、殿本作‘問’，是）。左右曰：‘夫罪人不順（罪人，大德本作“人罪”），

故使殺爲（殺，大德本誤作“然”。爲，紹興本、大德本、殿本作“焉”，是），君王何爲痛之至此也！’禹曰：‘堯舜之人，皆以堯舜之心爲心。今寡人爲君也，百姓各自以其心，是以痛之。’”《書》曰：“百姓有罪，在予一人。”《左傳》曰：“禹湯罪己，其興也勃焉。桀紂罪人，其亡也忽焉。”杜預注曰：“勃，盛也。”【今注】勃：猝然，形容速度快。

　　又青、徐炎旱，[1]五穀損傷，民物流遷，茹菽不足。[2]而宮女積於房掖，[3]國用盡於羅紈，[4]外戚私門，貪財受賂，所謂“禄去公室，政在大夫”。[5]昔春秋之末，周德衰微，數十年閒無復災眚者，天所弃也。[6]天之於漢，悢悢無已，[7]故殷勤示變，以悟陛下。除妖去孽，實在修德。臣位列台司，[8]憂責深重，不敢尸禄惜生，坐觀成敗。如蒙採録，使身百分裂，異門而出，所不恨也。[9]

　　[1]【今注】徐：徐州。西漢武帝時所置十三刺史部之一。下轄東海、琅邪、彭城、廣陵、下邳五郡。

　　[2]【李賢注】《廣雅》曰：“茹，食也。”【今注】菽：豆的總稱。

　　[3]【今注】房掖：掖庭。宮中旁舍，妃嬪居住的地方。

　　[4]【今注】羅紈：精美的絲織品，這裏指奢侈之物。

　　[5]【李賢注】《論語》孔子之言也（殿本無此注）。【今注】案，《論語·季氏》：“孔子曰：‘禄之去公室五世矣，政逮於大夫四世矣。’”

　　[6]【李賢注】《春秋感精符》曰：“魯哀公政亂，絶無日食，天不譴告也。”【今注】眚：災異。

[7]【李賢注】悢悢猶眷眷也。　【今注】悢（liàng）悢：
眷念。

[8]【今注】台司：三公宰輔之位。

[9]【李賢注】《穀梁傳》曰"公會齊侯于頰谷，齊人使優施
舞於魯之幕下。孔子曰：'笑君者罪當死。'使司馬行法焉，自足
異門而出"也（自，紹興本、大德本、殿本作"首"，是）。【今
注】案，百，紹興本、大德本、殿本作"首"，是。

帝諱其言切，託以蕃辟召非其人，遂策免之。

永康元年，[1]帝崩。竇后臨朝，[2]詔曰："夫民生樹
君，使司牧之，必須良佐，以固王業。[3]前太尉陳蕃，
忠清直亮。其以蕃爲太傅，[4]錄尚書事。"[5]時新遭大
喪，國嗣未立，諸尚書畏懼權官，託病不朝。蕃以書
責之曰："古人立節，事亡如存。[6]今帝祚未立，政事
日蹙，諸君奈何委荼蓼之苦，息偃在牀？[7]於義不足，
焉得仁乎！"諸尚書惶怖，皆起視事。

[1]【今注】永康：東漢桓帝劉志年號（167）。

[2]【今注】竇后：東漢桓帝皇后竇妙。紀見本書卷一〇下。

[3]【李賢注】《前書》谷永曰"臣聞天生蒸人，不能相持
（持，殿本作'治'），爲立王者以統理之"故也（殿本無"故"
字）。

[4]【今注】太傅：官名。古三公之一。西漢高后時曾置太
傅，後省。哀帝間復置。東漢不置太師、太保，上公唯太傅一人。
秩萬石。本書《百官志一》："太傅，上公一人。本注曰：掌以善
導，無常職。世祖以卓茂爲太傅，薨，因省。其後每帝初即位，輒
置太傅錄尚書事，薨，輒省。"

　　[5]【今注】録尚書事：初稱"領尚書事"，即以他官兼職總領尚書事，主持尚書臺的工作。西漢昭帝初立，大將軍霍光柄政，與金日磾、上官桀共領尚書事，爲此官之始。東漢永平十八年（75），漢章帝初即位，以太傅趙熹、太尉牟融並録尚書事，用"録"代"領"始此。後東漢每帝即位，常以三公、大將軍、太傅録尚書事。太傅、太尉、大將軍等加此名義始得參與樞密，總知國事，綜理政務。（參見安作璋、熊鐵基《秦漢官制史稿》，齊魯書社 2007 年版，第 278—282 頁）

　　[6]【李賢注】言人主雖亡，法度尚在（在，紹興本作"存"），當行之與不亡時同，故曰"如存"。《前書》爰盎曰"主在與在（爰，大德本、殿本作'袁'），主亡與亡"也。

　　[7]【李賢注】《詩·國風》曰："誰謂荼苦，其甘如薺。"《周頌》曰："未堪家多難，予又集于蓼。"【今注】荼（tú）蓼（liǎo）：荼味苦，蓼味辛，因以比喻艱難困苦。　牀：供人坐臥的器具。

　　靈帝即位，竇太后復優詔蕃曰："蓋褒功以勸善，表義以厲俗，[1]無德不報，《大雅》所歎。[2]太傅陳蕃，輔弼先帝，出内累年。[3]忠孝之美，德冠本朝；謇愕之操，[4]華首彌固。[5]今封蕃高陽鄉侯，[6]食邑三百户。"

　　[1]【今注】厲：勉勵，激勵。
　　[2]【李賢注】《詩·大雅》曰："無言不讎（讎，紹興本、大德本、殿本作'讐'，是），無德不報。"
　　[3]【李賢注】内音納。《尚書》曰"出納朕命"也。【今注】出内：出納。傳達君王命令，進逞民衆意見。
　　[4]【今注】謇愕：正直敢言貌。案，曹金華《後漢書稽疑》："《後漢紀》卷二三引作'謇諤之節，宣於本朝'。'愕''諤'，

《説文解字》無，今字書'愕'作驚訝解，'諤'作直言解，似作'諤'字爲是，《全後漢文》卷九即引作'諤'。"（第866頁）

　　[5]【李賢注】齊宣王對閭丘卬曰："夫士亦華髮墮顛而後可用。"見《新序》。【今注】華首：白首。

　　[6]【今注】高陽鄉：故地在今河南杞縣西南。

　　蕃上疏讓曰："使者即臣廬，授高陽鄉侯印綬，[1]臣誠悼心，[2]不知所裁。臣聞讓，身之文，德之昭也，然不敢盜以爲名。竊惟割地之封，功德是爲。臣孰自思省，前後歷職，無它異能，合亦食禄，不合亦食禄。臣雖無素絜之行，竊慕'君子不以其道得之，不居也'，[3]若受爵不讓，掩面就之，[4]使皇天振怒，[5]災流下民，於臣之身，亦何所寄？顧惟陛下哀臣朽老，戒之在得。"[6]竇太后不許，蕃復固讓，章前後十上，竟不受封。

　　[1]【李賢注】即，就也。

　　[2]【今注】悼心：心中惶恐。

　　[3]【李賢注】《論語》："孔子曰：'富與貴是人之所欲，不以其道得之，不處也。'"【今注】案，語見今本《論語·里仁》。

　　[4]【李賢注】《詩·小雅》曰："受爵不讓，至于已斯亡。"注云："爵禄不以相讓，故怨禍及之"也。

　　[5]【今注】案，振，殿本作"震"。

　　[6]【李賢注】《論語》："孔子曰：'及其老也，血氣既衰，戒之在得。'"往云（往，紹興本、大德本、殿本作"注"，是）："食也（食，紹興本、大德本、殿本作'得貪'，是）。"

初，桓帝欲立所幸田貴人爲皇后。蕃以田氏卑微，宜族良家，爭之甚固。帝不得已，乃立竇后。[1]及后臨朝，故委用於蕃。蕃與后父大將軍竇武，[2]同心盡力，徵用名賢，共參政事，天下之士，莫不延頸想望太平。[3]而帝乳母趙嬈，旦夕在太后側，[4]中常侍曹節、王甫等與共交構，[5]諂事太后。太后信之，數出詔命，有所封拜，及其支類，多行貪虐。蕃常疾之，志誅中官，會竇武亦有謀。

[1]【今注】案，本書卷四八《應奉傳》："及鄧皇后敗，而田貴人見幸，桓帝有建立之議。奉以田氏微賤，不宜超登后位，上書諫曰：'臣聞周納狄女，襄王出居于鄭；漢立飛燕，成帝胤嗣泯絕。母后之重，興廢所因。宜思《關雎》之所求，遠五禁之所忌。'帝納其言，竟立竇皇后。"

[2]【今注】竇武：字游平，扶風平陵（今陝西咸陽市西北）人。傳見本書卷六九。

[3]【今注】延頸：伸長脖子遠望，表示殷切盼望。

[4]【李賢注】嬈音乃了反。

[5]【今注】曹節：字漢豐，南陽新野（今河南新野縣）人。傳見本書卷七八。　王甫：事迹見本書卷七八《宦者傳》。

蕃自以既從人望而德於太后，必謂其志可申，乃先上疏曰："臣聞言不直而行不正，則爲欺乎天而負乎人。危言極意，[1]則群凶側目，禍不旋踵。[2]鈞此二者，[3]臣寧得禍，不敢欺天也。今京師囂囂，[4]道路諠譁，[5]言侯覽、曹節、公乘昕、王甫、鄭颯等與趙夫人諸女尚書並亂天下。[6]附從者升進，忤逆者中傷。[7]方今一朝群臣，如河中木耳，汎汎東西，耽禄畏害。[8]陛下前始攝位，順天行誅，蘇康、管霸並伏其辜。是時天地清明，人鬼歡喜，奈何數月復縱左右？元惡大姦，[9]莫此之甚。今不急誅，必生變亂，傾危社稷，其禍難量。願出臣章宣示左右，並令天下諸姦知臣疾之。”太后不納，朝廷聞者莫不震恐。蕃因與竇武謀之，語在《武傳》。

[1]【今注】危言：直言。　極意：盡意。
[2]【今注】旋踵：轉動腳跟。喻時間短促。
[3]【今注】鈞：衡量。
[4]【今注】嚚嚚：言語紛紜的樣子。
[5]【今注】誼譁：同“喧嘩”。
[6]【李賢注】趙夫人即趙嬈也。女尚書，宮內官也。
[7]【李賢注】《前書》劉向上書論王鳳曰“稱譽者登進，忤恨有誅傷”也（有，紹興本、大德本、殿本作“者”，是）。
[8]【今注】耽：貪戀。
[9]【今注】元惡：首惡。

及事泄，曹節等矯詔誅武等。蕃時年七十餘，[1]聞難作，將官屬諸生八十餘人，[2]並拔刃突入承明門，攘臂呼曰：[3]“大將軍忠以衛國，黃門反逆，[4]何云竇氏不道邪？”王甫時出，與蕃相迕，[5]適聞其言，而讓蕃曰：“先帝新弃天下，山陵未成，竇武何功，兄弟父子，一門三侯？又多取掖庭宮人，作樂飲讌，[6]旬月之間，貲財億計。大臣若此，是爲道邪？公爲棟梁，枉橈阿黨,[7]復焉求賊!"[8]遂令收蕃。蕃拔劍叱甫,甫兵不敢近,乃益人圍之數十重,遂執蕃送黃門北寺獄。[9]黃門從官驅[10]蹋踧蕃,[11]曰:"死老魅![12]復能損我曹員數,奪我曹稟假不?"[13]即日害之。徙其家屬於比景,[14]宗族、門生、故吏皆斥免禁錮。

[1]【今注】案,曹金華《後漢書稽疑》:"《竇武傳》載是年五月蕃説武誅宦官謂'蕃以八十之年'云云,是蕃已近八十歲矣。"(第867頁)

[2]【今注】諸生:太學生。太學,西漢武帝始置。東漢規模愈盛,生員眾多。(參見史錫平《漢代的太學制度》,《史學月刊》1988年第3期)

[3]【今注】案,壤,紹興本、大德本、殿本作"攘",是。

[4]【今注】黃門:宫廷禁門,黃門之內即所謂禁中。這裏指宦官。

[5]【李賢注】迮猶過也。

[6]【今注】讌:同"宴"。

[7]【今注】枉橈:違法曲斷。　阿黨:結黨徇私。

[8]【今注】案,袁宏《後漢紀》卷二三《孝靈皇帝紀上》:"太傅陳蕃聞起兵,將官屬諸生八十餘人到承明門。使者不內,曰:'公未被詔召,何得勒兵入宫?'蕃曰:'趙鞅專兵向宫,以逐君側之惡。《春秋》義之。'有使者出開門,蕃到尚書門,正色曰:'大將軍竇武,忠以衞國,黃門、常侍無道,欲誣忠良邪?'黃門王甫曰:'先帝新棄天下,山陵未成,武有何功?兄弟父子並封三侯,又設樂飲讌,多取掖庭宫人,旬日之間,資財巨萬。大臣如此,是爲道邪?公爲宰輔,苟相阿黨,復何求賊?'使劍士收蕃。蕃聲逾厲,辭氣不撓,遂送蕃北寺獄。"

[9]【今注】黃門北寺獄:東漢詔獄名,屬黃門署,主拘禁將

相大臣，因位於宮省北，故而得名。本書卷五五《章帝八王傳》：
"遂收颯送北寺獄。"李賢注："北寺，獄名，屬黃門署。《前書音
義》曰即若盧獄也。"然本書卷六九《竇武傳》載："自黃門北寺、
若盧、都內諸獄，繫囚罪輕者皆出之。"可知東漢時期黃門北寺獄
與若盧獄非一事。

[10]【李賢注】驕，騎土也（土，紹興本、殿本作"士"，
是）。

[11]【今注】蹋：踢踏。　踘：通"蹴"。踢。

[12]【今注】魅：鬼怪。

[13]【今注】稟假：謂俸給及借貸。本書卷四四《張禹傳》：
"禹上疏求入三歲租稅，以助郡國稟假。"李賢注："稟，給也；假，
貸也。"

[14]【今注】比景：縣名。治所在今越南廣平省爭江口。

　　蕃友人陳留朱震，[1]時爲銍令，[2]聞而弃官哭之，
收葬蕃尸，匿其子逸於甘陵界中。[3]事覺繫獄，合門桎
梏。[4]震受考掠，[5]誓死不言，故逸得免。後黃巾賊
起，大赦黨人，乃追還逸，官至魯相。[6]震字伯厚，初
爲州從事，[7]奏濟陰太守單匡臧罪，[8]并連匡兄中常侍
車騎將軍超。[9]桓帝收匡下廷尉，以譴超，超詣獄謝。
三府諺曰："車如雞栖馬如狗，[10]疾惡如風朱伯厚。"

[1]【今注】陳留：縣名。治所在今河南開封市祥符區東南陳
留鎮。

[2]【李賢注】銍，縣，屬沛郡。【今注】銍：縣名。治所在
今安徽濉溪縣西南。

[3]【今注】甘陵：縣名。治所在今山東臨清市東。

［4］【今注】桎梏：囚禁，拘繫。

［5］【今注】案，受，殿本作“授”。 考掠：拷打。

［6］【今注】魯：諸侯王國名。治魯縣（今山東曲阜市東古城）。

［7］【今注】州從事：州刺史屬官，秩百石。本書《百官志五》載：“皆有從事史、假佐。本注曰：員職略與司隸同，無都官從事，其功曹從事爲治中從事。”案，周天游《八家後漢書輯注》輯謝承《後漢書》卷四：“震仕郡爲主簿。時户曹史袁叔稚以微愆，太守郭宗怒，閉閣罰之。衆皆悚懼，震排闥直入，乃前諫曰：‘袁史則故御史珍之孫，獨何爲苛罰？脱有奄忽，如何入閣？’遂釋之。”（第122頁）

［8］【今注】濟陰：郡名。治定陶縣（今山東菏澤市定陶區西北）。 臧：通“藏”。案，周天游《八家後漢書輯注》輯謝承《後漢書》卷四：“朱震又爲郡從事，曰：‘震宿有負薪之憂，力疾就車，職重人輕，必不堪久。’時濟陰太守單匡，常侍弟，在官放恣，種患之，辟震，請見曰：‘當爲鷹犬。’”（第122頁）

［9］【今注】車騎將軍：西漢置。作戰時領車騎士，事訖即罷。西漢武帝後常設，位次大將軍、驃騎將軍，在衛將軍上，常典京城、皇宫禁衛軍隊，出征時常總領諸將軍。文官輔政者亦或加此銜，領尚書政務，成爲中朝重要官員。東漢權勢尤重，位比三公，常以貴戚充任，秩萬石。出掌征伐，入參朝政。靈帝時常加授寵信宦官或作贈官。中平元年（184）分置左、右，旋罷。本書《百官志一》：“將軍，不常置。本注曰：掌征伐背叛。比公者四：第一大將軍，次驃騎將軍，次車騎將軍，次衛將軍。又有前、後、左、右將軍。” 超：單超，河南（今河南洛陽市）人。傳見本書卷七八。

［10］【今注】案，栖，紹興本、大德本、殿本作“棲”，是。

論曰：桓、靈之世，若陳蕃之徒，咸能樹立風聲，

抗論憒俗。[1] 而驅馳嶮陀之中,[2] 與刑人腐夫同朝爭
衡,[3] 終取滅亡之禍者,彼非不能絜情志,違埃霧
也。[4] 愍夫世士以離俗爲高,而人倫莫相恤也。以遯世
爲非義,故屢退而不去;以仁心爲己任,雖道遠而彌
厲。[5] 及遭際會,[6] 協策竇武,自謂萬世一遇也。懍懍
乎伊、望之業矣![7] 功雖不終,然其信義足以攜持民
心。漢世亂而不亡,百餘年閒,數公之力也。

　[1]【今注】憒俗:昏亂的流俗。

　[2]【今注】嶮陀:險厄。

　[3]【李賢注】《前書》班固曰:"相與提衡。"《音義》云:
"衡,平也。言二人齊也。"【今注】腐夫:受腐刑之人,指宦官。

　[4]【李賢注】違,避也。

　[5]【李賢注】《論語》曰:"仁以爲己任,不亦重乎!死而
後已,不亦遠乎!"

　[6]【今注】際會:機遇,時機。

　[7]【李賢注】懍懍,有風采之貌也。【今注】懍懍:勁烈嚴
正貌。

　　王允字子師,太原祁人也。[1] 世仕州郡爲冠蓋。[2]
同郡郭林宗常見允而奇之,[3] 曰:"王生一日千里,王
佐才也。"[4] 遂與定交。年十九,爲郡吏。[5] 時小黃門
晉陽趙津貪橫放恣,[6] 爲一縣巨患,允討捕殺之。而津
兄弟諂事宦官,因緣譖訴,桓帝震怒,徵太守劉瓆,
遂下獄死。[7] 允送喪還平原,終畢三年,然後歸家。復
還仕,郡人有路佛者,少無名行,而太守王球召以補

吏，允犯顏固争，球怒，收允欲殺之。[8]刺史鄧盛聞而馳傳辟爲別駕從事。[9]允由是知名，而路佛以之廢弃。

[1]【李賢注】祁，今并州縣也。【今注】祁：縣名。治所在今山西祁縣。

[2]【今注】冠蓋：官帽和車乘之頂蓋，指達官貴人。

[3]【今注】郭林宗：郭太，字林宗，太原界休（今山西介休市東南）人。傳見本書卷六八。　案，常，紹興本、大德本、殿本作“嘗”。

[4]【李賢注】《史記》曰，田光謂燕太子丹曰：“臣聞驥壯盛之時，一日千里；至其老也，駑馬先之。”

[5]【今注】案，曹金華《後漢書稽疑》：“‘年十九’恐誤。本傳載王允‘年十九，爲郡吏。時小黄門晉陽趙津貪橫放恣，爲一縣巨患，允討捕殺之。而津兄弟謟事宦官，因緣讒訴，桓帝震怒，征太守劉瓆，遂下獄死’。而《陳蕃傳》載‘（延熹）八年，代楊秉爲太尉……時小黄門趙津、南陽大猾張氾等，奉事中官，乘勢犯法，二郡太守劉瓆、成瑨考按其罪，雖經赦令，而並考竟殺之。宦官怨恚，有司承旨，遂奏瓆、瑨罪當棄市……皆死於獄中’。據此，王允討捕趙津必在延熹八年也。又本傳載初平三年王允被殺，‘年五十六’，《獻帝紀》載初平三年六月‘殺司徒王允’。據此上推，延熹八年允二十九，非十九也。”（第868頁）

[6]【今注】晉陽：縣名。治所在今山西太原市西南。

[7]【今注】案，大德本、殿本無“遂”字。

[8]【今注】案，袁宏《後漢紀》卷二七《孝獻皇帝紀》：“仕爲郡主薄。太守劉偉受宦者趙津請托，召中都路拂爲五官掾。允以拂狡猾不良，封還偉教，至於四五，坐鞭杖數十，終不屈撓。拂由是廢棄，而允名震遠近。拂富於財，賓客數百，深怨允，常欲害之。允從者不過數人，每與拂遇，允常坐車中，按劍叱之，拂輒不

敢當。”又周天游《八家後漢書輯注》輯司馬彪《續漢書》卷五：“元仕郡爲主簿，在朝正色，舉善不避仇怨，退惡不避親戚。”周天游引汪文臺：“王元疑即王允之誤，故姑附於此。”周天游以爲汪説是。（第 467 頁）又，收，大德本作“取”。

[9]【今注】鄧盛：字伯能，弘農人。曾任并州刺史、太僕、太尉。　馳傳：指使用驛傳的馬車。

　　允少好大節，有志於立功，常習誦經傳，朝夕試馳射。三公並辟，以司徒高第爲侍御史。[1]中平元年，[2]黄巾賊起，特選拜豫州刺史。[3]辟荀爽、孔融等爲從事，[4]上除禁黨。討擊黄巾別帥，[5]大破之，與左中郎將皇甫嵩、右中郎將朱儁等受降數十萬。[6]於賊中得中常侍張讓賓客書疏，[7]與黄巾交通，允具發其姦，以狀聞。靈帝責怒讓，讓叩頭陳謝，竟不能罪之。而讓懷協忿怨，以事中允。[8]明年，遂傳下獄。[9]會赦，[10]還復刺史。旬日閒，復以它罪被捕。

[1]【今注】高第：官吏考核中成績優異。紹興本、大德本作“高弟”。　侍御史：官名。秦置漢承。負責監察百官，接受百官奏事。御史中丞屬官，秩六百石。本書《百官志三》：“侍御史十五人，六百石。本注曰：掌察舉非法，受公卿群吏奏事，有違失舉劾之。凡郊廟之祠及大朝會、大封拜，則二人監威儀，有違失則劾奏。”

[2]【今注】中平：東漢靈帝劉宏年號（184—189）。

[3]【今注】豫州：西漢武帝時所置十三刺史部之一，下轄穎川、汝南二郡及梁、沛、陳、魯四諸侯國。

[4]【今注】荀爽：字慈明，穎川穎陰（今河南許昌市）人。

傳見本書卷六二。　　孔融：字文舉，魯國（今山東曲阜市）人。傳見本書卷七〇。

[5]【今注】別帥：指統率主力之外軍隊的將領。

[6]【今注】左中郎將：官名。秦置漢承。與右中郎將分掌屬下中郎、侍郎、郎中等宿衞宮殿。隸屬光禄勳，秩比二千石。本書《百官志二》：“左中郎將，比二千石。本注曰：主左署郎。”　　皇甫嵩：字義真，安定朝那（今寧夏彭陽縣東）人。傳見本書卷七一。朱儁：傳見本書卷七一。

[7]【今注】張讓：潁川（今河南禹州市）人。宦官。傳見本書卷七八。

[8]【李賢注】中，傷也。

[9]【李賢注】傳，逮也。

[10]【今注】案，赦，紹興本作“放”。

司徒楊賜以允素高，[1]不欲使更楚辱，[2]乃遣客謝之曰：“君以張讓之事，故一月再徵。凶慝難量，[3]幸爲深計。”[4]又諸從事好氣決者，[5]共流涕奉藥而進之。允厲聲曰：“吾爲人臣，獲罪於君，當伏大辟以謝天下，[6]豈有飲藥求死乎！”[7]投杯而起，出就檻車。[8]既至廷尉，左右皆促其事，朝臣莫不歎息。

[1]【今注】楊賜：字伯獻，弘農華陰（今陝西華陰市東）人。傳見本書卷五四。案，曹金華《後漢書稽疑》以爲“司徒”當作“太尉”。《靈帝紀》《楊賜傳》俱作太尉，《後漢紀》卷二七也作“太尉”。（第869頁）

[2]【李賢注】更，經也。楚，苦痛。

[3]【今注】凶慝：凶惡。

［4］【李賢注】深計謂令自死。

［5］【今注】氣決：意氣用事。

［6］【今注】大辟：五刑之一，即死刑。

［7］【今注】乳：飲。

［8］【今注】檻車：用來裝囚犯的車子，四周有欄檻。

大將軍何進、太尉袁隗、司徒楊賜共上疏請之，[1]
曰：“夫内視反聽，則忠臣竭誠；寬賢矜能，則義士厲
節。[2]是以孝文納馮唐之説，[3]晉悼宥魏絳之罪。[4]允
以特選受命，誅逆撫順，曾未期月，州境澄清。方欲
列其庸勳，[5]請加爵賞，而以奉事不當，[6]當肆大戮。
責輕罰重，有虧衆望。臣等備位宰相，不敢寢默。[7]誠
以允宜蒙三槐之聽，以昭忠貞之心。”[8]書奏，得以減
死論。[9]是冬大赦，而允獨不在宥，三公咸復爲言。至
明年，乃得解釋。是時宦者橫暴，睚眦觸死。[10]允懼
不免，乃變易名姓，轉側河内、陳留間。[11]及帝崩，
乃奔喪京師。時大將軍何進欲誅宦官，召允與謀事，
請爲從事中郎，[12]轉河南尹。獻帝即位，拜太僕，[13]
再遷守尚書令。

　　[1]【今注】何進：字遂高，南陽宛（今河南南陽市卧龍區）
人。傳見本書卷六九。　袁隗：字次陽，汝南汝陽（今河南商水縣
西北）人。袁安曾孫，袁京孫，袁湯子。東漢獻帝初爲太傅。從子
袁紹、袁術等起兵討董卓，被董卓誅殺。事迹見本書卷四五《袁安
傳》。案，錢大昭《後漢書辨疑》：“上文云‘中平元年’，又云
‘明年’，則中平二年也。其時何進爲大將軍，張延爲太尉，崔烈爲
司徒，楊賜爲司空，無太尉隗也，且隗亦未嘗爲太尉，傳誤。”

[2]【李賢注】內視，自視也。反聽，自聽也。言皆恕己，不責於人也。

[3]【李賢注】文帝時，魏尚爲雲中守，下吏免。馮唐爲郎中署長，奏言曰："臣聞魏尚爲雲中守，上功首虜差六級，陛下下之吏，削其爵。愚以爲陛下法太明，賞太輕，罰太重。"帝即日敢（敢，紹興本、大德本、殿本均作"赦"，是）尚復爲雲中太守。【今注】馮唐：扶風安陵（今陝西咸陽市東北）人。傳見《史記》卷一〇二、《漢書》卷五〇。

[4]【李賢注】《左傳》曰，晉悼公之弟楊干亂行於曲梁，魏絳戮其僕。公怒之。絳曰："臣聞師衆以順爲武，軍事有死無犯爲敬。臣懼其死，以及楊干，無所逃罪。"公曰："寡人有弟不能教訓，使干大命，寡人之過也。子無重寡人之過。"與之禮食，使佐新軍。【今注】晉悼：春秋時晉國君主，姓姬，名周，襄公曾孫。在位期間擊敗楚國，並多次舉行會盟，爲晉國取得了霸主地位。事迹詳見《史記》卷三九《晉世家》。　魏絳：即魏昭子，或稱魏莊子。春秋時期晉國大夫，佐助晉悼公九合諸侯，和輯戎狄。事迹詳見《史記》卷四四《魏世家》。

[5]【今注】庸勳：功勳。

[6]【今注】案，奉，大德本作"爲"。

[7]【今注】寢默：沉默。

[8]【李賢注】《周禮》朝士職，三槐、九棘，公卿於下聽訟，故曰"三槐之聽"。【今注】三槐：三公。

[9]【今注】減死：減免死刑。

[10]【李賢注】睚音五懈反。眦音士懈反（懈，殿本作"賜"）。《前書》曰："原涉好殺，睚眦於塵中，觸死者甚多。"【今注】睚眦：發怒時瞪着眼睛的樣子。這裏指"睚眦"這樣的小愁怨。

[11]【李賢注】轉側猶去來也。【今注】河內：郡名。治懷縣

(今河南武陟縣西南）。

[12]【今注】從事中郎：官名。東漢置。大將軍、車騎將軍屬官。職參謀議，大將軍府所屬員二人，秩六百石。

[13]【今注】案，太，紹興本作“大”。

初平元年，[1]代楊彪爲司徒，守尚書令如故。及董卓遷都關中，[2]允悉收斂蘭臺、石室圖書秘緯要者以從。[3]既至長安，皆分別條上。[4]又集漢朝舊事所當施用者，一皆奏之。經籍具存，允有力焉。時董卓尚留洛陽，朝政大小，悉委之於允。允矯情屈意，[5]每相承附，卓亦推心，不生乖疑，故得扶持王室於危亂之中，臣主內外，莫不倚恃焉。

[1]【今注】初平：東漢獻帝劉協年號（190—193）。

[2]【今注】董卓：字仲穎，隴西臨洮（今甘肅岷縣）人。傳見本書卷七二。　關中：古地域名。函谷關以西地區。《史記》卷八《高祖本紀》司馬貞《索隱》引《三輔舊事》云：“西以散關爲界，東以函谷爲界，二關之中謂之關中。”秦漢時期還存在廣義的關中概念，泛指“包括巴蜀在內的‘殽函’以西的西部地區”（參見王子今《秦漢區域地理學的“大關中”概念》，《人文雜志》2003年第1期）。

[3]【今注】蘭臺石室：均爲漢代宮中藏書處。　圖書秘緯：圖讖符命一類的書籍。

[4]【今注】條上：條陳上書。

[5]【今注】矯情：違反常情。

允見卓禍毒方深，篡逆已兆，密與司隸校尉黃琬、尚書鄭公業等謀共誅之。[1]乃上護羌校尉楊瓚行左將軍事,[2]執金吾士孫瑞爲南陽太守,[3]並將兵出武關道,[4]以討袁術爲名,[5]實欲分路征卓,而後拔天子還洛陽。卓疑而留之,允乃引内瑞爲僕射,瓚爲尚書。

[1]【今注】鄭公業:鄭太,河南開封(今河南開封市祥符區西南)人。傳見本書卷七〇。

[2]【今注】護羌校尉:官名。西漢武帝置,東漢初罷。東漢光武帝建武九年(33),復以牛邯爲護羌校尉。後或省或置。章帝以後遂爲常制。持節統領羌族事務,亦常將羌兵協同作戰,戍衛邊塞。多以邊郡太守、都尉轉任。秩比二千石。 行:兼代官職。
左將軍:漢朝爲重號將軍,與前、右、後將軍並位上卿。有兵事則典掌禁兵,戍衛京師,或任征伐。本書《百官志一》:"將軍,不常置。本注曰:掌征伐背叛。比公者四:第一大將軍,次驃騎將軍,次車騎將軍,次衛將軍。又有前、後、左、右將軍。"劉昭注:"蔡質《漢儀》曰:'漢興,置大將軍、驃騎,位次丞相,車騎、衛將軍、左、右、前、後,皆金紫,位次上卿。典京師兵衛,四夷屯警。'"

[3]【今注】執金吾:官名。西漢武帝時由中尉改名。職掌京師治安,督捕盜賊,負責宮廷之外、京城之内的警衛,戒備非常水火之事,管理中央武庫,皇帝出行則掌護衛及儀仗隊。秩中二千石。本書《百官志四》:"執金吾一人,中二千石。本注曰:掌宮外戒司非常水火之事。月三繞行宮外,及主兵器。吾猶禦也。丞一人,比千石。緹騎二百人。本注曰:無秩,比吏食奉。" 士孫瑞:複姓士孫,字君榮,右扶風平陵(今陝西咸陽市西北)人。少傳家業,博達無所不通,舉孝廉出身,起家鷹鷂都尉,遷執金吾、光祿大夫,後拜尚書僕射。聯合王允、呂布共誅董卓。遷大司農、尚書令,爲董卓餘黨李傕、郭氾亂兵所害。漢獻帝遷都許昌後,追封澹

津亭侯。

[4]【今注】武關：在今陝西商南縣西南。

[5]【今注】袁術：字公路，汝南汝陽（今河南商水縣西北）人。傳見本書卷七五。

二年，卓還長安，[1]録入關之功，封允爲温侯，[2]食邑五千户。固讓不受。士孫瑞説允曰："夫執謙守約，存乎其時。公與董太師並位俱封，[3]而獨崇高節，豈和光之道邪？"[4]允納其言，乃受二千户。三年春，連雨六十餘日，允與士孫瑞、楊瓚登臺請霽，復結前謀。[5]瑞曰："自歲末以來，太陽不照，霖雨積時，月犯執法，[6]彗孛仍見，[7]晝陰夜陽，霧氣交侵，此期應促盡，[8]内發者勝。幾不可後，[9]公其圖之。"允然其言，乃潛結卓將吕布，[10]使爲内應。會卓入賀，吕布因刺殺之。語在《卓傳》。[11]

[1]【今注】案，曹金華《後漢書稽疑》以爲"還"當作"入"。本書卷八《靈帝紀》作"入長安"，《後漢紀》卷二六作"西入關"，《資治通鑑》卷六〇作"至長安"，董卓此前未曾至長安。（第870頁）

[2]【今注】温：縣名。治所在今河南温縣西南。

[3]【今注】太師：古三公之一，周置。西漢平帝元始元年（1）復置，金印紫綬，無常職。

[4]【李賢注】《老子》曰："和其光，同其塵。"【今注】和光：指不露鋒芒。

[5]【李賢注】《説文》曰："霽，雨吐也（吐，紹興本、大德本、殿本作'止'，是）。"郭璞曰："南陽人呼雨止曰霽。"

　　[6]【李賢注】執法，星名。《史記》曰"太微南四星曰執法"也。

　　[7]【今注】彗孛：彗星和孛星。孛，光芒四射的一種彗星。

　　[8]【今注】期應：期運。

　　[9]【今注】幾：機會。

　　[10]【今注】吕布：字奉先，五原九原（今内蒙古包頭市西）人。傳見本書卷七五、《三國志》卷七。

　　[11]【李賢注】帝時疾愈，故入賀也。

　　允初議赦卓部曲，[1]吕布亦數勸之。既而疑曰："此輩無罪，從其主耳。今若名爲惡逆而特赦之，適足使其自疑，非所以安之之道也。"吕布又欲以卓財物班賜公卿、將校，允又不從。而素輕布，以劍客遇之。布亦負其功勞，多自誇伐，[2]既失意望，[3]漸不相平。允性剛棱疾惡，[4]初懼董卓豺狼，故折節圖之。卓既殲滅，自謂無復患難，及在際會，每乏温潤之色，杖正持重，[5]不循權宜之計，是以群下不甚附之。

　　[1]【今注】部曲：部下。

　　[2]【今注】誇伐：炫耀。

　　[3]【今注】意望：願望。

　　[4]【李賢注】棱，威棱也，力登反。【今注】剛棱：剛直而威如鋒棱。

　　[5]【今注】持重：主持重大事務。

　　董卓將校及在位者多涼州人，[1]允議罷其軍。或説允曰："涼州人素憚袁氏而畏關東。[2]今若一旦解兵關東，則必人人自危。可以皇甫義真爲將軍，就領其衆，因使留陝以安撫之，而徐與關東通謀，以觀其變。”允曰：“不然。關東舉義兵者，皆吾徒耳。今若距險屯陝，雖安涼州，而疑關東之心，甚不可也。”[3]時百姓訛言，[4]當悉誅涼州人，遂轉相恐動。其在關中者，皆擁兵自守。更相謂曰：“丁彦思、蔡伯喈但以董公親厚，[5]並尚從坐。今既不赦我曹，而欲解兵，今日解兵，明日當復爲魚肉矣。”卓部曲將李傕、郭汜等先將兵在關東，[6]因不自安，遂合謀爲亂，攻圍長安。城陷，呂布奔走。布駐馬青瑣門外，[7]招允曰：“公可以去乎？”允曰：“若蒙社稷之靈，上安國家，吾之願也。如其不獲，則奉身以死之。朝廷幼少，恃我而已，[8]臨難苟免，吾不忍也。努力謝關東諸公，勤以國家爲念。”初，允以同郡宋翼爲左馮翊，[9]王宏爲右扶風。[10]是時三輔民庶熾盛，兵穀富實，李傕等欲即殺允，懼二郡爲患，乃先徵翼、宏。宏遣使謂翼曰：“郭汜、李傕以我二人在外，故未危王公。今日就徵，明日俱族。計將安出？”翼曰：“雖禍福難量，然王命所不得避也。”宏曰：“義兵鼎沸，在於董卓，況其黨與乎！若舉兵共討君側惡人，山東必應之，此轉禍爲福之計也。”翼不從。宏不能獨立，遂俱就徵，下廷尉。傕乃收允及翼、宏，并殺之。允時年五十六。長子侍中蓋、次子景、定及宗族十餘人皆見誅害，[11]唯兄子晨、陵得脫歸鄉里。天子感慟，百姓喪氣，莫敢收允尸者，唯故吏平陵令趙戩弃官營喪。[12]

［1］【今注】涼州：西漢武帝時所置十三刺史部之一。東漢時治所在隴縣（今甘肅張家川回族自治縣）。轄境相當於今甘肅、寧夏、青海湟水流域，陝西定邊、吳起、鳳縣、略陽和内蒙古額濟納旗一帶。

［2］【今注】關東：秦漢時指崤山、函谷關以東地區。

［3］【今注】案，曹金華《後漢書稽疑》：以爲“距”當作“拒”，“涼州”當作“涼州人”。文前後云“董卓將校及在位者多涼州人”，“涼州人素憚袁氏而畏關東”，“時百姓訛言，當悉誅涼州人”，故“安涼州”當作“安涼州人”。《後漢紀》卷二七即引作“今若拒險守陝，雖安涼州人，而疑關東之心也”。（第871頁）

［4］【今注】訛言：謠言。

［5］【今注】蔡伯喈：蔡邕，字伯喈，陳留圉（今河南杞縣）人。傳見本書卷六〇下。

［6］【今注】李傕郭汜：二人事迹見本書卷七二《董卓傳》。

［7］【李賢注】《前書音義》曰：“以青畫户邊鏤中，天子制也。”

［8］【李賢注】朝廷謂天子也。

［9］【今注】左馮翊：漢代三輔之一。漢時將京兆尹、左馮翊、右扶風稱爲三輔，分掌京師地區。秦時以内史掌治京師，西漢武帝時分置左、右内史。漢武帝太初元年（前104）將左内史更名爲左馮翊，治長安（今陝西西安市東北），相當於郡守。東漢都洛陽，改河南郡爲尹，因陵廟在三輔，故不改京兆尹、左馮翊、右扶風之名，祇減其俸。

［10］【今注】右扶風：漢代三輔之一。西漢武帝時改主爵都尉置。治長安（今陝西西安市西北）。

［11］【今注】侍中：官名。秦始置。西漢時爲加官，無員，凡官員加此頭銜即可入禁中，親近皇帝。初掌雜務，後漸與聞朝政、贊導衆事、顧問應對，與公卿大臣論辯，平議尚書奏事，爲中

朝要職。本書《百官志三》：“侍中，比二千石。本注曰：無員。掌侍左右，贊導衆事，顧問應對。法駕出，則多識者一人參乘，餘皆騎在乘輿車後。本有僕射一人，中興轉爲祭酒，或置或否。”

[12]【李賢注】戩音翦。【今注】平陵：縣名。治所在今陝西咸陽市西北。

王宏字長文，少有氣力，不拘細行。初爲弘農太守，[1]考案郡中有事宦官買爵位者，雖位至二千石，皆掠考收捕，遂殺數十人，威動鄰界。素與司隸校尉胡種有隙，及宏下獄，種遂迫促殺之。[2]宏臨命詬曰：[3]“宋翼豎儒，不足議大計。[4]胡种樂人之禍，禍將及之。”种後眠輒見宏以杖擊之，因發病，數日死。

[1]【今注】弘農：郡名。治弘農縣（今河南靈寶市東北故函谷關城）。東漢後期改名恒農郡。

[2]【今注】迫促：急迫。

[3]【李賢注】詬，罵也，音火豆反。【今注】臨命：將死之時。

[4]【李賢注】豎者，言賤劣如僮豎。

後遷都於許，[1]帝思允忠節，使改殯葬之，遣虎賁中郎將奉策弔祭，[2]賜東園祕器，[3]贈以本官印綬，送還本郡。封其孫黑爲安樂亭侯，[4]食邑三百户。

[1]【今注】許：縣名。治所在今河南許昌市東。東漢建安元年（196）曹操迎漢獻帝都此。後改名許昌。

[2]【今注】虎賁中郎將：漢置。掌虎賁宿衛，戰時領兵征

伐。爲光祿勳屬官，俸比二千石。《漢書·百官公卿表上》：“期門掌執兵送從，武帝建元三年初置，比郎，無員，多至千人，有僕射，秩比千石。平帝元始元年更名虎賁郎，置中郎將，秩比二千石。”本書《百官志二》：“虎賁中郎將，比二千石。本注曰：主虎賁宿衛。左右僕射、左右陛長各一人，比六百石。本注曰：僕射，主虎賁郎習射。陛長，主直虎賁，朝會在殿中。虎賁中郎，比六百石。虎賁侍郎，比四百石。虎賁郎中，比三百石。節從虎賁，比二百石。本注曰：皆無員。掌宿衛侍從。自節從虎賁久者轉遷，才能差高至中郎。”

[3]【今注】東園祕器：皇室、高官葬具。《漢書》卷六八《霍光傳》：“東園温明。”服虔注曰：“東園處此器，形如方漆桶，開一面，漆畫之，以鏡置其中，以懸屍上，大斂并蓋之。”顏師古注曰：“東園，署名也，屬少府。其署主作此器也。”

[4]【今注】安樂：縣名。治所在今北京市順義區古城林西北。　亭侯：東漢列侯分爲縣侯、鄉侯、亭侯三等。

　　士孫瑞字君策，扶風人，頗有才謀。瑞以允自專討董卓之勞，故歸功不侯，[1]所以獲免於難。後爲國三老、光祿大夫。[2]每三公缺，楊彪、皇甫嵩皆讓位於瑞。興平二年，[3]從駕東歸，爲亂兵所殺。趙戩字叔茂，長陵人，[4]性質正多謀。初平中，爲尚書，典選舉。董卓數欲有所私授，戩輒堅拒不聽，言色強厲。卓怒，召將殺之，衆人悚慄，[5]而戩辭貌自若。卓悔，謝釋之。長安之亂，容於荊州，[6]劉表厚禮焉。[7]及曹操平荊州，乃辟之，執戩手曰：“恨相見晚。”卒相國鍾繇長史。[8]

[1]【今注】歸功：將功績歸屬於人。

[2]【今注】國三老：戰國置，兩漢沿置。年五十以上，有德行、尊奉教化者，可擢爲三老。掌教化。漢代三老有鄉三老、縣三老、郡三老、國三老四種類型。　光禄大夫：官名。西漢武帝時改中大夫置，掌論議。屬光禄勳，秩比二千石。西漢晚期，多作爲貴戚重臣的加官。無員限。東漢時，因權臣不復冠此號，漸成閒散之職，雖仍掌顧問應對，但多用以拜假賵贈之使，及監護諸國嗣喪事。

[3]【今注】興平：東漢獻帝劉協年號（194—195）。

[4]【今注】長陵：縣名。治所在今陝西咸陽市東北。

[5]【今注】悚慄：恐懼戰慄。案，慄，大德本誤作“悚”。

[6]【今注】荊州：西漢武帝時所置十三刺史部之一。東漢治所在漢壽縣（今湖南常德市東北）。轄境約當今湖北、湖南二省及河南、貴州、廣西、廣東等省部分地區。

[7]【今注】劉表：字景升，山陽高平（今山東鄒城市西南）人。傳見本書卷七四下。

[8]【李賢注】鍾繇字元常，魏太祖時爲相國。【今注】鍾繇：字元常，潁川長社（今河南長葛市東）人。傳見《三國志》卷一三。

論曰：士雖以正立，亦以謀濟。若王允之推董卓而引其權，[1]伺其間而敝其罪，當此之時，天子懸解矣。[2]而終不以猜忤爲釁者，知者本於忠義之誠也。故推卓不爲失正，分權不爲苟冒，伺間不爲狙詐。[3]及其謀濟意從，則歸成於正也。[4]

[1]【今注】引：引取。

[2]【李賢注】《莊子》曰：“斯所謂帝之懸解。”懸解喻安

泰也。

[3]【今注】狙詐：伺機要詐。

[4]【今注】案，周天游《八家後漢書輯注》輯華嶠《漢後書》卷三："夫士以正立，以謀濟，以義成。若王允之推董卓而分其權，伺其間而弊其罪。當此之時，天下難解矣，本之皆主於忠義也。故推卓不爲失正，分權不爲不義，伺間不爲狙詐，是以謀濟義成，而歸於正也。"（第581頁）

　　贊曰：陳蕃燕室，志清天綱。人謀雖緝，幽運未當。[1]言觀殄瘁，曷非云亡？[2]子師圖難，晦心傾節。[3]功全元醜，[4]身殘餘孽。時有隆夷，[5]事亦工拙。[6]

[1]【李賢注】緝，合也。《易·下繫》曰："人謀鬼謀。"言蕃設謀雖合，而冥運未符也。

[2]【李賢注】殄，盡也。瘁，病也。言國將殄瘁，豈不由賢人云亡乎？《詩·大雅》曰"人之云亡，邦國殄瘁"也。

[3]【李賢注】謂矯性屈意於董卓。

[4]【今注】元醜：首惡。

[5]【今注】隆夷：高低起伏，這裏指興衰。

[6]【李賢注】誅卓爲工，被殺爲拙也。

後漢書　卷六七

列傳第五十七

黨錮

劉淑　李膺　杜密　劉祐　魏朗　夏馥　宗慈　巴肅
范滂　尹勳　蔡衍　羊陟　張儉　岑晊　陳翔　孔昱
苑康　檀敷　劉儒　賈彪　何顒

　　孔子曰："性相近也，習相遠也。"言嗜惡之本同，而遷染之塗異也。[1]夫刻意則行不肆，牽物則其志流。[2]是以聖人導人理性，[3]裁抑宕佚，[4]慎其所與，[5]節其所偏，[6]雖情品萬區，[7]質文異數，[8]至於陶物振俗，其道一也。[9]叔末澆訛，王道陵缺，[10]而猶假仁以效己，[11]憑義以濟功。舉中於理，則强梁褫氣；片言違正，則厮臺解情。蓋前哲之遺塵，有足求者。[12]

　　[1]【李賢注】嗜猶好也。惡音烏故反。言人好惡，各有本

性，遷染者，由其所習。《尚書》曰：“唯人生厚（人，《尚書·君陳》作‘民’，李賢注當爲避唐太宗李世民之諱而改），因物有遷。”《墨子》曰：“墨子見染絲者，泣而歎曰：‘染於蒼則蒼，染於黃則黃，故染不可不慎也。非獨染絲然也，國亦有染。湯染於伊尹，故王天下；殷紂染於惡來，故國殘身死，爲天下僇。’”（此段李賢注底本不清，今據諸本補）【今注】嗜惡（wù）：好惡。

遷染：受外物所侵染而改變。　塗：同“途”。途徑，方法。案，此句底本多漫漶不清，今據諸本補。

[2]【李賢注】刻意，刻削其意不得自恣也。《莊子》曰：“刻意尚行，離時異俗（時，《莊子·刻意》作‘世’，李賢注當爲避唐太宗李世民之諱而改）。”行音下孟反。肆猶放縱也。牽物謂爲物所牽制，則其志流宕忘反也。《淮南子》曰：“非拘繫牽連於物，而平與推移也（平，紹興本、大德本、殿本作‘不’，可從）。”【今注】刻意：克制個人意志、慾望。　肆：肆意，放縱。牽物：爲外物所牽制。　志流：志向經常變化，借指喪失原本遠大的志向。流，移動不定。

[3]【今注】導人：引導人。人，大德本作“民”，不從。理性：品性、本性。

[4]【今注】裁抑宕佚（dàng）佚：即要控制自己的欲望。裁抑，控制。宕佚，放蕩不羈，不受約束。

[5]【今注】所與：所親近、結交的人。

[6]【今注】節其所偏：即要控制自己所偏愛的事物。節，節制，控制。偏，偏愛。

[7]【今注】情品：性情品性。　萬區：萬種，即差別很大。

[8]【今注】質文：資質有文德。《國語·周語》載：“文王質文，故天胙之以天下。”韋昭注曰：“質文，其質性有文德也。”異數（shù）：等級、程度不同。

[9]【李賢注】陶謂陶治以成之。《管子》曰：“夫法之制人

(人，《管子·禁藏》作‘民’，李賢注引當爲避唐太宗李世民之諱而改)，猶陶之於埴，冶之於金也。"埴音植（音，大德本、殿本作"猶"）。【今注】陶物振俗：即教化萬物，整齊風俗。陶物，教化萬物。振，通"整"，整頓，整齊。

[10]【李賢注】叔末猶季末也。謂當春秋之時。【今注】叔末：本爲長幼次序，此比如叔世、末世，指衰亡的時代。 澆訛：社會風氣浮薄詐偽。 王道陵缺：即周王室衰微之意。王道，即儒家提倡的仁義治國之道。陵缺，衰亡崩壞。

[11]【今注】假：憑借，與後文的"憑"字意思相通。

[12]【李賢注】褫猶奪也，音直紙反。厮臺，賤人也。齊侯伐楚，楚子使與師言曰："君處北海，寡人處南海，唯是風馬牛不相及也，不虞君之涉吾地也。何故？"管仲對曰："爾貢苞茅不入，王祭不供，無以縮酒，寡人是徵。"對曰："貢之不入，寡君之罪也。"遂使屈完與齊盟于召陵。此"強梁褫氣"也。又晉呂甥、郤芮將焚公宮而殺晉侯（郤，大德本作"郄"，不從），寺人披請見，公使讓之，且辭曰："汝爲惠公來求殺余，命汝三宿，汝中宿而至。雖君有命，何其速也？"對曰："臣謂君之入也，其知之矣。若猶未也，又將及難。君命無二，古之制也。除君之惡，唯力是視，蒲人、狄人，余何有焉。今君即位，其無蒲、狄乎？"此爲"厮臺解情"也。並見《左傳》。（此段李賢注底本多漫漶不清，今據諸本補。另，曹金華《後漢書稽疑》言《左傳》爲"弒"非"殺"。今案，"弒"有以下犯上、違逆之義，爲"春秋筆法"）【今注】強梁：傳說中能食鬼的神，此指強暴、強橫之人。 褫（chǐ）氣：奪氣，使人喪失膽氣。 厮臺：猶"厮役"，指地位低賤、供人驅使之人。 解情：即離心。 遺塵：前人遺留下來的痕迹。

霸德既衰，狙詐萌起。[1]彊者以決勝爲雄，弱者以詐劣受屈。至有畫半策而縮萬金，開一説而錫琛瑞。[2]
或起徒步而仕執珪，解草衣以升卿相。[3] 士之飾巧馳
辯，以要能釣利者，不期而景從矣。[4] 自是愛尚相奪，
與時回變，其風不可留，其敝不能反。[5]

　　[1]【李賢注】霸德衰謂六國時也。狙音七余反。《廣雅》
曰："狙，獼猴也。"以其多詐，故比之也。（李賢注此條底本漫漶
不清，今據諸本補）【今注】霸德既衰：春秋五霸的時代結束，已
進入戰國時代。霸德，與"王道"相對，意爲憑借武力稱霸但猶講
究道德仁義，此代指春秋五霸時代。　狙（jū）詐：狡猾，姦詐。

　　[2]【李賢注】蘇秦説趙王，賜白璧百雙，黄金萬鎰。虞卿
一見趙王，賜白璧一雙，黄金百鎰。見《史記》及《戰國策》。
（李賢注此條底本漫漶不清，今據諸本補）【今注】至有畫半策而
縮（wǎn）萬金開一説而錫琛瑞：案，此句底本漫漶不清，今據諸
本補。《史記》卷六九《蘇秦列傳》載，蘇秦跟隨鬼谷子學藝有成
之後，開始游説諸侯，其先到西邊的秦國，游説秦惠文王"吞天
下，稱帝而治"，但秦國剛誅殺商鞅，痛恨游説之士，於是秦惠文
王以羽翼未滿、實力不足爲由，對蘇秦的計策拒而不用。蘇秦後轉
而游説東方六國合縱反秦。其游説趙肅侯時，得到其賞識，"乃飾
車百乘，黄金千溢，白璧百雙，錦繡千純，以約諸侯"，給予蘇秦
大量金銀珠寶，派遣其去游説其他諸侯合縱。經過蘇秦的游説，六
國國君同意合縱抗秦，蘇秦被推舉爲合縱長，佩戴六國相印。《史
記》卷七六《平原君虞卿列傳》載："虞卿者，游説之士也。躡蹻
檐簦説趙孝成王。一見，賜黄金百鎰，白璧一雙；再見，爲趙上
卿，故號爲虞卿。"蘇秦、虞卿都是當時游説之士，以貧賤之身游
説諸侯，受諸侯賞識而享有高官厚禄，榮耀一時。畫，同"劃"，
出謀劃策。縮，繫挂，佩戴。《廣韻·潸韻》："縮，繫也。"此引申
爲獲得。錫，通"賜"，賞賜。琛瑞，寶玉。

[3]【李賢注】《史記》曰,楚惠王言"莊舄,越之鄙細人也,今仕楚執珪,貴富矣"。解草衣謂范雎、蔡澤之類。(此條李賢注底本多漫漶不清,今據諸本補)【今注】或起徒步而仕執珪解草衣以升卿相:徒步,代指平民。執珪,楚國爵位,此泛指封爵。草衣,本指草編的衣物,此代指出身卑微。卿相,公卿丞相,此代指高官。此是説雖然身居低位,也能憑借爲君王出謀劃策而獲得高官厚禄。如越國人莊舄,家境貧寒,當時在楚國爲官,受封執珪的爵位,其事迹詳見《史記》卷七〇《張儀列傳》。戰國時魏國人范雎,家境貧寒,先仕於魏國,但遭到誣陷,裝死逃過一劫,後化名"張禄",西入秦國,游説秦昭王對内加强君權,對外實行"遠交近攻"戰略,官至秦國丞相,封應侯。燕國人蔡澤,游説大小諸侯均不受重用,後到秦國,經范雎舉薦成爲秦昭王客卿,范雎稱病辭去丞相職位後,秦昭王拜蔡澤爲相,其曾獻計滅周王室,但受讒言,稱病辭相,後被封剛成君,備享尊榮。范雎、蔡澤,傳見《史記》卷七九。

[4]【李賢注】《韓子》李斯曰"韓非飾辯詐謀(辯,殿本作'辨',《韓非子・存韓篇》作'辯'),以釣利於秦"也。賈誼《過秦》曰"贏糧而景從"也(殿本"曰"前有"論"字,無句末"也"字)。【今注】案,此句底本漫漶不清,今據諸本補。飾巧:粉飾弄巧。 馳辯:縱橫雄辯。 要能:關鍵、傑出的才能。 釣利:謀取利益。 期:期會,約定。 景從:像影子一樣隨從,比如紛紛響應和追隨。景,同"影"。

[5]【今注】敝:同"弊"。弊端,弊病。 反:同"返"。返回正途之意。

及漢祖杖劍,[1]武夫敫興,[2]憲令寬賒,[3]文禮簡闊,[4]緒餘四豪之烈,人懷陵上之心,[5]輕死重氣,怨惠必讎,[6]令行私庭,權移匹庶,[7]任俠之方,成其俗矣。[8]自武帝以後,[9]崇尚儒學, 懷經協術, 所在霧會, 至有石渠分争之論, 黨同伐異之説, 守文之徒, 盛於時矣。[10]至王莽專僞,[11]終於篡國, 志義之流,[12]恥見纓紼, 遂乃榮華丘壑, 甘足枯槁。[13]雖中興在運,[14]漢德重開, 而保身懷方, 彌相慕襲, 去就之節, 重於時矣。[15]逮桓、靈之閒,[16]主荒政繆, 國命委於閹寺,[17]士子羞與爲伍, 故匹夫抗憤, 處士橫議,[18]遂乃激揚名聲, 互相題拂,[19]品覈公卿, 裁量執政,[20]婞直之風, 於斯行矣。[21]

[1]【今注】漢祖: 西漢高祖劉邦, 公元前 206 年至前 195 年在位。紀見《史記》卷八、《漢書》卷一。

[2]【今注】敨興: 即勃興, 蓬勃興起, 此指人才奮起的景象。敨, 同"勃"。

[3]【今注】憲令: 國家法令。 寬賒: 寬鬆緩和。

[4]【今注】文禮: 泛指國家制度。 簡闊: 疏闊。

[5]【李賢注】四豪謂信陵君魏公子無忌、平原君趙勝、春申君黄歇、孟嘗君田文。《前書》班固曰:"游談者以四豪爲稱首。"【今注】四豪: 即戰國四公子, 爲魏國的信陵君魏無忌、趙國的平原君趙勝、楚國的春申君黄歇和齊國的孟嘗君田文。此四人權勢很大, 故稱之爲"四豪"。傳見《史記》卷七五至卷七八。

[6]【今注】怨惠必讎(chóu): 即恩仇必報之意。讎, 報。

[7]【今注】匹庶: 指平民百姓。

[8]【李賢注】《前書音義》曰:"相與信爲任, 同是非爲俠, 所謂權行州域, 力折公侯者也。"【今注】任俠:《漢書》卷三七《季布傳》顔師古引如淳注:"相與信爲任, 同是非爲俠。"任俠多指能爲人排憂解難、有俠義之氣的一類人, 但其也經常"以武犯

禁”，憑借武力破壞社會秩序，任俠具有兩面性。

[9]【今注】武帝：西漢武帝劉徹，公元前141年至前87年在位。紀見《史記》卷一二、《漢書》卷六。

[10]【李賢注】武帝詔求賢良，於是公孫弘、董仲乎等出焉（乎，紹興本、大德本、殿本作“舒”，可從）。宣帝時，集諸儒於石渠閣，講論六藝。召《五經》名儒太子太傅蕭望之等大日這中（日這，紹興本、大德本、殿本作“議殿”，可從），平《公羊》《穀梁》同異，同己者下不之（下不，紹興本、大德本、殿本作“朋黨”，可從），異己者攻伐之。劉歆書曰：“黨同門，妒道真。”【今注】協：懷藏之意。案，王先謙《後漢書集解》引惠棟注言：“‘協’當作‘挾’，古字通。《黃瓊傳》‘黃門協邪’是也。”

霧會：像霧氣一樣會聚，比喻當時學術興盛的樣子。　石渠分爭之論：指西漢宣帝甘露三年（前51）的石渠閣會議。漢宣帝針對當時各家經學在文本、內容等方面的紛爭，召集蕭望之、劉向、韋玄成、薛廣德、施讎、梁丘臨、林尊、周堪、張山拊等名儒在石渠閣講論五經異同，由漢宣帝親自裁定評判。石渠閣會議的內容整理成《石渠議奏》，但已亡佚。石渠閣會議的相關情況，詳見《漢書》卷八《宣帝紀》和卷八八《儒林傳》等。石渠，即石渠閣，爲西漢皇室收藏圖書的地方，在未央宮北邊。《三輔黃圖》卷六“閣”載：“石渠閣，蕭何造，其下礱石爲渠以導水，若今御溝，因爲閣名。所藏入關所得秦之圖籍。至於成帝，又於此藏秘書焉。”

[11]【今注】王莽：字巨君，以外戚身份掌握朝政，公元8年篡漢自立爲帝，建號“新”，史稱新莽政權。稱帝後王莽進行托古改制，但因政策失當，加之操之過急，遭到官吏和百姓的反對，激發了綠林、赤眉爲首的大規模農民起義，公元23年綠林軍攻進長安，戰亂中王莽被商人杜吳所殺，新莽覆滅。傳見《漢書》卷九九。

[12]【今注】志義之流：忠義之輩。志，大德本、殿本作

"忠"，可從。

[13]【李賢注】不言之子方、郭欽、蔣詡之類（不言之子，中華本作"謂龔勝、薛"，可從），並隱居不應莽召。【今注】纓紼：比喻官爵和地位。纓，繫冠的帶子，借指有地位的人。紼，繫官印的絲帶。　丘壑：本指山峰與河流，此代指隱居之地。　枯槁（gǎo）：多形容植物或人枯萎憔悴的樣子，此比喻困苦、貧窮的生活。

[14]【今注】中興：此指"光武中興"，即光武帝劉秀建立東漢，振興漢室。

[15]【李賢注】謂逢萌、不光（不，紹興本、大德本、殿本作"嚴"，可從）、周不（不，紹興本、大德本、殿本作"黨"，可從）、尚長之也（也，紹興本、大德本、殿本作"屬"，可從）。（逢萌、嚴光、周黨、尚長四人，以不仕於新莽朝而聞名，事迹載於本書卷八三《逸民傳》）【今注】去就之節：東漢士人重視在任官和辭官方面的名節，後發展爲以不受皇帝、三公徵辟爲官作爲名節的風氣。去就，去官和就職。節，名節。

[16]【今注】桓：東漢桓帝劉志。公元146年至167年在位。紀見本書卷七。　靈：東漢靈帝劉宏，公元168年至189年在位。紀見本書卷八。

[17]【今注】閹寺：代指宦官。

[18]【今注】處士：本指有才德而隱居不仕的人，後來也泛指未做官的士人。　橫議：恣意議論，此指布衣處士議論朝政。

[19]【今注】題拂：品評，褒揚。

[20]【今注】裁量：鑒別，評論。　執政：當政者。

[21]【李賢注】婞，狠也。音邢鼎反。【今注】婞（xìng）直：剛毅，正直。

夫上好則下必甚，矯枉故直必過，其理然矣。[1]若范滂、張儉之徒,[2]清心忌惡,[3]終陷黨議,[4]不其然乎？

[1]【李賢注】《禮記》曰："下之事上也，不從其所令，從其所行。上好是物，下必有甚者矣。"矯，正也。正枉必過其直，見《孟子》。【今注】矯枉故直必過：即矯枉過正。案，王先謙《後漢書集解》引官本《考證》言："正枉必過其直，見《孟子》。今《孟子》無此文。"今案，查《孟子》確無此文。《春秋繁露·玉杯》載："《春秋》為人不知惡而恬行不備也，是故重累責之；以矯枉世而直之。矯者不過其正，弗能直。知此而義畢矣。"當出於此。

[2]【今注】范滂：字孟博，本卷後文有傳。　張儉：字元節，本卷後文有傳。

[3]【今注】清心忌惡：心地清正，嫉惡如仇。

[4]【今注】黨議：即"黨人之議"，詳見下文。

初，桓帝為蠡吾侯,[1]受學於甘陵周福,[2]及即帝位，擢福為尚書。[3]時同郡河南尹房植有名當朝,[4]鄉人為之謠曰："天下規矩房伯武，因師獲印周仲進。"二家賓客，互相譏揣,[5]遂各樹朋徒，漸成尤隙,[6]由是甘陵有南北部，黨人之議，自此始矣。後汝南太守宗資任功曹范滂,[7]南陽太守成瑨亦委功曹岑晊,[8]二郡又為謠曰："汝南太守范孟博，南陽宗資主畫諾。南陽太守岑公孝，弘農成瑨但坐嘯。"[9]因此流言轉入太學,[10]諸生三萬餘人，郭林宗、賈偉節為其冠,[11]並與李膺、陳蕃、王暢更相褒重。[12]學中語曰："天下模楷李元禮,[13]不畏強禦陳仲舉，天下俊秀王叔茂。"又渤海公族進階、[14]扶風魏齊卿，[15]並危言深論，不隱豪强。[16]自公卿以下，莫不畏其貶議，屣履到門。

　　[1]【今注】蠡（lǐ）吾侯：列侯名。東漢順帝時，河間王劉凱上書請求分河間王國蠡吾縣封其子劉翼爲蠡吾侯，得到皇帝應允。劉翼死後，其子劉志嗣爵，後即位爲帝。蠡吾，治所在今河北博野縣西南。

　　[2]【今注】甘陵：縣名。本爲秦所置厝縣，西漢沿襲，東漢安帝葬其父於此，尊其陵爲“甘陵”，後改縣名爲“甘陵”。屬清河國，後併省。治所在今山東臨清市東北。

　　[3]【今注】尚書：官名。名義上屬少府。原爲皇帝近侍，負責文書傳達等，後權力逐漸上升，東漢光武帝時期，尚書臺成爲政務中樞機構，尚書也成爲擁有實權的官職。本書《百官志三》載：“尚書六人，六百石。本注曰：成帝初置尚書四人，分爲四曹：常侍曹尚書主公卿事；二千石曹尚書主郡國二千石事；民曹尚書主凡吏上書事；客曹尚書主外國夷狄事。世祖承遵，後分二千石曹，又分客曹爲南主客曹、北主客曹，凡六曹。”

　　[4]【今注】河南尹：此爲官名。行政區河南尹的最高長官，本書《百官志四》：“河南尹一人，主京都，特奉朝請。其京兆尹、左馮翊、右扶風三人，漢初都長安，皆秩中二千石，謂之三輔。中興都雒陽，更以河南郡爲尹，以三輔陵廟所在，不改其號，但減其秩。”其屬京畿，故不稱郡，地位高於郡守。　房植：字伯武，清河人。經李固舉薦出仕爲官，歷任少府、河南尹、光禄勳、司空，東漢桓帝永壽元年（155）免官。漢蔡邕有《司空房植碑》文，見《全上古三代秦漢三國六朝文》（中華書局 1959 年版）。

　　[5]【李賢注】初委反。【今注】譏揣（chuāi）：非難攻訐。

　　[6]【今注】尤隙：怨恨。尤，怨恨，責怪。《詩·鄘風·載馳》載：“許人尤之，衆穉且狂。”毛亨傳言：“尤，過也。”隙，怨

恨。《正字通·阜部》："隟，怨也，嫌恨也。"

[7]【今注】汝南：郡名。治平輿縣（今河南平輿縣北）。太守：郡的最高長官，秩二千石。 功曹：官名。漢代郡縣屬吏之首，掌官吏選舉、獎罰等，有功曹掾、功曹史等，簡稱"功曹"。

[8]【李賢注】音質。【今注】南陽：郡名。治宛縣（今河南南陽市卧龍區）。 委：託付。 岑晊（zhì）：字公孝，本卷後文有傳。

[9]【李賢注】《謝承書》曰"成瑨少脩仁義，篤學，以清名見。舉孝廉，拜郎中，遷南陽太守。郡舊多豪强，中官黄門磐互境界。瑨下車，振威嚴以撿攝之（撿，大德本、殿本作'檢'，二字通）。是時桓帝乳母、中宫貴人外親張子禁（宫，紹興本、大德本、殿本作'官'，可從。案，曹金華《後漢書稽疑》引《襄楷傳》《岑晊傳》認爲'張子禁'爲張汜，'乳母'爲馬惠），怙恃貴埶，不畏法網，功曹岑晊勸使捕子禁付宛獄（宛，大德本作'完'，不從），笞殺之。桓帝徵瑨，下獄死。宗資字叔都，南陽安衆人也。家代爲漢將相名臣。祖父均，自有傳。資少在京師，學《孟氏易》《歐陽尚書》（歐，大德本作'毆'，不從）。舉孝廉，拜議郎，補御史中丞（丞，大德本作'承'，不從）、汝南太守。署范滂爲功曹，委任政事，推功於滂，不伐其美。任善之名，聞於海内"也。【今注】畫諾：主管官吏在文書上簽"諾"字，表示同意照辦。學者研究指出，畫諾有簡化、符號化以及從"寫"到"畫"的演變過程，如長沙五一廣場東漢簡中寫"諾"變爲"若"，長沙東牌樓東漢簡中則將"口"部簡寫爲"乂"，長沙走馬樓三國吳簡中將"乂"簡化爲"丿"或畫"雙勾勒（W）"，吐魯番文書則是畫"單勾勒（√）"，成爲今日用單勾勒（√）表示同意和批准的歷史源頭（王素：《"畫諾"問題縱橫談——以長沙漢吳簡牘爲中心》，《中華文史論叢》2017年第1期）。 弘農：郡名。治弘農縣（今河南靈寶市東北）。 坐嘯：閒坐吟嘯，指成瑨將政事交

由岑晊處理，自己反而閑着無事。

[10]【今注】流言：社會上流傳的言論。　太學：國家最高學府，西漢武帝元朔五年（前124）設置太學，設立五經博士，後因戰亂一度衰落，東漢光武帝建武五年（29）恢復了太學。

[11]【李賢注】冠猶首也。【今注】郭林宗：即郭泰，范曄避其父泰諱而寫作"太"，字林宗。傳見本書卷六八。　賈偉節：即賈彪，字偉節。本卷後文有傳。　冠：首，此爲領袖之意。

[12]【今注】李膺：字元禮。本卷後文有傳。　陳蕃：字仲舉，汝南平輿（今河南平輿縣北）人。有"不畏強禦陳仲舉"之美譽。傳見本書卷六六。　王暢：字叔茂，山陽高平（今山東鄒城市西南）人。有"天下俊秀王叔茂"之美譽。傳見本書卷五六。更相：相互。　襃重：襃揚推崇。

[13]【今注】模揩：即楷模，榜樣。揩，大德本、殿本作"楷"，可從。

[14]【李賢注】公族，姓也，名進階。《風俗通》曰："晉成公立嫡子爲公族大夫。"韓無忌號公族穆子，見《左氏傳》。【今注】渤海：郡名。亦作"勃海"。治南皮縣（今河北南皮縣北）。　案，王先謙《後漢書集解》引惠棟言"進階"爲字，而非名，且《王純門生碑陰》有"勃海公族進階"，碑文所載193人皆書字，亦可證"進階"非名。

[15]【今注】扶風：即"右扶風"，政區名。其長官亦稱右扶風。三輔之一，治槐里縣（今陝西興平市東南）。　案，王先謙《後漢書集解》引惠棟言，《劉寬碑陰》門生名錄中有"魏傑，字齊卿，扶風杜陽人，官皮市長"。

[16]【李賢注】危言謂不畏危難而直言也。《論語》孔子曰："邦有道，危言危行。"【今注】危言：正直急切之言。　深論：深刻的議論。　不隱豪強：即不迴避豪強。隱，隱匿，迴避。《玉篇·阜部》："隱，不見也，匿也。"

時河內張成善説風角，[1]推占當赦，[2]遂教子殺人。李膺爲河南尹，[3]督促收捕，既而逢宥獲免，膺愈懷憤疾，竟案殺之。初，成以方伎交通宦官，[4]帝亦頗誶其占。[5]成弟子牢脩因上書誣告膺等養太學遊士，[6]交結諸郡生徒，[7]更相驅馳，[8]共爲部黨，[9]誹訕朝廷，疑亂風俗。[10]於是天子震怒，班下郡國，[11]逮捕黨人，布告天下，使同忿疾，遂收執膺等。其辭所連及陳寔之徒二百餘人，[12]或有逃遁不獲，皆懸金購募。[13]使者四出，相望於道。明年，尚書霍諝、城門校尉竇武並表爲請，[14]帝意稍解，乃皆赦歸田里，[15]禁錮終身。[16]而黨人之名，猶書王府。[17]

[1]【今注】河內：郡名。治懷縣（今河南武陟縣西南）。案，曹金華《後漢書稽疑》言，《後漢書》卷二二寫作“河內”，但《藝文類聚》卷五二所引《謝承書》、《資治通鑑》卷五五都寫作“河南”（第874頁）。　張成：東漢方士。　風角：古代占卜方法之一，根據四方四隅之風來占卜吉凶的方術。

[2]【今注】推占：通過推算進行占卜的方法。

[3]【今注】案，王先謙《後漢書集解》引惠棟言：“《考異》云膺時爲司隸，非尹也。”曹金華《後漢書稽疑》考證認爲李膺延熹五年（162）已爲河南尹，九年出爲司隸校尉，治張成罪時爲河南尹（第874—875頁）。

[4]【今注】方伎：古代將醫、巫、卜、星、相、房中、神仙等統稱爲“方伎”。劉歆《七略》中有《方技略》，《漢書·藝文志》收錄方技三十六家八百六十八卷，包括醫經、經方、房中、神仙四類。伎，通“技”，技藝。　交通：交往。

[5]【今注】誶（suì）：問詢。《廣雅·釋詁二》：“誶，問

也。"案，王先謙《後漢書集解》引錢大昕言當爲"訊"。曹金華《後漢書稽疑》言《藝文類聚》卷五二所引《謝承書》、《資治通鑑》卷五五《漢紀》孝桓皇帝延熹九年皆寫作"訊"（第875頁）。

[6]【今注】牢脩：或作"牢順""牢川"，東漢方士。曹金華《後漢書稽疑》言《黨錮列傳》、《竇武列傳》、《藝文類聚》卷五二、《謝承書》、《資治通鑑》卷五五《漢紀》孝桓皇帝延熹九年皆作"牢脩"，當以"脩"爲是（第875頁）。

[7]【今注】諸郡生徒：泛指地方郡國學的學生。西漢武帝時期在中央興太學，在地方郡國也建有學校，稱"郡國學"。郡國學的學生稱爲"文學弟子"，或稱"郡學生"。

[8]【今注】驅馳：比喻奔走效命。

[9]【今注】部黨：即朋黨。前言"二家賓客，互相譏揣，遂各樹朋徒，漸成尤隙，由是甘陵有南北部，黨人之議，自此始矣"，部黨之名由此而來。

[10]【李賢注】《說文》曰："誹，謗也。"《蒼頡篇》曰："訕，非也。"【今注】誹訕：即誹謗。

[11]【今注】班：通"頒"。頒布。

[12]【今注】陳寔：字仲弓，潁川許（今河南許昌市）人。傳見本書卷六二。

[13]【今注】懸金：重金。　購募：即懸賞募求。秦漢法律規定，對抓捕犯人按罪犯所犯罪行輕重給予數額不等的賞金。秦代賞金既可以是"錢"，也可以是"金"，漢代賞金多按兩計算。購，大德本作"搆"，不從。

[14]【今注】霍諝：字叔智，魏郡鄴（今河北臨漳縣西南）人。傳見本書卷四八。　城門校尉：官名。掌京師城門兵馬。本書《百官志四》載："城門校尉一人，比二千石。本注曰：掌雒陽城門十二所。"下設有司馬一人，每一城門設城門候一人。　竇武：字游平，扶風平陵（今陝西咸陽市西北）人。傳見本書卷六九。

[15]【今注】田里：代指鄉里。

[16]【今注】禁錮：禁止做官和參加政治活動。

[17]【今注】案，曹金華《後漢書稽疑》引《資治通鑑》卷五六《漢紀》孝桓皇帝永康元年"書名三府"等，認爲"王府"當爲"三府"（第875頁）。今案，"三府"即太尉府、司徒府、司空府，也代指官府。

　　自是正直廢放，邪枉熾結，[1]海内希風之流，遂共相摽搒，[2]指天下名士，爲之稱號。上曰"三君"，次曰"八俊"，次曰"八顧"，次曰"八及"，次曰"八厨"，猶古之"八元""八凱"也。[3]竇武、劉淑、陳蕃爲"三君"。[4]君者，言一世之所宗也。[5]李膺、荀昱、杜密、王暢、劉祐、魏朗、趙典、朱寓爲"八俊"。[6]俊者，言人之英也。[7]郭林宗、宗慈、巴肅、夏馥、范滂、尹勳、蔡衍、羊陟爲"八顧"。[8]顧者，言能以德行引人者也。張儉、岑晊、劉表、陳翔、孔昱、苑康、檀敷、翟超爲"八及"。[9]及者，言其能導人追宗者也。[10]度尚、張邈、王考、劉儒、胡母班、秦周、蕃嚮、王章爲"八厨"。[11]厨者，言能以財救人者也。

[1]【今注】熾結：氣焰囂張，緊密勾結。

[2]【李賢注】希，望也，摽搒猶相稱揚也（摽，紹興本、大德本、殿本作"摽"；搒，大德本作"榜"）。"搒"與"榜"同，古字通。【今注】摽搒：亦寫作"標榜""標榜"，誇耀、稱揚之意。案，王先謙《後漢書集解》引《資治通鑑》卷五六《漢紀》孝靈皇帝建寧二年胡三省注："立表以示人曰'標'，楬書以示人曰

'榜'。"

[3]【今注】八元八凱：《左傳》文公十八年載："昔高陽氏有才子八人：蒼舒、隤敳、檮戭、大臨、厖降、庭堅、仲容、叔達，齊、聖、廣、淵、明、允、篤、誠，天下之民謂之'八愷'。高辛氏有才子八人：伯奮、仲堪、叔獻、季仲、伯虎、仲熊、叔豹、季貍，忠、肅、共、懿、宣、慈、惠、和，天下之民謂之'八元'。此十六族也，世濟其美，不隕其名。"後世遂多以"八元""八凱"比喻賢臣、賢人。

[4]【今注】劉淑：字仲承。本卷後文有傳。

[5]【今注】案，《世說新語·品藻》引《謝沈書》作"三君者，言一世之所貴"，文字略異。

[6]【今注】荀昱：字伯條，荀淑兄子。事迹詳見本書卷六二《荀淑傳》。王先謙《後漢書集解》引惠棟言："《三君八俊録》言：'語曰：天下好交荀伯條。'"昱，紹興本作"翌"，可從。 杜密：字周甫，與李膺合稱"李杜"。本卷後文有傳。王先謙《後漢書集解》引惠棟言："語曰：'天下良輔杜周甫。'" 劉祐：字伯祖。本卷後文有傳。王先謙《後漢書集解》引惠棟言："語曰：'天下稽古劉伯祖。'" 魏朗：字少英。本卷後文有傳。王先謙《後漢書集解》引惠棟言："語曰：'天下忠平魏少英。'" 趙典：字仲經，蜀郡成都（今四川成都市武侯區）人。傳見本書卷二七。王先謙《後漢書集解》引惠棟言："語曰：'天下才英趙仲經。'"朱寓：字季陵，沛郡（今安徽濉溪縣西北）人。曾任廬江太守、司隸校尉等職，在黨錮事件中遭禍。王先謙《後漢書集解》引惠棟言："語曰：'天下冰凌朱季陵。'"

[7]【今注】案，《世說新語·品藻篇》引謝沈《後漢書》作"俊者，卓出之名"，文字略異。

[8]【今注】宗慈：字孝初。本卷後文有傳。 巴肅：字恭祖。本卷後文有傳。 夏馥：字子治。本卷後文有傳。 尹勳：字伯元。本卷後文有傳。 蔡衍：字孟喜。本卷後文有傳。 羊陟：

字嗣祖。本卷後文有傳。王先謙《後漢書集解》引惠棟言："《三君
八俊録》無范滂有劉儒。"

[9]【今注】劉表：字景升，山陽高平（今山東鄒城市西南）
人。傳見本書卷七四下。　陳翔：字子麟。本卷後文有傳。　孔
昱：字元世。本卷後文有傳。　苑康：字仲真。本卷後文有傳。
苑，大德本、殿本作"范"，不從。　檀敷：字文有。本卷後文有
傳。王先謙《後漢書集解》引惠棟言："《三君八俊録》云：語曰：
'海内通士檀文有。'"　翟超：曾任山陽太守，黨錮事件中下獄
而死，其他不詳。

[10]【李賢注】導，引也。宗謂所宗仰者（者，大德本、殿
本作"也"）。【今注】導人追宗：誘導他人去追隨、宗仰。

[11]【李賢注】蕃，姓也，音皮。【今注】度尚：字博平，山
陽湖陸（今山東魚臺縣東南）人。傳見本書卷三八。王先謙《後
漢書集解》引惠棟言："語曰：'海内清平度博平。'"　張邈：字
孟卓，東平國（今山東東平縣東南）人。事迹詳見本書卷七五
《呂布傳》。王先謙《後漢書集解》引惠棟言："語曰：'海内嚴恪張
孟卓。'"　王考：字文祖，東漢名士。王先謙《後漢書集解》引
惠棟言："語曰：'海内依怙王文祖。'"　劉儒：字叔林。本卷後
文有傳。王先謙《後漢書集解》引惠棟言："語曰：'海内光光劉子
相。'"　胡母班：複姓胡母，泰山郡（今山東泰安市東）人。事
迹詳見本書卷七四上《袁紹傳》。　秦周：字平王，東漢名士。王
先謙《後漢書集解》引惠棟言："語曰：'海内貞良周平王。'"
蕃（pí）嚮：字嘉景，東漢名士。王先謙《後漢書集解》引《三君
八俊録》云："海内修整蕃嘉景。"　王章：亦作"王璋"，字伯義，
東漢名士。王先謙《後漢書集解》引《三君八俊録》云："海内賢
智王博義。"

又張儉鄉人朱並，[1]承望中常侍侯覽意旨，[2]上書

告儉與同鄉二十四人別相署號，[3]共爲部黨，圖危社稷。以儉及檀彬、褚鳳、張肅、薛蘭、馮禧、魏玄、徐乾爲“八俊”，[4]田林、張隱、劉表、薛郁、王訪、劉祗、宣靖、公緒恭爲“八顧”，[5]朱楷、田槃、疎耽、薛敦、宋布、唐龍、嬴咨、宣褒爲“八及”，[6]刻石立墠，共爲部黨，而儉爲之魁。[7]靈帝詔刊章捕儉等。[8]大長秋曹節因此諷有司奏捕前黨故司空虞放、[9]太僕杜密、[10]長樂少府李膺、[11]司隸校尉朱㝢、[12]潁川太守巴肅、[13]沛相荀昱、[14]河内太守魏朗、山陽太守翟超、[15]任城相劉儒、[16]太尉掾范滂等百餘人，[17]皆死獄中。[18]餘或先殁不及，或亡命獲免。[19]自此諸爲怨隙者，因相陷害，睚眦之忿，濫入黨中。[20]又州郡承旨，或有未嘗交關，亦離禍毒。[21]其死徙廢禁者，六七百人。

[1]【今注】朱並：張儉的同鄉，山陽高平（今山東鄒城市西南）人。

[2]【今注】中常侍：官名。名義上屬少府。東漢多由宦官擔任，侍從皇帝，職掌顧問應對。本書《百官志三》載：“中常侍，千石。本注曰：宦者，無員。後增秩比二千石。掌侍左右，從入内宫，贊導内衆事，顧問應對給事。”　侯覽：山陽防東（今山東單縣東北）人。東漢宦官。傳見本書卷七八。

[3]【今注】案，曹金華《後漢書稽疑》言《張儉傳》等皆爲“同郡”（第 876 頁）。

[4]【今注】八俊：俊，才能超群者。《三國志》《後漢書》等史籍相關記載稍異。或參見趙啟佳《漢末“八俊”考》（《卷宗》2017 年第 8 期）。案，檀彬、褚鳳、張肅、薛蘭、馮禧、魏玄、徐

乾諸人，事迹不詳。

[5]【李賢注】公緒，姓也。【今注】劉祇：本書卷八二下《方技傳下》有“（豫章）太守劉祇”，不知是否爲同一人。 案，田林等俱爲人名，但事迹不詳。 八顧：王先謙《後漢書集解》引惠棟言：“張璠《漢紀》云劉表與同郡人張隱等爲‘八交’，或謂之‘八顧’也。”

[6]【今注】案，朱揩、田槃、疎耽、薛敦、宋布、唐龍、嬴咨、宣襃，俱爲人名，事迹不詳。此處“八顧”“八俊”“八及”所列人物與前文有異。揩，大德本、殿本作“楷”，可從。

[7]【李賢注】墠，除地於中爲壇。墠音禪。魁，大帥也。【今注】墠：古代祭祀用的場所。 魁：首領。

[8]【李賢注】刊，削。不欲宣露並名，故削除之，而直捕儉等。【今注】刊章：削去告發人姓名的緝捕文書。刊，削除。《説文解字·刀部》：“刊，剟也。”段玉裁注：“凡有所削去謂之刊。”

[9]【今注】大長秋：官名。東漢由宦官擔任。本書《百官志四》：“大長秋一人，二千石。本注曰：承秦將行，宦者。景帝更爲大長秋，或用士人。中興常用宦者，職掌奉宣中宮命。凡給賜宗親，及宗親當謁見者關通之，中宮出則從。丞一人，六百石。本注曰：宦者。” 曹節：字漢豐，東漢宦官。傳見本書卷七八。 諷：用委婉的語言暗示或勸告。《韓非子·八經》：“故使之諷，諷定而怒。”王先慎集解：“諷，勸諫。” 司空：官名。東漢三公之一，掌工程、祭祀等，地位尊崇。本書《百官志一》：“司空，公一人。本注曰：掌水土事。凡營城起邑、浚溝洫、修墳防之事，則議其利，建其功。凡四方水土功課，歲盡則奏其殿最而行賞罰。凡郊祀之事，掌掃除樂器，大喪則掌將校復土。凡國有大造大疑，諫爭，與太尉同。世祖即位，爲大司空，建武二十七年，去‘大’。” 虞放：字子仲。事見本書卷三三《虞延傳》。 案，曹金華《後漢

書稽疑》認爲，《靈帝紀》作“中常侍侯覽諷有司奏”，與此不同（第876頁）。

[10]【今注】太僕：官名。九卿之一，掌馬政等。本書《百官志二》：“太僕，卿一人，中二千石。本注曰：掌車馬。天子每出，奏駕上鹵簿用；大駕則執馭。”

[11]【今注】長樂少府：官名。原名長信詹士，掌太后宮中事務，秩二千石。西漢景帝中元六年（前144）更名爲長信少府，平帝元始四年（4）更名爲長樂少府。平帝更名爲“長樂少府”，當與太皇太后居長信宮、太后移居長樂宮有關。本書卷一〇下《皇后紀下》李賢注引《漢官儀》曰：“帝祖母稱長信宮，帝母稱長樂宮，故有長信少府、長樂少府及職吏，皆宦者爲之。”太皇太后、皇太后所居之宮皆設少府，具體官名以“宮名+少府”稱之。漢哀帝時，並存有長信少府、長樂少府、永信少府、中安少府。長樂少府等職不常置，太后駕崩則廢。西漢多用士人充任，東漢則用宦官。本書《百官志四》：“長信、長樂宮者，置少府一人，職如長秋，及餘吏皆以宮名爲號，員數秩次如中宮。本注曰：帝祖母稱長信宮，故有長信少府、長樂少府，位在長秋上，及職吏皆宦者，秩次如中宮。長樂又有衛尉，僕爲太僕，皆二千石，在少府上。其崩則省，不常置。”

[12]【今注】司隸校尉：官名。監察三公以下百官，且爲司隸州部的長官。本書《百官志四》：“司隸校尉一人，比二千石。本注曰：孝武帝初置，持節，掌察舉百官以下，及京師近郡犯法者。元帝去節，成帝省，建武中復置，并領一州。”

[13]【今注】潁川：郡名。治陽翟縣（今河南禹州市）。

[14]【今注】沛：此時爲王國，治相縣（今安徽濉溪縣西北）。　相：當時王國和侯國都設有相，主治民，此爲王國相，二千石，職掌如郡太守。　昱：紹興本作“翌”，可從。

[15]【今注】山陽：郡名。治昌邑縣（今山東巨野縣東南）。

[16]【今注】任城：此時爲王國。治任城縣（今山東濟寧市

東南)。

[17]【今注】太尉掾：太尉屬官。東西曹掾比四百石，其他掾比三百石，統稱“公府掾”。詳見本書《百官志一》。

[18]【今注】案，曹金華《後漢書稽疑》指出，魏朗“行至牛渚，自殺”，而非死於獄中，認爲《後漢書》是“總而論之，不可細究”（第 876 頁）。

[19]【今注】亡命：指已確定罪而逃亡的罪犯〔參見〔日〕保科季子《亡命小考——兼論秦漢的確定罪名手續“命”》，《簡帛》第 3 輯，上海古籍出版社 2008 年版〕。

[20]【李賢注】睚音五懈反。《廣雅》曰：“睚，裂也。”眦音才賜反。《前書音義》曰：“瞋目皃也（皃，大德本、殿本作‘貌’，二字通）。”《史記》曰：“睚眦之隙必報。”【今注】睚（yá）眦（zì）之忿：比喻很小的怨恨。睚眦，生氣瞪眼。

[21]【今注】離：通“罹”。遭受。

熹平五年，[1]永昌太守曹鸞上書大訟黨人，[2]言甚方切。帝省奏大怒，即詔司隸、益州檻車收鸞，[3]送槐里獄掠殺之。[4]於是又詔州郡更考黨人門生故吏父子兄弟，[5]其在位者，免官禁錮，爰及五屬。[6]

[1]【今注】熹平：東漢靈帝劉宏年號（172—178）。

[2]【今注】永昌：郡名。治不韋縣（今雲南保山市東北）。曹鸞：人名。其他不詳。

[3]【今注】司隸：即司隸校尉。 檻車：亦作“轞車”，押解犯人的囚車。 收：收押，逮捕。《說文·攴部》：“收，捕也。”

[4]【今注】槐里：縣名。右扶風郡治，治所在今陝西興平市東南。 掠：拷打，代指酷刑。本書卷三《章帝紀》載，元和元年（84）秋七月丁未詔書中言：“律云‘掠者唯得榜、笞、立’。又

《令丙》，筮長短有數。自往者大獄已來，掠考多酷，鉆鑽之屬，慘苦無極。" 案，曹金華《後漢書稽疑》言《後漢紀》作"棄市"（第 876 頁）。

［5］【今注】考：漢代司法用語。調查，審訊。長沙五一廣場東漢簡木兩行 2012CWJ1③：202—7 有"不詣考所"〔長沙市文物考古研究所等編：《長沙五一廣場東漢簡牘（貳）》，中西書局 2018 年版，第 176 頁〕。東漢時期"考"有專門的場所。 門生：漢代指再傳弟子或被舉薦之人。 故吏：原來的下屬官吏，也指曾經爲官之人。

［6］【李賢注】謂斬衰、齊衰、大功、小功、緦麻也。【今注】五屬：五服内的親屬。《漢書》卷七三《韋賢傳》載："天序五行，人親五屬。"顏師古注曰："五屬謂同族之五服，斬衰、齊衰、大功、小功、緦麻也。"斬衰、齊衰、大功、小功、緦麻爲古代喪服制度的内容，爲父母所服的斬衰最重，依次減輕。服喪時間、所穿衣服都不相同，詳見《儀禮·喪服》。馬王堆帛書《喪服圖》亦有記載，但服喪時間與《儀禮·喪服》有異，可參閱。也以"五服""五屬"來指代親屬。

　　光和二年，[1]上禄長和海[2]上言："禮，從祖兄弟別居異財，恩義已輕，服屬疎末。而今黨人錮及五族，既乖典訓之文，有謬經常之法。"[3]帝覽而悟之，黨錮自從祖以下，皆得解釋。[4]

［1］【今注】光和：東漢靈帝劉宏年號（178—184）。

［2］【李賢注】上禄，縣，屬武都郡，今成州縣也。【今注】上禄：縣名。治所在今甘肅成縣西。 長：此爲縣的長官。《漢書·百官公卿表上》載："縣令、長，皆秦官，掌治其縣。萬户以上爲令……減萬户爲長。"東漢沿用其制。本書《百官志五》載："每

縣、邑、道，大者置令一人，千石；其次置長，四百石；小者置長，三百石。” 和海：人名。其他不詳。

[3]【李賢注】《左氏傳》曰：“父子兄弟，罪不相及。”【今注】乖：違背。 案，曹金華《後漢書稽疑》言，據文意“有”當爲“又”（第876頁）。今案，原文當爲“有”字，通“又”，古文常見。

[4]【今注】解釋：解除枷鎖，予以釋放。

中平元年，[1] 黄巾賊起，[2] 中常侍吕彊言於帝曰：[3]“黨錮久積，人情多怨。若久不赦宥，輕與張角合謀，[4] 爲變滋大，悔之無救。”帝懼其言，乃大赦黨人，誅徙之家皆歸故郡。其後黄巾遂盛，朝野崩離，綱紀文章蕩然矣。[5]

[1]【今注】中平：東漢靈帝劉宏年號（184—189）。

[2]【今注】黄巾賊：指黄巾農民起義軍，因起義者頭裹黄巾而得名，統治者蔑稱農民起義軍爲“賊”。

[3]【今注】吕彊：字漢盛，河南成皋（今河南榮陽市西北）人。東漢宦官。傳見本書卷七八。

[4]【今注】張角：東漢末年黄巾起義軍領袖，巨鹿郡（今河北晉寧縣西南）人，創立“太平道”，自稱“大賢良師”，起義後不久病死。

[5]【李賢注】《詩·大雅·蕩篇序》曰（大德本脱“蕩”字）：“厲王無道，天下蕩蕩，無綱紀文章。”鄭玄注云：“蕩蕩，法度廢壞之皃也（皃，大德本、殿本作‘貌’，二字通）。”【今注】綱紀：法紀、法度。殿本作“紀綱”，不從。 文章：代指國家制度。 蕩然：毁壞，消失。

　　凡黨事始自甘陵、汝南，成於李膺、張儉，海內塗炭，二十餘年，諸所蔓衍，[1]皆天下善士。三君、八俊等三十五人，其名迹存者，並載乎篇。陳蕃、竇武、王暢、劉表、度尚、郭林宗別有傳。荀昱附祖《淑傳》。[2]張邈附《呂布傳》。胡母班附《袁紹傳》。王考字文祖，東平壽張人，[3]冀州刺史；[4]秦周字平王，陳留平丘人，[5]北海相；[6]蕃嚮字嘉景，魯國人，[7]郎中；[8]王璋字伯儀，[9]東萊曲城人，少府卿：[10]位行並不顯。翟超，山陽太守，事在《陳蕃傳》，字及郡縣未詳。朱寓，沛人，與杜密等俱死獄中。唯趙典名見而已。[11]

　　[1]【今注】蔓衍：蔓延。

　　[2]【今注】案，中華本校勘記引沈家本言“祖”訛，曹金華《後漢書稽疑》言《荀淑傳》作“淑兄子昱”，“祖”爲訛字（第876頁）。昱，紹興本、大德本作“翌”。

　　[3]【今注】東平：時爲王國。治無鹽縣（今山東東平縣南）。壽張：縣名。治所在今山東東平縣西南。

　　[4]【今注】刺史：官名。西漢武帝時始置，秩六百石，監察州二千石官員，東漢後期發展爲一州最高長官。詳見本書《百官志五》。

　　[5]【今注】陳留：郡名。治陳留縣（今河南開封市祥符區東南陳留鎮）。　平丘：縣名。治所在今河南封丘縣東。

　　[6]【今注】北海：此時爲王國。治劇縣（今山東昌樂縣西北）。

　　[7]【今注】魯國：此時爲王國。治魯縣（今山東曲阜市）。

　　[8]【今注】郎中：官名。屬光禄勳，比三百石，宿衛宮廷，

出充車騎。

[9]【今注】案，王先謙《後漢書集解》引惠棟言“璋”當作“章”，“儀”當作“義”。

[10]【李賢注】曲城，縣，故城在今萊州掖縣東北也。【今注】東萊：郡名。治黃縣（今山東龍口市）。 曲城：或寫作“曲成”，縣名。治所在今山東招遠市西北。 少府卿：官名。九卿之一，掌皇室財政。本書《百官志三》：“少府，卿一人，中二千石。本注曰：掌中服御諸物，衣服寶貨珍膳之屬。”

[11]【今注】案，王先謙《後漢書集解》言此“趙典”與本書卷二七《趙典傳》之“趙典”“斷非兩人”，今存錄。

劉淑字仲承，河間樂成人也。[1]祖父稱，司隸校尉。淑少學明五經，遂隱居，立精舍講授，[2]諸生常數百人。州郡禮請，五府連辟，[3]並不就。永興二年，[4]司徒种暠舉淑賢良方正，[5]辭以疾。桓帝聞淑高名，切責州郡，使輿病詣京師。[6]淑不得已而赴洛陽，對策爲天下第一，[7]拜議郎。[8]又陳時政得失，災異之占，事皆效驗。[9]再遷尚書，納忠建議，多所補益。又再遷侍中、虎賁中郎將。[10]上疏以爲宜罷宦官，辭甚切直，帝雖不能用，亦不罪焉。以淑宗室之賢，特加敬異，每有疑事，常密諮問之。靈帝既位，宦官譖淑與竇武等通謀，[11]下獄自殺。

[1]【今注】河間：王國名。治樂成縣（今河北獻縣東南）。

[2]【今注】精舍：學舍，講讀之所。

[3]【今注】五府：東漢將太傅府、太尉府、司徒府、司空府、大將軍府合稱爲“五府”。 辟：即辟除，漢代選官制度之一，

三公以下任用屬吏稱爲"辟"。

[4]【今注】永興：東漢桓帝劉志年號（153—154）。

[5]【今注】司徒：官名。東漢三公之一，西漢哀帝元壽二年（前1）改丞相爲大司徒，掌教化、刑罰。本書《百官志一》載："司徒，公一人。本注曰：掌人民事。凡教民孝悌、遜順、謙儉，養生送死之事，則議其制，建其度。凡四方民事功課，歲盡則奏其殿最而行賞罰。凡郊祀之事，掌省牲視濯，大喪則掌奉安梓宫。凡國有大疑大事，與太尉同。世祖即位，爲大司徒，建武二十七年，去'大'。"　种暠：字景伯，河南洛陽（今河南洛陽市東北）人。傳見本書卷五六。案，曹金華《後漢書稽疑》言此時种暠不爲司徒（第877頁）。　舉：即察舉。漢代選官制度之一，即地方郡國向中央舉薦人才，常科有孝廉、茂才等，特科有賢良、方正、文學、明經等。

[6]【今注】詣：前往。《玉篇·言部》："詣，往也，到也。"

[7]【今注】對策：漢以來策問取士，將有關政事、經義等寫在簡策上讓應試者回答，稱這種陳述己見的文章爲"對策"。

[8]【今注】議郎：官名。名義上屬光禄勳。秩六百石，備皇帝咨詢，也參與朝議。本書《百官志二》："凡大夫、議郎皆掌顧問應對，無常事，唯詔令所使。"

[9]【今注】效：驗證，證明。《廣雅·釋言》："效，驗也。"
　驗：驗證，證據。《玉篇·馬部》："驗，徵也，證也。"

[10]【今注】侍中：官名。名義上屬少府。掌侍從、顧問。本書《百官志三》："比二千石。本注曰：無員。掌侍左右，贊導衆事，顧問應對。法駕出，則多識者一人參乘，餘皆騎在乘輿車後。本有僕射一人，中興轉爲祭酒，或置或否。"　虎賁中郎將：官名。屬光禄勳，掌宿衛宫廷。本書《百官志二》載："虎賁中郎將，比二千石。本注曰：主虎賁宿衛。"

[11]【今注】譖（zèn）：誣陷。《玉篇·言部》："譖，讒也。"

李膺字元禮，潁川襄城人也。[1]祖父脩，安帝時爲太尉。[2]父益，趙國相。[3]膺性簡亢，無所交接，[4]唯以同郡荀淑、陳寔爲師友。[5]

[1]【今注】襄城：縣名。治所在今河南襄城縣。

[2]【李賢注】《漢官儀》曰：“脩字伯游。”【今注】安帝：東漢安帝劉祜，公元106年至125年在位。紀見本書卷五。

[3]【今注】案，王先謙《後漢書集解》引惠棟言：“《世系》云脩生諒，諒字世益，趙國相，生膺。”曹金華《後漢書稽疑》認爲“父益”當爲“父諒（亮），字世益”（第877頁）。　趙國：王國名。治邯鄲縣（今河北邯鄲市）。

[4]【李賢注】亢，高也。【今注】簡亢：高傲，清高。

[5]【今注】荀淑：字季和，潁川潁陰（今河南許昌市）人。傳見本書卷六二。

初舉孝廉，[1]爲司徒胡廣所辟，[2]舉高第，[3]再遷青州刺史。守令畏威明，多望風弃官。復徵，[4]再遷漁陽太守。[5]尋轉蜀郡太守，以母老乞不之官。[6]轉護烏桓校尉。[7]鮮卑數犯塞，[8]膺常蒙矢石，每破走之，虜甚憚懾。[9]以公事免官，還居綸氏，教授常千人。[10]南陽樊陵求爲門徒，膺謝不受。陵後以阿附宦官，致位太尉，爲節者所羞。[11]荀爽嘗就謁膺，[12]因爲其御，[13]既還，喜曰：“今日乃得御李君矣。”其見慕如此。

[1]【今注】孝廉：漢代察舉選官科目，指孝子廉吏。

[2]【今注】胡廣：字伯始，南郡華容（今湖北潛江市西南）人。傳見本書卷四四。

[3]【今注】高第：考試、選官、政績考核中成績優異者爲“高第”。

[4]【今注】徵：即徵召，漢代選官形式之一，皇帝徵召有才能或有德望之人爲官。

[5]【今注】漁陽：郡名。治漁陽縣（今北京市懷柔區北房鎮梨園莊東）。

[6]【李賢注】《謝承書》曰：“出補蜀郡太守，修庠序，設條教，明法令，威恩並行。蜀之珍玩，不入於門。益州紀其政化，朝廷舉能理劇（廷，紹興本作‘庭’，不從），轉烏桓校尉。”【今注】案，曹金華《後漢書稽疑》言《後漢紀》卷二一、《東觀漢記·李膺傳》俱載李膺曾爲“蜀郡太守”，懷疑“以母老乞不之官”有誤（第877頁）。　尋：很快，不久。　蜀郡：治成都縣（今四川成都市武侯區）。

[7]【今注】護烏桓校尉：官名。比二千石，監領少數民族烏桓事務，有時也兼領鮮卑事務。本書《百官志五》載：“護烏桓校尉一人，比二千石。本注曰：主烏桓胡。”

[8]【今注】案，曹金華《後漢書稽疑》言《後漢紀》卷二一作“匈奴”（第878頁）。今案，據後文“鮮卑寇雲中”，此處當爲“鮮卑”。　塞：漢代在邊境地區修築“塞”進行防禦，如肩水金關漢簡中記載有“張掖肩水塞”（73EJT1：18）、“金關塞”（73EJT1：107）等〔甘肅簡牘保護研究中心等：《肩水金關漢簡（壹）》（下冊），中西書局2011年版，第2、8頁〕，泛指邊塞。

[9]【李賢注】《謝承書》曰：“膺常率步騎臨陣交戰，身被創夷（夷，大德本、殿本作‘痍’，二字通），拭血進戰，遂破寇（破，大德本、殿本作‘敗’，不從），斬首二千級。”

[10]【李賢注】綸氏，縣，屬潁川郡（潁，紹興本、大德本、殿本作“穎”，可從），故城今陽城縣也。【今注】綸氏：縣名。或作“輪氏”，治所在今河南登封市西南。

[11]【李賢注】《漢官儀》曰："樊陵字德雲。"【今注】節者：紹興本、大德本作"節志者"，可從。　案，羞，大德本作"差"，不從。

[12]【今注】荀爽：字慈明，潁川潁陰（今河南許昌市）人。傳見本書卷六二。

[13]【今注】御：駕馭馬車。

永壽二年，[1]鮮卑寇雲中，[2]桓帝聞膺能，乃復徵爲度遼將軍。[3]先是羌虜及疏勒、龜兹，[4]數出攻鈔張掖、酒泉、雲中諸郡，[5]百姓屢被其害。自膺到邊，皆望風懼服，先所掠男女，悉送還塞下。自是之後，聲振遠域。

[1]【今注】永壽：東漢桓帝劉志年號（155—158）。

[2]【今注】雲中：郡名。治雲中縣（今内蒙古托克托縣古城村）。

[3]【今注】度遼將軍：雜號將軍之一。西漢昭帝時范明友曾以度遼將軍出擊烏桓等，東漢明帝永平八年（65）復置。駐五原郡曼柏縣（今内蒙古達拉特旗東南），秩二千石，下設長史、司馬等。

[4]【今注】疏勒：西域國名。治疏勒城。一般認爲疏勒城在今新疆喀什市，但考古工作者在新疆奇臺縣發現了石城子遺址，發掘者認爲其應是東漢初期的疏勒城，參見新疆文物考古研究所《新疆奇臺縣石城子遺址 2018 年發掘簡報》（《考古》2020 年第 12 期）。　龜（qiū）兹（cí）：西域國名。治延城（今新疆庫車市東）。

[5]【今注】張掖：郡名。西漢武帝元鼎五年（前 112）設置，取"張國臂掖，以通西域"之意，治觻得縣（今甘肅張掖市甘州區西北）。　酒泉：郡名。西漢武帝元狩二年（前 121）設，因

"城下有金泉，其水若酒"而得名。治禄福縣（今甘肅酒泉市肅州區）。

　　延熹二年徵，[1]再遷河南尹。時宛陵大姓羊元群罷北海郡，[2]臧罪狼藉，郡舍溷軒有奇巧，乃載之以歸。[3]膺表欲按其罪，元群行賂宦豎，[4]膺反坐輸作左校。[5]

　　[1]【今注】延熹：東漢桓帝劉志年號（158—167）。

　　[2]【今注】案，曹金華《後漢書稽疑》言"宛陵"當爲"菀陵"，宛陵屬丹陽郡，菀陵屬河南郡，河南尹李膺按罪羊氏，當爲河南菀陵（第878頁）。宛陵，當爲"菀陵"，縣名。治所在今河南新鄭市東北。

　　[3]【李賢注】溷軒，厠屋。【今注】溷軒：厠所。劉熙《釋名·釋宮室》載："厠言人雜在上非一也。或曰：'溷，言溷濁也。'或曰：'圂，至穢之處，宜常修治，使潔清也。'或曰：'軒前有伏似殿軒也。'"　案，大德本無"乃"字，可從。

　　[4]【今注】宦豎：宦官。

　　[5]【今注】反坐：秦漢刑罰名。即判處與被告罪行一樣的處罰，如"誣告反坐"。　輸作：罰作勞役。　左校：官署名。屬將作大匠，長官爲左校令。本書《百官志四》載："左校令一人，六百石。本注曰：掌左工徒。丞一人。"

　　初，膺與廷尉馮緄、大司農劉祐等共同心志，[1]糾罰姦倖，緄、祐時亦得罪輸作。司隸校尉應奉上疏理膺等曰：[2]"昔秦人觀寶於楚，昭奚恤荙以群賢；[3]梁惠王瑋其照乘之珠，齊威王答以四臣。[4]夫忠賢武將，國之心膂。[5]竊見左校弛刑徒前廷尉馮緄、大司農劉祐、河南尹李膺等,[6]執法不撓,[7]誅舉邪臣,肆之以法,[8]衆庶稱宜。昔季孫行父親逆君命,逐出莒僕,於舜之功二十之一。[9]今膺等投身彊禦,畢力致罪,陛下既不聽察,而猥受譖訴,遂令忠臣同愆元惡。[10]自春迄冬,不蒙降恕,逿逿觀聽,爲之歎息。夫立政之要,記功忘失,是以武帝捨安國於徒中,[11]宣帝徵張敞於亡命。[12]緄前討蠻荊,均吉甫之功。[13]祐數臨督司,有不吐茹之節。[14]膺著威幽、并,遺愛度遼。今三垂蠢動,[15]王旅未振。《易》稱“雷雨作解,君子以赦過宥罪”。[16]乞原膺等,以備不虞。”[17]書奏,乃悉免其刑。

[1]【今注】廷尉:官名。九卿之一,最高司法官,掌立法、司法及案件審理等。本書《百官志二》載:“廷尉,卿一人,中二千石。本注曰:掌平獄,奏當所應。凡郡國讞疑罪,皆處當以報。”

馮緄:字鴻卿,巴郡宕渠(今四川渠縣東北)人。傳見本書卷三八。　大司農:官名。九卿之一,掌國家財政。本書《百官志三》載:“大司農,卿一人,中二千石。本注曰:掌諸錢穀金帛諸貨幣。郡國四時上月旦見錢穀簿,其逋未畢,各具別之。邊郡諸官請調度者,皆爲報給,損多益寡,取相給足。”

[2]【今注】應奉:字世叔,汝南南頓(今河南項城市西)人。傳見本書卷四八。

[3]【李賢注】《新序》曰:“秦欲伐楚,使者往觀楚之寶器(使者,大德本、殿本作‘使使者’,可從)。楚王聞之,召昭奚恤問焉。對曰:‘此欲觀君國之得失而圖之(君,紹興本、大德本、殿本作“吾”,可從),寶器在於賢臣。’遂使恤應之。乃爲

東面之壇一，爲南面之壇四，爲西面之壇一。秦使者至，恤曰：'君，客也，請就上位東面，子西南面，太宰子方次之，葉公子高次之，司馬子反次之。' 恤自居西面之壇，稱曰：'客觀楚國之寶器。所寶者，賢臣也。理百姓，實倉廩，使人各得其所，子西在此。奉珪璋，使諸侯，解忿悁之難，交兩國之懽，使無兵革之憂，太宰子方在此。守封壇，謹境界，不侵鄰國，鄰亦不侵，葉公子高在此。理師旅，正兵戎，以當强敵，提枹鼓以動百萬之衆（枹，紹興本、大德本作'抱'，不從），使皆赴湯火，蹈白刃，出萬死不顧，司馬子反在此。若懷霸王之餘義，獵理亂之遺風，昭奚恤在此。惟大國所觀。' 秦使者瞿然無以對，恤遂攝衣而去。使反，言秦君曰：'楚多賢臣，未可謀也。'"

[4]【李賢注】璋猶美也。《史記》曰，魏惠王問齊威王曰："王亦有寶乎？"威王曰："無有。"魏王曰："寡人之國雖小，尚有徑寸珠照車前後十二乘者十枚，奈何以萬乘之國而無寶乎！"威王曰："寡人所以爲寶者與王異。吾臣有檀子者，使守南城，楚人不敢爲寇。吾臣有盼子者，使守高堂（堂，大德本、殿本作'唐'，可從），則趙人不敢東漁於河。吾臣有黔夫者，使守徐州，於是燕人祭北門，趙人祭西門，從者七千餘家（千，殿本作'十'，不從）。吾臣有種首者，使備盜賊，則道不拾遺。以此爲寶，將以照千里，豈直十二乘哉（直，大德本、殿本作'持'，《史記》卷四六《田敬仲完世家》作'特'）？"魏王慙，不懌而去。【今注】璋：本指美玉。《廣韻·上尾》："璋，美玉。"此爲動詞，表贊美、誇耀之意。

[5]【今注】心膂（lǚ）：比喻親信得力的人。

[6]【今注】案，弛，紹興本、大德本作"施"，二字通。

[7]【今注】案，撓，大德本作"橈"，不從。

[8]【李賢注】陸（紹興本、大德本、殿本作"肆"，可從），陳也。【今注】肆：殺。《廣雅·釋詁一》："肆，殺也。"

[9]【李賢注】紀太子僕殺紀公，以其寶玉來奔（玉，大德本作“王”，不從），納諸宣公，公命與之邑，季文子使司寇出之境。公問其故，對曰：“孝敬忠信爲吉德，盜賊藏姦爲凶德。夫莒僕，則其孝敬，弑君父矣（大德本、殿本‘弑君’前有‘則’字，按文意，可從），則其忠信，則切寶玉矣（切，紹興本、大德本、殿本作‘竊’，可從），其人則盜賊也，是以去之。舜舉十六相，去四凶，有大功二十而爲天子。今行父雖未獲一吉人，去一凶矣，於舜之功，二十之一也。”見《左傳》。【今注】季孫行父：即季文子，春秋時期魯國執政大夫。　莒僕：紀國太子。

[10]【今注】愆（qiān）：過失，罪過。《玉篇·心部》：“愆，過也。”

[11]【李賢注】景帝時，韓安國爲梁大夫，坐法抵罪。後梁內史缺，起徒中爲二千石，拜爲內史。臣賢案：此言武帝，誤也。【今注】案，曹金華《後漢書稽疑》引《漢書·韓安國傳》言“捨”當爲“起”（第878頁）。　安國：韓安國，字長孺，梁國成安（今河南蘭考縣）人。傳見《史記》卷一〇八、《漢書》卷五二。

[12]【李賢注】張敞爲京兆尹，坐殺人亡命歸家。冀州亂，徵敞爲冀州刺史。【今注】宣帝：西漢宣帝劉詢，公元前74年至前49年在位。紀見《漢書》卷八。　張敞：字子高，西漢右扶風茂陵（今陝西興平市東北）人。傳見《漢書》卷七六。

[13]【李賢注】《詩·小雅》曰：“顯允方叔，征伐玁狁，蠻荆來威。”鄭玄注云：“方叔先與吉甫征伐玁狁，今特往伐蠻荆，皆使來服於宣王之威，美其功之多也。”緄以順帝時討長沙武陵蠻夷有功（緄，紹興本、大德本、殿本、中華本皆作“緄”，可從），故以比之。【今注】均：相等、等同之意。《玉篇·土部》載：“均，等也。”　吉甫：姓兮，名甲，字伯吉父，又稱兮伯吉父、尹吉甫，周宣王賢臣。

[14]【李賢注】謂祐奏梁冀弟旻，又爲司隸校尉，權豪畏之也。《詩》曰："唯仲山甫，柔亦不茹，剛亦不吐，不侮鰥寡，不畏彊禦。"【今注】不吐茹：不欺侮孤弱，不畏強暴。《詩·大雅·烝民》載："維仲山甫，柔亦不茹，剛亦不吐；不侮矜寡，不畏彊禦。"與注引略異。

[15]【今注】三垂：三邊，指邊境。

[16]【李賢注】《易·解卦》象詞也（詞，殿本作"辭"，可從）。卦坎下震上。解，坎爲險，爲水。水者，雨之象。震爲動，爲雷。王弼注云："屯難盤結，於是乎解也。"

[17]【今注】不虞：意外情況。

再遷，復拜司隸校尉。時張讓弟朔爲野王令，[1]貪殘無道，至乃殺孕婦，聞膺屬威嚴，懼罪逃還京師，因匿兄讓弟舍，[2]藏於合柱中。[3]膺知其狀，率將吏卒破柱取朔，付洛陽獄。受辭畢，即殺之。讓訴冤於帝，[4]詔膺入殿，御親臨軒，詰以不先請便加誅辟之意。[5]膺對曰："昔晉文公執衛成公歸于京師，《春秋》是焉。[6]《禮》云公族有罪，雖曰宥之，有司執憲不從。[7]昔仲尼爲魯司寇，七日而誅少正卯。[8]今臣到官已積一旬，[9]私懼以稽留爲愆，不意獲速疾之罪。誠自知釁責，死不旋踵，[10]特乞留五日，剋殄元惡，[11]退就鼎鑊，[12]始生之願也。"帝無復言，顧謂讓曰："此汝弟之罪，司隸何愆？"乃遣出之。自此諸黃門常侍皆鞠躬屏氣，[13]休沐不敢復出宮省。[14]帝怪問其故，並叩頭泣曰："畏李校尉。"

[1]【今注】張讓：潁川郡（今河南禹州市）人。東漢靈帝時期"十常侍"之一。傳見本書卷七八。 野王：縣名。治所在今河南沁陽市。 案，王先謙《後漢書集解》引惠棟言："《袁紀》作'陽翟令張興'，又膚爲河南尹時考殺之也。"

[2]【今注】弟舍：泛指住所。弟，古同"第"，府邸。舍，房舍。

[3]【今注】案，王先謙《後漢書集解》引《通鑑》胡三省注："合木爲柱，安能容人？柱謂兩柱相直、兩屋相合處也。"

[4]【今注】案，訴，大德本作"訢"，不從。

[5]【今注】詰以不先請便加誅辟之意：詰，責問，質問。本書卷一上《光武帝紀上》載建武三年（27）詔曰："吏不滿六百石，下至墨綬長、相，有罪先請。"張朔爲野王令，在"有罪先請"之列，故漢桓帝"以不先請便加誅辟"質問李膺。

[6]【李賢注】《公羊傳》曰："晉人執衛侯，歸之于京師。歸之于者，執之乎天子之側者也。罪定不定已可知矣。"何休注云："歸之于者，決辭也。"【今注】春秋：先秦編年體史書。相傳爲孔子依據魯史編纂而成。因爲《春秋》經文簡略難懂，後產生了專門解説經義的"傳"，代表者爲《春秋左氏傳》《春秋公羊傳》《春秋穀梁傳》，合稱"《春秋》三傳"。 是：肯定，贊揚。

[7]【李賢注】解見《張酺傳》。【今注】案，本書卷四五《張酺傳》李賢注爲："《禮記》曰'公族有罪，獄成，有司讞於公曰："某之罪在大辟。"公曰："宥之。"有司又曰："在大辟。"公又曰："宥之。"有司又曰："在大辟。"公又曰："宥之。"及三宥不對，走出，致刑于甸人。公又使人追之，曰："雖然，必宥之。"有司曰："無及也。"反命於公，公素服如其倫之喪'也。"公族，國君宗室子弟。執憲不從，指執行國家法律，不聽從國君的赦令。

[8]【今注】少正卯：少正一説是複姓，一説爲官名，春秋末魯國很有聲望的人，曾聚衆講學，與孔子觀點相反。孔子爲魯司寇

後七天，以"五惡"（即心達而險、行辟而堅、言偽而辯、記醜而博、順非而澤）的罪名處死少正卯。《荀子·宥坐》、王充《論衡·講瑞》等有載。但孔子誅殺少正卯一事是否存在，少正卯是否當誅等問題，學界至今仍存爭議。

[9]【今注】案，王先謙《後漢書集解》引惠棟言："《袁紀》作'二旬'。"

[10]【今注】旋踵：旋轉腳跟，比喻時間短暫。

[11]【今注】剋殄：殲滅。

[12]【今注】鼎鑊：古代酷刑，用鼎鑊煮人，此代指刑罰。

[13]【今注】黃門常侍：泛指宦官。　鞫：殿本作"鞠"，可從。鞫，彎曲。

[14]【今注】休沐：休假，漢律規定，"吏五日得以休沐"。宮省：宮指皇宮，省指尚書省、中書省等官署，此代指宮禁。

是時朝廷日亂，[1]綱紀穨弛，[2]膺獨持風裁，以聲名自高。[3]士有被其容接者，名爲登龍門。[4]及遭黨事，當考實膺等，[5]案經三府，[6]太尉陳蕃卻之。[7]曰："今所考案，皆海內人譽，憂國忠公之臣。此等猶將十世宥也，[8]豈有罪名不章而致收掠者乎？"不肯平署。[9]帝愈怒，遂下膺等於黃門北寺獄。[10]膺等頗引宦官子弟，宦官多懼，請帝以天時宜赦，於是大赦天下。膺免歸鄉里，居陽城山中，[11]天下士大夫皆高尚其道，而汙穢朝廷。[12]

[1]【今注】案，廷，紹興本作"庭"，不從。

[2]【今注】穨（tuí）弛（zhì）：廢弛，崩壞。

[3]【李賢注】裁音才伐反。【今注】風裁：風紀。　案，王

先謙《後漢書集解》引惠棟言：“膺《家傳》云：‘膺恒以疾不送迎賓客二十日，乃一通也。’”

[4]【李賢注】以魚爲喻也。龍門，河水所下之口，在今絳州龍門縣。辛氏《三秦記》曰“河津一名龍門，水險不通，魚鼈之屬莫能上，江海大魚薄集龍門下數千，不得上，上則爲龍”也。【今注】登龍門：比如得到名人賞識後身價倍增。

[5]【今注】考實：漢代司法用語，長沙五一廣場東漢簡中頻見。指經過調查、審訊後得到案件的實情。

[6]【今注】三府：東漢時太尉府、司徒府、司空府合稱“三府”。

[7]【今注】卻：秦漢司法用語。表示對案件的駁回，其駁回的文書也被稱爲“卻”文書。嶽麓書院藏秦簡簡 1737 載：“●制曰：吏上請乚、對乚、奏者，皆傅牒牘數。節（即）不具而卻，復上者，令其牒牘毋與前同數。以爲恒。廷卒乙。”〔陳松長主編：《嶽麓書院藏秦簡（伍）》，上海辭書出版社 2017 年版，第 129 頁〕

[8]【李賢注】解見《耿弇傳》。

[9]【李賢注】平署猶連署也。【今注】平署：聯合署名。

[10]【李賢注】獄名，解見《靈紀》也。【今注】黃門北寺獄：東漢詔獄名。屬黃門署，主拘禁將相大臣，因位於宮省北，故而得名，後代指冤獄。案，本書卷八《靈帝紀》未見李賢注此，卷五五《章帝八王傳》李賢注爲：“北寺，獄名，屬黃門署。《前書音義》曰即若盧獄也。”然本書卷六九《竇武傳》載：“自黃門北寺、若盧、都內諸獄，繫囚罪輕者皆出之。”可知東漢時期黃門北寺獄與若盧獄並存，非爲一物。

[11]【今注】陽城：縣名。治所在今河南登封市東南告成鎮。

[12]【李賢注】以朝廷爲汙穢也。

及陳蕃免太尉，朝野屬意於膺，荀爽恐其名高致禍，欲令屈節以全亂世，爲書貽曰：[1] "久廢過庭，不聞善誘，陟岵瞻望，惟日爲歲。[2]知以直道不容於時，[3]悅山樂水，家于陽城。道近路夷，當即聘問，無狀嬰疾，[4]闕於所仰。頃聞上帝震怒，貶黜鼎臣，[5]人鬼同謀，[6]以爲夫子當貞觀二五，利見大人，[7]不謂夷之初旦，明而未融，[8]虹蜺揚輝，弃和取同。[9]方今天地氣閉，大人休否，[10]智者見險，投以遠害。[11]雖匱人望，内合私願。[12]想甚欣然，不爲恨也。願怡神無事，偃息衡門，[13]任其飛沈，與時抑揚。"頃之，帝崩。陳蕃爲太傅，[14]與大將軍竇武共秉朝政，連謀誅諸宦官，故引用天下名士，乃以膺爲長樂少府。及陳、竇之敗，膺等復廢。

[1]【今注】貽（yí）：贈送，給予。

[2]【李賢注】《論語》曰："鯉趨而過庭。子曰：'學《詩》乎？'曰：'未也。'"又曰："孔子恂恂然善誘人。"《毛詩》曰："陟彼岵兮，瞻望父兮。"又曰："一日不見，如三歲兮。"爽致敬於膺，故以父爲喻也。【今注】過庭：長輩的教誨。 陟（zhì）岵（hù）瞻望：指登上山坡，眺望父親，引申爲對所尊重者的仰望。 惟日爲歲：猶如度日如年。

[3]【今注】直道：正直之道，指正確的道理和準則。《韓非子‧三守》言："然則端言直道之人不得見，而忠直日疏。"

[4]【今注】無狀：引申爲没有緣由。 嬰疾：染病。

[5]【李賢注】上帝謂天子，鼎臣即陳蕃。

[6]【李賢注】《易‧下繫》曰："人謀鬼謀，百姓與能。"

[7]【李賢注】《易》曰："天地之道，貞觀也。"《乾》九二、九五並曰"利見大人"也。【今注】案，夫子，大德本、殿本作

"天子"，可從。

[8]【李賢注】夷，傷也。融，朗也。明夷卦离下坤上，离爲日，坤爲地，日之初出，其明未朗。《左傳》曰："明而未融，其當旦乎?"以膚黜，故喻之也。

[9]【李賢注】《春秋考異鄗》曰（鄗，紹興本、大德本、殿本作"郵"，可從）："虹蜺出，亂惑弃和。"謂弃君子，同小人也。《論語》曰"君子和而不同，小人同而不和"也（殿本脱此句）。【今注】虹蜺：亦作"虹霓"，即彩虹。古説虹分内外。顏色鮮艷爲内虹，稱"虹"，又稱"雄虹"。顏色暗淡爲外虹，即"蜺"，又稱"雌虹"。古人以虹蜺爲二氣不正之交，象徵淫靡、作亂。此泛指災異。

[10]【李賢注】《易·文言》曰："天地閉，賢人隱。"《否》九五曰："大人休否。"休否謂休廢而否塞。【今注】天地氣閉：出自《周易·坤卦》，意思是説天地蔽塞，賢人隱退。 休否（pǐ）：止息否運，或認爲是指恐懼、否運將要到來。 案，曹金華《後漢書稽疑》言，依體例當爲《周易·坤卦·文言》，《周易·否卦》"九五"爲"休否，大人吉"（第882頁）。

[11]【李賢注】見儉難（儉，殿本、中華本作"險"，二字通假），故投身以遠害也。《易》曰："君子以儉德避難，不可榮以禄。"

[12]【李賢注】匱，乏也。【今注】匱：缺少，缺乏。 人望：百姓的期望，聲望。

[13]【李賢注】毛萇《詩》注曰："衡門，橫木爲門。"【今注】衡門：簡陋的房屋，代指隱士居住之地。

[14]【今注】太傅：官名。皇帝之師，位於三公之上，地位尊崇，不常設。本書《百官志一》載："太傅，上公一人。本注曰：掌以善導，無常職。世祖以卓茂爲太傅，薨，因省。其後每帝初即位，輒置太傅録尚書事，薨，輒省。"

後張儉事起，收捕鉤黨，[1] 鄉人謂膺曰："可去矣。"對曰："事不辭難，罪不逃刑，臣之節也。[2] 吾年已六十，死生有命，去將安之？"乃詣詔獄。[3] 考死，[4] 妻子徙邊，門生、故吏及其父兄，並被禁錮。

[1]【今注】鉤黨：相互牽連而被視爲同黨。

[2]【李賢注】《左傳》曰，晉侯之弟楊干亂行於曲梁，魏絳戮其僕。晉侯怒，謂羊舌赤曰："合諸侯以爲榮也。楊干爲戮，何辱如之？必殺魏絳，無失也。"對曰："絳無貳志，事君不避難，干罪不逃刑（干，紹興本、大德本、殿本作'有'，可從），其將來辭，何辱命焉！"【今注】辭：推辭。

[3]【今注】詔獄：奉皇帝詔書關押犯人的監獄。

[4]【今注】考死：訊問致死。案，曹金華《後漢書稽疑》言《世説新語·德行》注引薛瑩《後漢記》爲"爲黨事自殺"（第882頁），與此不同。

時侍御史蜀郡景毅子顧爲膺門徒，[1] 而未有録牒，[2] 故不及於譴。毅乃慨然曰："本謂膺賢，遣子師之，豈可以漏奪名籍，苟安而已！"遂自表免歸，時人義之。

[1]【今注】侍御史：官名。御史中丞屬官，負責監察百官，接受百官奏事。本書《百官志三》："侍御史十五人，六百石。本注曰：掌察舉非法，受公卿群吏奏事，有違失舉劾之。凡郊廟之祠及大朝會、大封拜，則二人監威儀，有違失則劾奏。" 案，曹金華《後漢書稽疑》引本書《西南夷傳》《華陽國志》等認爲當爲"廣漢景毅"（第882頁）。

[2]【今注】録牒：記録於名籍。牒，即後文的"名籍"。

膺子瓚，位至東平相。[1]初，曹操微時，瓚異其才，將没，謂子宣等曰："時將亂矣，天下英雄無過曹操。張孟卓與吾善，[2]袁本初汝外親，[3]雖爾勿依，必歸曹氏。"諸子從之，並免於亂世。

[1]【李賢注】《謝承書》"瓚"作"珪"。【今注】案，王先謙《後漢書集解》引惠棟言："《世系》云膺三子：環、瓚、瑾。瑾字叔瑜，東平相。"内容有異，今存録。

[2]【今注】張孟卓：即張邈，字孟卓。

[3]【今注】袁本初：袁紹，字本初，汝南汝陽（今河南商水縣西北）人。傳見本書卷七四上。

杜密字周甫，潁川陽城人也。爲人沈質，[1]少有厲俗志。[2]爲司徒胡廣所辟，稍遷代郡太守。[3]徵，三遷太山太守、北海相。[4]其宦官子弟爲令長有姦惡者，輒捕案之。行春到高密縣，[5]見鄭玄爲鄉佐，[6]知其異器，即召署郡職，遂遣就學。

[1]【今注】沈（chén）質：沈厚質樸。

[2]【今注】厲俗：整齊社會風俗。

[3]【今注】代郡：時治高柳縣（今山西陽高縣）。

[4]【今注】太山：即泰山，范曄避其父泰諱而寫作"太"。郡名，治奉高縣（今山東泰安市東）。

[5]【今注】行春：按漢代制度，太守春天要出巡所轄郡縣，督促耕作，稱之爲"行春"。　高密縣：時屬北海國，治所在今山

東高密市西南。

[6]【今注】鄭玄：字康成，北海高密（今山東高密市西南）人。傳見本書卷三五。　鄉佐：曹金華《後漢書稽疑》言《鄭玄傳》、《後漢紀》卷二九作"嗇夫"，認爲"嗇夫乃鄉佐也"（第883頁）。所言有誤。本書《百官志五》載："鄉置有秩、三老、游徼。本注曰：有秩，郡所署，秩百石，掌一鄉人；其鄉小者，縣置嗇夫一人。皆主知民善惡，爲役先後，知民貧富，爲賦多少，平其差品。三老掌教化。凡有孝子順孫，貞女義婦，讓財救患，及學士爲民法式者，皆扁表其門，以興善行。游徼掌徼循，禁司姦盜。又有鄉佐，屬鄉，主民收賦稅。"鄉大者爲"有秩"，小則爲"嗇夫"，皆爲一鄉之長。鄉佐則爲鄉的小吏，輔佐鄉的長官徵收賦稅。

　　後密去官還家，每謁守令，多所陳托。[1]同郡劉勝，亦自蜀郡告歸鄉里，閉門埽軌，無所干及。[2]太守王昱謂密曰："劉季陵清高士，公卿多舉之者。"密知昱激己，[3]對曰："劉勝位爲大夫，見禮上賓，而知善不薦，聞惡無言，隱情惜己，自同寒蟬，此罪人也。[4]今志義力行之賢而密達之，[5]違道失節之士而密糾之，使明府賞刑得中，[6]令問休揚，[7]不亦萬分之一乎？"昱慙服，待之彌厚。

　　[1]【今注】陳托：猶如請托。

　　[2]【李賢注】軌，車迹也。言絕人事。【今注】埽軌：掃除車軌的痕迹，比喻拒絕人事往來。埽，大德本、殿本作"掃"。

　　[3]【今注】激：激發，刺激。《呂氏春秋・恃君》："所以激君人者之行，而厲人主之節也。"高誘注："激，發也。"

　　[4]【李賢注】寒蟬謂寂默也。《楚詞》曰："悲哉秋之爲氣

也，蟬寂漠而無聲（漠，大德本、殿本作‘莫’，二字通）。”【今注】自同寒蟬：形容其處事謹慎，噤口不言。

[5]【李賢注】力行謂盡力行善也。《禮記》曰：“好問近乎智，力行近乎仁。”【今注】力行：竭力而行。 達：推薦，舉薦。《孔子家語·賢達》：“吾聞鮑叔達管仲，子皮達子產，未聞二子之達賢己之才者也。”

[6]【今注】明府：對太守或縣令的尊稱。

[7]【今注】令問：美名。 休揚：善名遠揚。

後桓帝徵拜尚書令，[1]遷河南尹，轉太僕。黨事既起，免歸本郡，與李膺俱坐，而名行相次，故時人亦稱“李杜”焉。[2]後太傅陳蕃輔政，復爲太僕。明年，坐黨事被徵，自殺。

[1]【今注】尚書令：官名。尚書臺的長官，名義上屬少府。本書《百官志三》載：“尚書令一人，千石。本注曰：承秦所置，武帝用宦者，更爲中書謁者令，成帝用士人，復故。掌凡選署及奏下尚書曹文書衆事。”

[2]【李賢注】前有李固、杜喬，故言“亦”也。

劉祐字伯祖，中山安國人也。[1]安國後別屬博陵。[2]祐初察孝廉，補尚書侍郎，[3]閑練故事，[4]文札強辨，每有奏議，應對無滯，爲僚類所歸。

[1]【李賢注】安國，縣，故城在今定州義豐縣東南。《謝承書》曰：“祐，宗室胤緒，代有名位。少脩操行，學《嚴氏春秋》《小戴禮》《古文尚書》，仕郡爲主簿。郡將小子嘗出錢付之，今

市買果實，祐悉以買筆書具與之，因白郡將，言'郎君年可入小學，而但傲佷，遠近謂明府無過庭之教，請出授書'。郡將爲使子就祐受經，五日一試，不滿呈限，白決罰，遂成學業也。"【今注】中山：王國名。治盧奴縣（今河北定州市）。 安國：縣名。治所在今河北博野縣東南。

[2]【今注】博陵：郡名。東漢桓帝延熹元年（158）設置，治博陵縣（今河北蠡縣南）。

[3]【今注】尚書侍郎：官名。屬尚書臺，負責起草文書。本書《百官志三》載："（尚書）侍郎三十六人，四百石。本注曰：一曹有六人，主作文書起草。"

[4]【今注】閑練：閑通"嫻"。嫻熟。 故事：成例，過去的典章制度。

　　除任城令，[1]兗州舉爲尤異，[2]遷揚州刺史。[3]是時會稽太守梁旻，[4]大將軍冀之從弟也。[5]祐舉奏其罪，旻坐徵。復遷祐河東太守。[6]時屬縣令長率多中官子弟，[7]百姓患之。祐到，黜其權强，平理冤結，政爲三河表。[8]

[1]【今注】任城：縣名。治所在今山東濟寧市東南。

[2]【今注】尤異：對官吏考核的用語，指政績優異。

[3]【今注】案，揚，大德本作"楊"，不從。

[4]【今注】會稽：郡名。治山陰縣（今浙江紹興市越城區）。梁旻：東漢外戚，其他不詳。

[5]【今注】冀：即梁冀，字伯卓，安定烏氏（今寧夏固原市東南）人。東漢外戚。掌握朝政二十餘年，專權跋扈，桓帝延熹二年（159）倒臺，被迫自殺。傳見本書卷三四。

[6]【今注】河東：郡名。治安邑縣（今山西夏縣西北）。

[7]【今注】中官：即宦官，因其在宮省之中任官而得名。

[8]【李賢注】三河謂河東、河内、河南也。表猶摽準也（摽，大德本、殿本作“標”，可從）。【今注】表：表率，榜樣。

再遷，延熹四年，拜尚書令，又出爲河南尹，轉司隸校尉。時權貴子弟罷州郡還入京師者，每至界首，輒改易輿服，[1]隱匿財寶，威行朝廷。[2]

[1]【今注】改易輿服：輿服即車服。漢代對車服使用有嚴格的法律規定，等級森嚴，超越等級使用車服屬違法行爲，故而罷官的權貴子弟到了京師邊界都要改變車和服裝，以符合制度要求。

[2]【今注】案，曹金華《後漢書稽疑》認爲“威行朝廷”前脫“祐”字（第883頁）。今案，“威行朝廷”前改爲句號亦可。

拜宗正，[1]三轉大司農。時中常侍蘇康、管霸用事於内，[2]遂固天下良田美業、山林湖澤，[3]民庶窮困，州郡累氣。[4]祐移書所在，[5]依科品没入之。[6]桓帝大怒，論祐輸左校。[7]

[1]【今注】宗正：官名。九卿之一，掌宗室事務。本書《百官志三》：“宗正，卿一人，中二千石。本注曰：掌序録王國嫡庶之次，及諸宗室親屬遠近，郡國歲因計上宗室名籍。若有犯法當髡以上，先上諸宗正，宗正以聞，乃報決。”

[2]【今注】蘇康管霸：俱爲東漢宦官。二人專制省内，排陷忠良，後被殺。

[3]【今注】固天下良田美業山林湖澤：“山林”前，中華本點作逗號。案，當標點爲“固天下良田美業、山林湖澤”，山林湖

澤也是所"固"的對象。固天下良田美業、山林湖澤，即禁錮天下良田美業、山林湖澤，不準百姓涉足，而占爲己有。固，禁錮。

〔4〕【李賢注】累氣，屏息也。【今注】累氣：形容因爲畏懼而不敢説話。

〔5〕【今注】移：表移送文書的文書用語。可用於平級及互不統屬的官署之間，也可以用於上下級之間。 書：泛指官府文書。

〔6〕【今注】依科品没入之：依據等級没收超過法律規定的土地。科，漢代法律形式的一种，此代指法律。品，爵位、官位等的品級。漢律對私人占田數額有明確規定，張家山漢簡《二年律令·戶律》載："關内侯九十五頃，大庶長九十頃，駟車庶長八十八頃，大上造八十六頃，少上造八十四頃，右更八十二頃，中更八十頃，左更七十八頃，右庶長七十六頃，左庶長七十四頃，五大夫廿五頃，公乘廿頃，公大夫九頃，官大夫七頃，大夫五頃，不更四頃，簪褭三頃，上造二頃，公士一頃半頃，公卒、士五（伍）、庶人各一頃，司寇、隱官各五十畝。"〔張家山二四七號漢墓竹簡整理小組：《張家山漢墓竹簡〔二四七號墓〕》（釋文修訂本），文物出版社 2006 年版，第 52 頁〕《二年律令·戶律》規定了各色人等合法占田的最高數額，有限制私人肆意占有土地的作用（于振波：《簡牘與秦漢社會》，湖南大學出版社 2012 年版，第 42 頁）。但其執行程度差強人意，普通百姓往往難以足額受田，而權貴之家則多超額占田。東漢光武帝時期，時爲東海公的劉莊（即後來的漢明帝）曾説："河南帝城，多近臣，南陽帝鄉，多近親，田宅踰制，不可爲准。"（本書卷二二《劉隆傳》）東漢時期豪强大多踰制占田，外戚、官僚、士大夫亦不能免俗，並非衹有宦官及其子弟。但超過法定最高數額的土地屬違法，有被没收的危險。

〔7〕【今注】論：秦漢司法程序之一，通過"論"來確定嫌犯是否有罪以及如何判決。《史記》卷一二二《酷吏列傳》載："張湯者，杜人也。其父爲長安丞，出，湯爲兒守舍。還而鼠盜肉，其父怒，笞湯。湯掘窟得盜鼠及餘肉，劾鼠掠治，傳爰書，訊鞫論報，

並取鼠與肉，具獄磔堂下。”“訊鞫論報”都是秦漢時期的司法程序。

後得赦出，復歷三卿，[1]輒以疾辭，乞骸骨歸田里。詔拜中散大夫，[2]遂杜門絕迹。每三公缺，朝廷皆屬意於祐，以譖毀不用。延篤貽之書曰：[3]“昔太伯三讓，人無德而稱焉。[4]延陵高揖，華夏仰風。[5]吾子懷蘧氏之可卷，體甯子之如愚，[6]微妙玄通，沖而不盈，[7]蔑三光之明，未暇以天下爲事，何其劭與！”[8]

[1]【今注】復歷三卿：再次歷任宗正、大司農等九卿之職。

[2]【今注】中散大夫：官名。名義上屬光禄勳。掌顧問應對，備皇帝咨詢差使，無固定職事。本書《百官志二》載：“中散大夫，六百石。本注曰：無員。”但李賢引《漢官》注曰：“三十人，秩比二千石。”

[3]【今注】延篤：字叔堅，南陽犨（今河南魯山縣東南）人。傳見本書卷六四。

[4]【李賢注】三讓，解見《和紀》（和紀，大德本、殿本作“和帝紀”）。【今注】太伯：周太王長子，因慾讓位於更爲賢德的弟弟季歷，逃到江南，後成爲周代吳國的始祖。　三讓：本書卷四《和帝紀》李賢注：“《論語》孔子曰：太伯‘三以天下讓，民無得而稱焉’。鄭玄注云：‘太伯，周太王之長子，欲讓其弟季歷。太王有疾，太伯因適吳、越采藥，太王薨而不返，季歷爲喪主，一讓也。季歷赴之，不來奔喪，二讓也。終喪之後，遂斷髮文身，三讓也。’”　人無德而稱焉：即便是無德之人也稱贊他。

[5]【李賢注】揖，讓也。《左傳》，吳王壽夢卒，子諸樊既除喪，將立弟季札，札弃其室而耕，乃舍之。【今注】延陵：即延

陵季子，吳王壽夢少子，以德行著稱。

[6]【李賢注】蘧瑗字伯玉，甯子名俞，並衛大夫。《論語》孔子曰：“君子哉蘧伯玉，邦有道則仕，邦無道則可卷而懷之。”又曰：“甯武子邦無道則愚。”【今注】蘧（qú）氏：即蘧伯玉，春秋末期衛國大夫。爲人勤於改過，知進退，被延陵季子稱爲“君子”。 如愚：看似愚笨的樣子。

[7]【李賢注】《老子》曰“古之善爲道者，微妙玄通，深不可識”也。又曰“道沖而用之又不盈”（又，大德本、殿本作“或”，可從）。【今注】玄通：玄妙通達。 沖：空虛。

[8]【李賢注】《莊子》曰：“舜讓天下於子州支伯，子州支伯曰（大德本脱‘伯子州支’四字，今本《莊子》有此四字）：‘予適有幽憂之病，方且理之，未暇理天下也（李賢避李治諱改“治”爲“理”）。’”【今注】勐：美好。

靈帝初，陳蕃輔政，以祐爲河南尹。及蕃敗，祐黜歸，卒于家。明年，大誅黨人，幸不及禍。

魏朗字少英，會稽上虞人也。[1]少爲縣吏。[2]兄爲鄉人所殺，朗白日操刃報讎於縣中，遂亡命到陳國。[3]從博士郤仲信學《春秋》圖緯，[4]又詣太學受五經，京師長者李膺之徒爭從之。

[1]【李賢注】上虞，縣，故城在今越州餘姚縣西。有虞山，在縣東。【今注】上虞：縣名。治所在今浙江紹興市上虞區。

[2]【今注】縣吏：縣級小吏的泛稱。

[3]【今注】陳國：王國名。治陳縣（今河南淮陽縣）。

[4]【李賢注】孔子作《春秋緯》十二篇。【今注】博士：官

名。屬太常。秦漢皆置，掌教育弟子，備皇帝諮詢。本書《百官志二》載："博士十四人，比六百石。本注曰……掌教弟子。國有疑事，掌承問對。本四百石，宣帝增秩。" 春秋圖緯：指關於《春秋》的圖錄、緯書。圖指圖錄，緯相對於"經"而言，都是以神學、迷信等附會和解釋儒家經典的書籍。

初辟司徒府，再遷彭城令。[1]時中官子弟爲國相，[2]多行非法，朗與更相章奏，幸臣忿疾，欲中之。[3]會九真賊起，[4]乃共薦朗爲九真都尉。到官，獎厲吏兵，討破群賊，斬首二千級。桓帝美其功，徵拜議郎。頃之，遷尚書。屢陳便宜，[5]有所補益。出爲河內太守，政稱三河表。尚書令陳蕃薦朗公忠亮直，宜在機密，復徵爲尚書。[6]會被黨議，免歸家。

[1]【今注】彭城：縣名。治所在今江蘇徐州市雲龍區。

[2]【今注】國相：漢代地方的"國"有王國和侯國。王國相當於郡，侯國相當於縣，都設有相，管理封國內民政。國相，大德本、殿本作"相國"，不從。

[3]【李賢注】中猶中傷。

[4]【今注】九真：郡名。治胥浦縣（今越南清化省清化市西北）。

[5]【今注】便宜：此指應辦的事，對國家有利的事。

[6]【今注】案，大德本脫"徵"字。

朗性矜嚴，[1]閉門整法度，家人不見惰容。[2]後竇武等誅，朗以黨被急徵，行至牛渚，自殺。[3]著書數篇，號《魏子》云。

[1]【今注】矜嚴：端莊嚴肅。

[2]【今注】墮容：精神不振、面有懈怠的樣子。

[3]【李賢注】牛渚，山名。突出江中，謂爲牛渚所（所，紹興本、大德本、殿本作"圻"，可從），在今宣州當塗縣北也。

夏馥字子治，陳留圉人也。[1]少爲書生，言行質直。同縣高氏、蔡氏並皆富殖，[2]郡人畏而事之，唯馥比門不與交通，[3]由是爲豪姓所仇。桓帝初，舉直言，[4]不就。

[1]【今注】圉：縣名。治所在今河南杞縣南。

[2]【今注】富殖：財貨充足。殖，大德本作"植"，不從。

[3]【李賢注】比門猶並門也。【今注】比門：門挨着門，形容住所很近。

[4]【今注】直言：漢代察舉人才的科目之一，正直敢言之人。

馥雖不交時宦，[1]然以聲名爲中官所憚，遂與范滂、張儉等俱被誣陷，詔下州郡，捕爲黨魁。

[1]【今注】時宦：當時有權勢的宦官。宦，大德本作"官"，不從。

及儉等亡命，經歷之處，皆被收考，辭所連引，布徧天下。馥乃頓足而歎曰："孽自己作，空汙良善，[1]一人逃死，禍及萬家，何以生爲！"乃自翦須變形，入林慮山中，[2]隱匿姓名，爲冶家傭。[3]突煙炭，形貌毀瘁，[4]積二三年，人無知者。後馥弟靜，乘車馬，載縑帛，追之於涅陽市中。[5]遇馥不識，聞其言聲，乃覺而拜之。馥避不與語，靜追隨至客舍，[6]共宿。夜中密呼靜曰：“吾以守道疾惡，故爲權宦所陷。且念營苟全，以庇性命，弟奈何載物相求，是以禍見追也。”明旦，別去。黨禁未解而卒。[7]

　　[1]【今注】空汙良善：即徒然牽連無辜百姓。空，徒然。汙，沾污，此引申爲牽連。良善，代指百姓。

　　[2]【李賢注】林慮，今相州縣。【今注】林慮：縣名。治所在今河南林州市。　案，中華本校勘記言《太平御覽》卷八一七引《謝承書》作“遁迹黑山”。

　　[3]【今注】案，冶，紹興本、大德本作“治”，不從。　備：被僱用。

　　[4]【今注】毀瘁（cuì）：指因爲過於勞累而容貌憔悴。

　　[5]【李賢注】涅陽，縣，屬南陽郡。【今注】涅陽：縣名。治所在今河南鄧州市穰東鎮和鎮平縣侯集鎮之間。案，涅，殿本作“浬”，不從。

　　[6]【今注】客舍：即旅店。

　　[7]【今注】案，曹金華《後漢書稽疑》據《後漢書集解》校補所引《高士傳》，認爲“黨禁已解，馥仍不出”，與此不同（第884頁）。

　　宗慈字孝初，南陽安衆人也。[1]舉孝廉，九辟公府，有道徵，[2]不就。後爲脩武令。[3]時太守出自權豪，多取貨賂，慈遂弃官去。徵拜議郎，未到，道疾卒。南陽群士皆重其義行。

[1]【李賢注】安衆在今南陽縣西南，仍有其名，無復基趾也。【今注】安衆：縣名。治所在今河南鄧州市東北。

[2]【今注】有道：東漢選官科目之一，指明習圖讖占象，有道術。

[3]【今注】脩武：縣名。治所在今河南獲嘉縣。

　　巴肅字恭祖，渤海高城人也。[1]初察孝廉，歷慎令、貝丘長，[2]皆以郡守非其人，辭病去。辟公府，稍遷拜議郎。與竇武、陳蕃等謀誅閹官，武等遇害，肅亦坐黨禁錮。中常侍曹節後聞其謀，收之。肅自載詣縣，縣令見肅，入閤解印綬與俱去。[3]肅曰：“爲人臣者，有謀不敢隱，有罪不逃刑。既不隱其謀矣，又敢逃其刑乎？”遂被害。刺史賈琮刊石立銘以記之。[4]

[1]【李賢注】高城，縣，故城在今滄州鹽山縣南。【今注】渤：紹興本、大德本、殿本作“勃”，二者可通。　高城：縣名。治所在今河北鹽山縣東南。

[2]【李賢注】慎，縣，屬汝南郡。貝丘，縣，屬清河郡。【今注】慎：縣名。治所在今安徽潁上縣江口鎮。　貝丘：縣名。治所在今山東臨清市東南。

[3]【今注】閤：古代官署的門。

[4]【今注】賈琮：字孟堅，東郡聊城（今山東聊城市西北）人。傳見本書卷三一。

　　范滂字孟博，汝南征羌人也。[1]少厲清節，爲州里所服，舉孝廉、光禄四行。[2]時冀州飢荒，盗賊群起，乃以滂爲清詔使，[3]案察之。滂登車攬轡，慨然有澄清

天下之志。及至州境，守令自知臧汙，^[4]望風解印綬
去。其所舉奏，莫不厭塞眾議。^[5]遷光禄勳主事。^[6]時
陳蕃爲光禄勳，^[7]滂執公儀詣蕃，蕃不止之，滂懷恨，
投版弃官而去。^[8]郭林宗聞而讓蕃曰："若范孟博者，
豈宜以公禮格之？^[9]今成其去就之名，得無自取不優之
議也？"^[10]蕃乃謝焉。

[1]【李賢注】征羌，解見《來歙傳》。《謝承書》曰："汝南
細陽人也。"【今注】征羌：縣名。治所在今河南商水縣西。

[2]【李賢注】《漢官儀》曰："光禄舉敦厚、質樸、遜讓、
節儉。"此爲四行也。【今注】光禄四行：漢代察舉人才的科目。
光禄勳以四行即敦厚、質樸、遜讓、節儉來考察所屬郎官，選舉人
才，稱爲"光禄四行"。

[3]【今注】清詔使：本書卷四一《第五種傳》"清詔使"李
賢注云："《風俗通》曰'汝南周勃辟太尉清詔，使荆州'，又此言
以司徒清詔使冀州，蓋三公府有清詔員以承詔使也。"或認爲
"使"當屬下讀，即"使案察之"。

[4]【今注】臧汙：即贓污，貪污。

[5]【今注】厭塞：壓倒，鎮住。

[6]【今注】光禄勳主事：官名。光禄勳屬吏，簡稱"光禄主
事"。《漢官儀》載："光禄勳有南北廬主事、三署主事。於諸郎之
中，察茂才高第者爲之，秩四百石。次補尚書郎，出宰百里。"

[7]【今注】光禄勳：官名。九卿之一，掌宿衞宮廷。本書
《百官志二》載："光禄勳，卿一人，中二千石。本注曰：掌宿衞宮
殿門户，典謁署郎更直執戟，宿衞門户，考其德行而進退之。郊祀
之事，掌三獻。"

[8]【李賢注】版，笏也。【今注】版：大臣朝見時所持的板
子，用玉、象牙或竹片製成，用以指劃或記事。

[9]【李賢注】格，正也。【今注】格：正，糾正。《方言》卷三："格，正也。"

[10]【今注】不優之議也：不能寬以待人的議論。中華本校勘記言汲本"議也"作"譏邪"。

復爲太尉黃瓊所辟。[1]後詔三府掾屬舉謠言，[2]滂奏刺史、二千石權豪之黨二十餘人。[3]尚書責滂所劾猥多，疑有私故。滂對曰："臣之所舉，自非叨穢姦暴，深爲民害，豈以汙簡札哉！[4]閒以會日迫促，[5]故先舉所急，其未審者，方更參實。臣聞農夫去草，嘉穀必茂；[6]忠臣除姦，王道以清。若臣言有貳，甘受顯戮。"吏不能詰。滂覩時方艱，[7]知意不行，[8]因投劾去。[9]

[1]【今注】黃瓊：字世英，江夏安陸（今湖北雲夢縣）人。傳見本書卷六一。

[2]【李賢注】《漢官儀》曰："三公聽採長史臧否，人所疾苦，還條奏之，是爲舉謠言也。頃者舉謠言，掾屬令史都會殿上，主者大言（太，紹興本、大德本、殿本作'大'，可從），州郡行狀云何，善者同聲稱之，不善者默爾銜枚。"【今注】謠言：此指民間流傳的歌謠、諺語等。

[3]【今注】二千石：官員秩級，有二千石、中二千石、比二千石之別，大致包括九卿、郡守王國相等職官。

[4]【今注】簡札：本指書寫的載體，此代指官方文書。

[5]【今注】會日：秦漢文書常見用語，表期會之日。王先謙《後漢書集解》言《資治通鑑》卷四六《漢紀》孝桓皇帝延熹二年胡三省注曰："會日，謂三府掾、屬會於朝堂之日也。"

[6]【李賢注】《左傳》曰："爲國家者，見惡如農夫之務去草焉。"【今注】嘉穀：曹金華《後漢書稽疑》引《後漢紀》卷二二疑"嘉穀"當爲"嫁穀"（第885頁）。

[7]【今注】覩時方艱：看到時事將要變得艱難。

[8]【今注】知意不行：知道自己的主張得不到施行。

[9]【今注】劾：此指劾狀，揭發罪行的文書。

太守宗資先聞其名，請署功曹，委任政事。滂在職，嚴整疾惡。其有行違孝悌、不軌仁義者，皆埽迹斥逐，[1]不與共朝。顯薦異節，[2]抽拔幽陋。[3]滂外甥西平李頌，[4]公族子孫，而爲鄉曲所弃，[5]中常侍唐衡以頌請資，[6]資用爲吏。滂以非其人，寢而不召。資遷怒，捶書佐朱零。[7]零仰曰："范滂清裁，猶以利刃齒腐朽。[8]今日寧受笞死，[9]而滂不可違。"資乃止。郡中中人以下，[10]莫不歸怨，乃指滂之所用以爲"范黨"。

[1]【今注】案，埽，大德本、殿本作"掃"，二字通假。

[2]【今注】異節：名節異於常人。

[3]【今注】幽陋：身份卑微而被埋没的有才之人。

[4]【今注】西平：縣名。治所在今河南西平縣西。 李頌：范滂姐姐的兒子，李通的後代。李通與光武帝劉秀起兵，被封西平王，故後文稱李頌爲"公族子孫"。

[5]【今注】鄉曲：鄉里。

[6]【今注】唐衡：潁川郾（今河南漯河市郾城區南）人，東漢桓帝時宦官。因誅殺外戚梁冀有功，封汝陽侯，延熹七年（164）病死。

[7]【今注】書佐：主辦文書的小吏。各級官府都有設置，此當爲郡的書佐。本書《百官志四》：“其餘都官書佐及每郡國，各有典郡書佐一人，各主一郡文書，以郡吏補，歲滿一更。”

[8]【李賢注】裁音才載反。

[9]【今注】笞：即打板子，漢代刑罰之一。西漢文帝有感於齊國太倉令淳于公之女緹縈肉刑不便改過自新之言，實行司法改革，廢除宮刑之外的黥（臉上刺字）、劓（割鼻）、斬脚趾等肉刑，代以笞刑，“當劓者，笞三百”，“當斬左止者，笞五百”（《漢書·刑法志》），景帝時期將笞刑數量降到二百、一百，對行刑所用板子的長寬、厚度進行限制，並規定行刑中途不得換人。

[10]【今注】中人：才智平常之人。

後牢脩誣言鉤黨，[1]滂坐繫黃門北寺獄。獄吏謂曰：“凡坐繫皆祭皋陶。”[2]滂曰：“皋陶賢者，古之直臣。知滂無罪，將理之於帝；[3]如其有罪，祭之何益！”衆人由此亦止。獄吏將加掠考，[4]滂以同囚多嬰病，[5]乃請先就格，[6]遂與同郡袁忠爭受楚毒。[7]桓帝使中常侍王甫以次辨詰，[8]滂等皆三木囊頭，暴於階下。[9]餘人在前，或對或否，滂、忠於後越次而進。王甫詰曰：“君爲人臣，不推忠國，[10]而共造部黨，自相褒舉，評論朝廷，虛搆無端，諸所謀結，並欲何爲？皆以情對，不得隱飾。”滂對曰：“臣聞仲尼之言，‘見善如不及，見惡如探湯’。[11]欲使善善同其清，惡惡同其汙，謂王政之所願聞，不悟更以爲黨。”甫曰：“卿更相拔舉，迭爲脣齒，有不合者，見則排斥，其意如何？”滂乃慷慨仰天曰：“古之循善，[12]自求多福；今之循善，身陷大戮。身死之日，願埋滂於首陽山側，上不負皇天，下不愧夷、齊。"[13]甫愍然爲之改容。乃得並解桎梏。[14]

[1]【李賢注】鉤，引也。

[2]【今注】凡坐繫皆祭皋陶：王先謙《後漢書集解》引惠棟言："《摯虞集記》云：'故事：祀皋陶于廷尉。'"皋陶，傳説時代的賢臣。堯帝、舜帝時掌管刑罰的官員，制定了很多法律規定，被稱爲"中國司法鼻祖"。

[3]【李賢注】帝謂天也。【今注】帝：此指天帝。案，曹金華《後漢書稽疑》言《後漢紀》卷二二、《太平御覽》卷四二七所引《裴山松書》皆爲"天"，今存録（第855頁）。

[4]【今注】掠考：拷打，審問。

[5]【今注】嬰病：患病。病，大德本作"疾"，不從。

[6]【今注】格：此指古代酷刑的一種刑具。《吕氏春秋·過理》載："糟丘酒池，肉圃爲格。"高誘注："格，以銅爲之，布火其下，以人置上，人爛墜火而死。"

[7]【今注】袁忠：字正甫，汝南汝陽（今河南商水縣西北）人。事見本書卷四五《袁安傳》。案，曹金華《後漢書稽疑》言《初學記》卷二〇所引《華嶠書》"袁忠"後有"等"字（第886頁）。　楚毒：泛指酷刑。

[8]【今注】王甫：宦官，曾封冠軍侯，東漢靈帝光和二年（179）下獄死。　以次：按照名册次序。　辨詰：即辨别詢問。

[9]【李賢注】三木，項及手足皆有械，更以物蒙覆其頭也。《前書》司馬遷曰"魏其，大將也，衣赭，關三木"也。

[10]【今注】推：紹興本、大德本作"惟"，可從。惟，思考，想。《爾雅·釋詁下》："惟，思也。"

[11]【李賢注】探湯喻去疾也（喻，大德本作"諭"）。見《論語》。【今注】案，惡，曹金華《後漢書稽疑》言《論語·季

氏》、《後漢紀》卷二二皆作"不善"（第886頁）。

　　[12]【今注】案，曹金華《後漢書稽疑》言"循"當爲
"修"（第886頁）。

　　[13]【李賢注】伯夷、叔齊餓死首陽山，見《史記》。首陽
山在洛陽東北。

　　[14]【李賢注】鄭玄注《周禮》曰："木在足曰桎，在手曰
梏。"【今注】桎梏：即刑具。

　　滂後事釋，南歸。始發京師，汝南、南陽士大夫
迎之者數千兩。[1]同囚鄉人殷陶、黃穆，[2]亦免俱歸，
並衞侍於滂，[3]應對賓客。滂顧謂陶等曰："今子相隨，
是重吾禍也。"遂遁還鄉里。

　　[1]【李賢注】兩，車也。《尚書》曰："戎車三百兩。"【今
注】兩：通"輛"。

　　[2]【今注】案，曹金華《後漢書稽疑》引《後漢紀》卷二
二、《汝南先賢傳》等言，殷陶字仲才，黃穆字子敬（第886—887
頁）。

　　[3]【今注】案，滂，殿本作"傍"，於文意二者皆通。

　　初，滂等繫獄，尚書霍諝理之。[1]及得免，到京
師，往候諝而不爲謝。或有讓滂者。對曰："昔叔向嬰
罪，祁奚救之，未聞羊舌有謝恩之辭，祁老有自伐之
色。"竟無所言。[2]

　　[1]【今注】理：審理，審問。

　　[2]【李賢注】《左傳》，晉謝欒盈之黨（謝，紹興本、大德

本、殿本作"討"，可從)，殺叔向之弟羊舌虎，并囚叔向。於是祁奚聞之，見范宣子曰："夫謀而鮮過，惠訓不倦者，叔向有焉。社稷之固也，猶將十代宥之（《左傳》襄公二十一年'代'原作'世'，李賢避李世民之諱而改），今一不免其身，不亦惑乎?"宣子說而免之。祁奚不見叔向而歸，叔向亦不告免焉而朝。孔安國注《尚書》曰"自功曰伐"也。【今注】叔向：一作叔響，姓羊舌，名肸，字叔向，又字叔譽，春秋後期晉國卿。因被封於楊（今山西洪洞縣東南），以邑爲氏，別爲楊氏，又稱叔肸、楊肸，有名的賢臣。　自伐：自矜其功。

建寧二年，[1]遂大誅黨人，詔下急捕滂等。督郵吳導至縣，[2]抱詔書，閉傳舍，伏牀而泣。[3]滂聞之，曰："必爲我也。"即自詣獄。縣令郭揖大驚，出解印綬，引與俱亡。曰："天下大矣，子何爲在此?"滂曰："滂死則禍塞，何敢以罪累君，又令老母流離乎!"其母就與之訣。滂白母曰："仲博孝敬，足以供養，[4]滂從龍舒君歸黃泉，[5]存亡各得其所。惟大人割不可忍之恩，[6]勿增感戚。"母曰："汝今得與李、杜齊名，死亦何恨![7]既有令名，復求壽考，[8]可兼得乎?"滂跪受教，再拜而辭。顧謂其子曰："吾欲使汝爲惡，則惡不可爲；使汝爲善，則我不爲惡。"行路聞之，莫不流涕。時年三十三。

[1]【今注】建寧：東漢靈帝劉宏年號（168—172）。
[2]【今注】督郵：官名。也稱"督郵書掾"，每郡分若干部，每部設一督郵，督察轄縣長吏政績、治安、司法與錢糧等。本書《百官志五》："其監屬縣，有五部督郵，曹掾一人。"

　　[3]【李賢注】傳，驛舍也，音知戀反。【今注】傳舍：爲過往官吏和行人提供食宿的官方旅店。

　　[4]【李賢注】仲博，滂弟也。

　　[5]【李賢注】《謝承書》曰："滂父顯，故龍舒侯相也。"【今注】龍舒：縣名。治所在今安徽舒城縣西南。　君：對長官的尊稱。

　　[6]【今注】案，大德本脱"可"字。

　　[7]【李賢注】李膺、杜密。

　　[8]【今注】壽考：年高，長壽。《詩·大雅·棫樸》："周王壽考，遐不作人。"鄭玄注："文王是時九十餘矣，故云壽考。"

　　論曰：李膺振拔汙險之中，[1]蘊義生風，[2]以鼓動流俗，[3]激素行以恥威權，立廉尚以振貴執，使天下之士奮迅感慨，波蕩而從之，幽深牢破室族而不顧，至于子伏其死而母歡其義。壯矣哉！子曰："道之將廢也與？命也！"[4]

　　[1]【李賢注】《前書》班固曰"振拔汙塗，跨騰風雲"也。【今注】振拔汙險之中：王先謙《後漢書集解》引惠棟言"膺以弛刑徒再遷爲司隸校尉"。

　　[2]【今注】蘊義生風：言行中蘊含道德仁義，產生讓人敬畏的氣派。

　　[3]【李賢注】《周易》曰："鼓以動之。"【今注】鼓動：用言行激發人們的情緒，使之行動起來。　流俗：流於習俗，指當時的社會風氣。

　　[4]【李賢注】《論語》之文。

尹勳字伯元，河南鞏人也。[1]家世衣冠。[2]伯父睦爲司徒，兄頌爲太尉，[3]宗族多居貴位者，而勳獨持清操，不以地埶尚人。[4]州郡連辟，察孝廉，三遷邯鄲令，[5]政有異迹。後舉高第，五遷尚書令。及桓帝誅大將軍梁冀，勳參建大謀，封都鄉侯。[6]遷汝南太守。上書解釋范滂、袁忠等黨議禁錮。尋徵拜將作大匠，[7]轉大司農。坐竇武等事，下獄自殺。

[1]【今注】鞏：縣名。治所在今河南鞏義市西南。

[2]【今注】衣冠：代指士大夫。

[3]【今注】案，本書未見尹睦曾任司徒、尹頌曾任太尉的記錄。曹金華《後漢書稽疑》言《劉瑜傳》載"從祖睦爲太尉，睦孫頌爲司徒"，並引《和帝紀》《桓帝紀》《段熲傳》及《後漢紀》等認爲睦爲太尉，頌爲司徒，二人與尹勳的族屬關係可能也應以《劉瑜傳》爲準（第887頁）。睦，即尹睦，字伯師。曾任大司農、太尉。頌，即尹頌，字公孫，曾任光禄勳、司徒。

[4]【今注】不以地埶尚人：即不憑借地位權勢欺負人。地埶，地位勢力。尚，尊崇。《集韻·漾韻》："尚，貴也。"《字彙·小部》："尚，崇也，又尊也。"此處當爲使人尊崇之意。

[5]【今注】邯鄲：縣名。治所在今河北邯鄲市。

[6]【今注】都鄉侯：列侯之一。西漢列侯祇有縣侯一等，東漢分爲縣侯、鄉侯、亭侯三等。都鄉侯即設在都鄉（縣治所在的鄉）的鄉侯。

[7]【今注】將作大匠：官名。掌營建宮室、宗廟等。本書《百官志四》載："將作大匠一人，二千石。本注曰：承秦，曰將作少府，景帝改爲將作大匠。掌修作宗廟、路寢、宮室、陵園木土之功，并樹桐梓之類列于道側。"

蔡衍字孟喜，汝南項人也。[1]少明經講授，[2]以禮讓化鄉里。鄉里有爭訟者，輒詣衍決之，其所平處，皆曰無怨。

[1]【李賢注】項，今陳州項城縣也。【今注】項：縣名。治所在今河南沈丘縣。

[2]【今注】明經：此爲明習經學義理，漢代察舉選官科目中亦有“明經”。

舉孝廉，稍遷冀州刺史。中常侍具瑗託其弟恭舉茂才，[1]衍不受，乃收齎書者案之。[2]又劾奏河閒相曹鼎臧罪千萬。鼎者，中常侍騰之弟也。[3]騰使大將軍梁冀爲書請之，衍不答，鼎竟坐輸作左校。乃徵衍拜議郎、符節令。[4]梁冀聞衍賢，請欲相見，衍辭疾不往，冀恨之。時南陽太守成瑨等以收糾宦官考廷尉，衍與議郎劉瑜表救之，[5]言甚切厲，坐免官還家，杜門不出。靈帝即位，復拜議郎，會病卒。

[1]【今注】具瑗：東漢宦官。魏郡元城（今河北大名縣東北）人。因誅殺外戚梁冀有功，被封東武陽侯，爲人專橫，人稱“具獨坐”。後因兄長貪污被貶爲都鄉侯，卒於家。 案，曹金華《後漢書稽疑》引《宦者傳》等疑作“兄恭”（第 887 頁）。 茂才：漢代察舉選官科目之一，西漢稱“秀才”，東漢避光武帝劉秀之諱，改稱“茂才”。

[2]【今注】齎（jī）：送。《廣雅·釋詁四》：“齎，送也。”

[3]【今注】騰：曹騰，字季興，沛國譙（今安徽亳州市）人。傳見本書卷七八。

[4]【今注】符節令：官名。名義上屬少府。掌皇帝璽印、符節。本書《百官志三》載：“符節令一人，六百石。本注曰：爲符節臺率，主符節事。凡遣使掌授節。”

[5]【今注】劉瑜：字季節，廣陵國（今江蘇揚州市）人。傳見本書卷五七。

　　羊陟字嗣祖，太山梁父人也。[1]家世冠族。[2]陟少清直有學行，舉孝廉，辟太尉李固府，舉高第，拜侍御史。會固被誅，陟以故吏禁錮歷年。復舉高第，再遷冀州刺史。奏案貪濁，所在肅然。又再遷虎賁中郎將、城門校尉，三遷尚書令。時太尉張顥、司徒樊陵、大鴻臚郭防、太僕曹陵、大司農馮方並與宦豎相姻私，[3]公行貨賂，並奏罷黜之，不納。以前太尉劉寵、司隸校尉許冰、幽州刺史揚熙、涼州刺史劉恭、益州刺史寵艾清亮在公，[4]薦舉升進。帝嘉之，拜陟河南尹。計日受奉，常食乾飯茹菜，[5]禁制豪右，[6]京師憚之。會黨事起，免官禁錮，[7]卒於家。

　　[1]【李賢注】梁父故城在今兗州泗水縣北。【今注】梁父：縣名。治所在今山東新泰市西。

　　[2]【今注】冠族：顯貴的豪門大族。案，大德本、殿本作“衣冠”。

　　[3]【今注】張顥：字智明，常山國（今河北元氏縣）人。曾爲太常、司空、太尉，光和元年（178）被罷官。　案，司徒，王先謙《後漢書集解》引錢大昕言，據《靈帝紀》此時樊陵爲太尉，非司徒。　大鴻臚：官名。九卿之一，掌歸降少數民族及諸侯的禮儀事務。本書《百官志二》載：“大鴻臚，卿一人，中二千石。本

注曰：掌諸侯及四方歸義蠻夷。其郊廟行禮，贊導，請行事，既可，以命群司。諸王入朝，當郊迎，典其禮儀。及郡國上計，匄四方來，亦屬焉。皇子拜王，贊授印綬。及拜諸侯、諸侯嗣子及四方夷狄封者，臺下鴻臚召拜之。王薨則使弔之，及拜王嗣。"

[4]【今注】劉寵：字祖榮，東萊牟平（今山東烟臺市西北）人。傳見本書卷七六。　許冰：曹金華《後漢書稽疑》據《皇后紀》"羽林左監許永"條考校當爲"許永"（第888頁）。　案，"幽州刺史揚熙"三句，曹金華《後漢書稽疑》引本書《蔡邕傳》《西南夷傳》等認爲"楊熙"疑爲"楊熹"，"龐艾"即"龐芝"，而"劉恭""劉虔"不能確定孰是（第889頁）。今案，劉恭亦見本書卷一一《劉盆子傳》。寵，紹興本、大德本、殿本作"龐"，可從。

[5]【今注】茹菜：蔬菜。

[6]【今注】豪右：地方上的豪族大姓。

[7]【今注】案，宮，紹興本、大德本、殿本作"官"，可從。

　　張儉字元節，山陽高平人，[1]趙王張耳之後也。[2]父成，江夏太守。[3]儉初舉茂才，以刺史非其人，謝病不起。

[1]【今注】高平：縣名。治所在今山東鄒城市西南。

[2]【李賢注】張耳，大梁人也。高祖立爲趙王。【今注】張耳：傳見《史記》卷八九、《漢書》卷三二。

[3]【今注】江夏：郡名。治西陵縣（今湖北武漢市新洲區西）。

　　延熹八年，太守翟超請爲東部督郵。[1]時中常侍侯覽家在防東，[2]殘暴百姓，所爲不軌。儉舉劾覽及其母

罪惡，請誅之。覽遏絶章表，[3] 並不得通，由是結
仇。[4] 鄉人朱並，素性佞邪，爲儉所弃，並懷怨恚，遂
上書告儉與同郡二十四人爲黨，於是刊章討捕。儉得
亡命，困迫遁走，望門投止，[5] 莫不重其名行，破家相
容。後流轉東萊，止李篤家。外黄令毛欽操兵到門，[6]
篤引欽謂曰："張儉知名天下，而亡非其罪。縱儉可
得，寧忍執之乎？"欽因起撫篤曰："蘧伯玉恥獨爲君
子，足下如何自專仁義？"篤曰："篤雖好義，明廷今
日載其半矣。"[7] 欽歎息而去。篤因緣送儉出塞，以故
得免。其所經歷，伏重誅者以十數，宗親並皆殄滅，
郡縣爲之殘破。

[1]【今注】案，曹金華《後漢書稽疑》言孔融《衛尉張儉碑
銘》爲 "西部督郵"，與諸書皆異（第889頁）。

[2]【李賢注】縣名，屬山陽郡，故城在今兗州金鄉縣南。
【今注】防東：縣名。治所在今山東單縣東北。

[3]【今注】遏絶：阻止，禁絶。

[4]【今注】案，結仇，大德本、殿本作 "結仇覽等"，不從。

[5]【今注】望門投止：看見人家就去投宿，形容逃亡時窘迫
的樣子。

[6]【今注】後流轉東萊止李篤家外黄令毛欽操兵到門：外黄
縣屬陳留郡，治所在今河南蘭考縣東南，距離東萊郡太遠。中華本
校勘記言顧炎武、錢大昕認爲衍 "外" 字，當爲 "黄令"，惠棟認
爲毛欽或爲外黄人，衍 "令" 字。曹金華《後漢書稽疑》據《太
平御覽》卷四二〇所引《謝承書》作 "儉得亡命，止李篤家，外
黄令毛欽操兵到門"，不言 "流轉東萊"，認爲此事或不在東萊郡
（第889頁）。案，後，大德本、殿本作 "復"，不從。

[7]【李賢注】明廷猶明府。言不執儉，得義之半也。【今注】明廷：對縣令的尊稱。秦漢時期常稱縣級官府爲“縣廷”。

中平元年，黨事解，乃還鄉里。大將軍、三公並辟，又舉敦朴，[1]公車特徵，起家拜少府，[2]皆不就。獻帝初，[3]百姓飢荒，而儉資計差溫，[4]乃傾竭財產，與邑里共之，賴其存者以百數。

[1]【今注】敦朴：漢代選官科目之一，敦厚樸實之人。
[2]【今注】起家：出仕任官。
[3]【今注】獻帝：東漢獻帝劉協，公元 189 年至 220 年在位。紀見本書卷九。
[4]【今注】差溫：比較寬裕。

建安初，[1]徵爲衞尉，[2]不得已而起。儉見曹氏世德已萌，[3]乃闔門懸車，[4]不豫政事。歲餘卒于許下。年八十四。

[1]【今注】建安：東漢獻帝劉協年號（196—220）。
[2]【今注】衞尉：官名。九卿之一，西漢景帝曾更名爲中大夫令，後復爲衞尉，統率衞士，宿衞宮内。本書《百官志二》載：“衞尉，卿一人，中二千石。本注曰：掌宮門衞士，宮中徼循事。”
[3]【今注】曹氏世德已萌：指曹氏取代劉氏稱帝的形勢已經顯露。
[4]【今注】闔門懸車：把門關上，把車掛起來，代指隱退。

論曰：昔魏齊違死，虞卿解印；[1]季布逃亡，朱家甘罪。[2]而張儉見怒時王，顛沛假命，[3]天下聞其風者，莫不憐其壯志，而爭爲之主。至乃捐城委爵、破族屠身，蓋數十百所，豈不賢哉！然儉以區區一掌，而欲獨堙江河，[4]終嬰疾甚之亂，多見其不知量也。[5]

[1]【李賢注】違，避也。《史記》魏齊，魏之諸公子也。虞卿，趙相也。范雎入秦，爲昭王相，昭王乃遺趙王書曰："魏齊，范雎之仇也，急持其頭來。"趙王乃圍齊，齊急亡（大德本、殿本脫"亡"字），見虞卿。卿度趙王不可說，乃解其印，與齊往信陵君所。信陵君初聞之疑，後乃出迎。齊聞信陵初疑，遂自刎。趙王持其頭遺秦也。【今注】違：避開，逃避。《洪武正韻·灰韻》："違，避也。"

[2]【李賢注】季布，楚人。爲項羽將，數窘漢王。羽敗，漢購求布千金，敢舍匿，罪三族。布匿濮陽周氏，髡鉗布，之魯朱家所賣之。朱家心知是季布也。買置田舍。乃往洛陽，見汝陰侯灌嬰，說之曰："季布何罪？臣各爲主用，職耳。"汝陰侯言於高帝，帝乃赦之。拜郎中，後爲河東守也。【今注】案，曹金華《後漢書稽疑》引《史記》卷九五《樊酈滕灌列傳》、卷一〇〇《季布欒布列傳》等認爲"灌嬰"當爲"夏侯嬰"（第889—890頁），可從。

[3]【今注】假命：寄命於他人，即借助他人而四處逃亡。假，寄。

[4]【李賢注】堙，塞也。《前書》班固曰："何武、王嘉，區區以一簣障江河，用没其身。"【今注】堙：堵塞。《廣雅·釋詁三》："堙，塞也。"

[5]【李賢注】《論語》曰："人而不仁，疾之以甚（以，大德本、殿本作'已'，可從），亂也。"又曰："人雖欲自絶，其何傷於日月（殿本句末有'乎'字，可從）？多見其不知量也。"

【今注】終：終止。 嬰：遭受。

岑晊字公孝，南陽棘陽人也。[1]父像，[2]爲南郡太守，[3]以貪叨誅死。[4]晊年少未知名，往候同郡宗慈，慈方以有道見徵，賓客滿門，以晊非良家子，[5]不肯見。晊留門下數日，晚乃引入。慈與語，大奇之，遂將俱至洛陽，因詣太學受業。

[1]【李賢注】棘音力。【今注】棘陽：縣名。治所在今河南新野縣東北。

[2]【今注】案，像，殿本作“豫”，可從。

[3]【今注】南郡：治江陵縣（今湖北荆州市荆州城西北）。

[4]【李賢注】《方言》曰：“叨，殘也。”【今注】貪叨：貪婪，貪污。

[5]【今注】良家子：清白人家的子女。《漢書·地理志下》載：“漢興，六郡良家子選給羽林、期門，以材力爲官，名將多出焉。”如淳曰：“醫、商賈、百工不得豫也。”醫、商賈、百工等非農之家以及罪犯、刑徒之家都不是良家。

晊有高才，郭林宗、朱公叔等皆爲友，[1]李膺、王暢稱其有幹國器，[2]雖在閭里，[3]慨然有董正天下之志。[4]太守弘農成瑨下車，欲振威嚴，聞晊高名，請爲功曹，又以張牧爲中賊曹吏。[5]瑨委心晊、牧，褒善糾違，肅清朝府。宛有富賈張汜者，桓帝美人之外親，[6]善巧雕鏤玩好之物，頗以賂遺中官，以此並得顯位，恃其伎巧，用埶縱橫。晊與牧勸瑨收捕汜等，既而遇赦，晊竟誅之，並收其宗族賓客，殺二百餘人，後乃奏聞。於是中常侍侯覽使汎妻上書訟其冤。帝大震怒，徵瑨，下獄死。暀與牧亡匿齊魯之閒。[7]會赦出。後州郡察舉，三府交辟，並不就。及李、杜之誅，因復逃竄，終于江夏山中云。[8]

[1]【今注】朱公叔：朱穆，字公叔，南陽宛（今河南南陽市臥龍區）人。傳見本書卷四三。

[2]【今注】幹國器：治國的才能。

[3]【今注】閭里：鄉里，代指民間。

[4]【李賢注】《爾雅》曰：“董，督正也。”【今注】董正：督察糾正。董，守正。《爾雅·釋詁下》：“董，督正也。”

[5]【今注】中賊曹吏：賊曹爲漢代掌管盜賊的曹署，如長沙五一廣場東漢簡有“左賊曹”“右賊曹”“外部賊曹”，其主事稱賊曹掾，掾下有史。案，中華本校勘記言《刊誤》案文意認爲多“中”字，“吏”當爲“史”。今案，“中”字或不衍，“吏”爲“史”可從。

[6]【今注】美人：此爲漢代妃嬪稱號之一。本書卷一〇上《皇后紀上》載：“及光武中興，斲彫爲樸，六宮稱號，唯皇后、貴人。貴人金印紫綬，奉不過粟數十斛。又置美人、宮人、采女三等，并無爵秩，歲時賞賜充給而已。”

[7]【今注】案，牧，大德本、殿本作“牧遁逃”，可從。

[8]【今注】因復逃竄終于江夏山中云：王先謙《後漢書集解》引惠棟言：“《世系》云：‘暀逃于江夏山中，徙居吳郡，生亮伯，亮伯生軻，吳會稽、鄱陽太守。’”

陳翔字子麟，[1]汝南邵陵人也。[2]祖父珍，司隸校尉。翔少知名，善交結。察孝廉，太尉周景辟舉高第，拜侍御史。時正旦朝賀，大將軍梁冀威儀不整，[3]奏冀恃貴不敬，[4]請收案罪，時人奇之。遷定襄太守，[5]徵拜議郎，遷揚州刺史。[6]舉奏豫章太守王永奏事中宮，[7]吳郡太守徐參在職貪穢，[8]並徵詣廷尉。參，中常侍璜之弟也。[9]由此威名大振。又徵拜議郎，補御史中丞。[10]坐黨事考黃門北寺獄，以無驗見原，[11]卒于家。

[1]【今注】案，曹金華《後漢書稽疑》言《北堂書鈔》卷六二引《續漢書》、《魏志·劉表傳》注引《漢末名士錄》皆作"陳翔字仲麟"（第890頁）。

[2]【今注】邵陵：縣名。或寫作"召陵"。治所在今河南漯河市郾城區東。

[3]【今注】案，曹金華《後漢書稽疑》引本書卷七《桓帝紀》、卷八《靈帝紀》、卷四五《周榮傳》、卷三四《梁冀傳》認爲，周景延熹九年（166）九月爲太尉，建寧元年（168）四月薨，而梁冀延熹二年死，與本傳不合，懷疑本傳記録有誤（第890—891頁）。周景，字仲饗，廬江舒（今安徽廬江縣西南）人。傳見本書卷四五。 正旦：農曆正月初一。

[4]【今注】案，奏，大德本、殿本作"翔奏"，可從。

[5]【今注】定襄：郡名。治善無縣（今山西右玉縣西）。

[6]【今注】案，揚，大德本作"楊"，不從。

[7]【今注】豫章：郡名。治南昌縣（今江西南昌市東湖區）。案，宮，大德本、殿本作"官"，可從。

[8]【今注】吳郡：治吳縣（今江蘇蘇州市姑蘇區）。

[9]【今注】璜：徐璜。東漢宦官。因誅殺外戚梁冀有功，封五原侯，爲人驕橫，稱"徐臥虎"。事見本書卷七八《宦者傳》。

[10]【今注】御史中丞：官名。御史臺長官，名義上屬少府。

負責監督百官。本書《百官志三》載："御史中丞一人，千石。本注曰：御史大夫之丞也。舊別監御史在殿中，密舉非法。及御史大夫轉爲司空，因別留中，爲御史臺率，後又屬少府。"御史中丞下轄治書侍御史二人、侍御史十五人。

[11]【今注】無驗見原：因爲没有證據而被釋放。

孔昱字元世，魯國魯人也。七世祖霸，成帝時歷九卿，封褒成侯。[1]自霸至昱，爵位相係，其卿相牧守五十三人，列侯七人。昱少習家學，[2]大將軍梁冀辟，不應。太尉舉方正，對策不合，乃辭病去。後遭黨事禁錮。靈帝即位，公車徵拜議郎，補洛陽令，[3]以師喪弃官，卒於家。

[1]【李賢注】臣賢案：《前書》孔霸字次孺（孺，大德本、殿本作"儒"，可從），即安國孫，世習《尚書》。宣帝時爲太中大夫，授太子經，遷詹事，高密相。元帝即位，霸以師賜爵關內侯，號褒成君。薨，諡曰烈君。今《范書》及《謝承書》皆云成帝，又言封侯，蓋誤也。詹事及相俱二千石，故曰歷卿。【今注】霸：孔霸，字次儒。西漢中後期經學家。歷仕昭帝、宣帝、元帝、成帝四朝，爲元帝老師，曾封褒成君、褒成侯。事見《漢書》卷八一《孔光傳》。案，曹金華《後漢書稽疑》據《漢書·孔光傳》認爲孔霸爲孔安國從孫（第891頁），與李賢注不同。　成帝：西漢成帝劉驁，公元前33年至前7年在位。紀見《漢書》卷一〇。

[2]【李賢注】家學《尚書》。

[3]【今注】案，王先謙《後漢書集解》引惠棟言："《魯國先賢傳》云昱爲洛陽令，置水器于庭，得私書皆投其中，一無所發，彈治貴戚，無所回避。"

苑康字仲真，[1]勃海重合人也。[2]少受業太學，與郭林宗親善。舉孝廉，再遷潁陰令，[3]有能迹。

[1]【今注】案，苑，殿本作"范"，不從。
[2]【李賢注】重合，縣，故城在今滄州樂陵縣東。【今注】重合：縣名。治所在今山東樂陵市西北。
[3]【今注】潁陰：縣名。治所在今河南許昌市魏都區。

遷太山太守。郡内豪姓多不法，[1]康至，奮威怒，施嚴令，莫有干犯者。先所請奪人田宅，皆遽還之。[2]

[1]【今注】豪姓：豪門大姓。
[2]【今注】遽（jù）：急速。

是時山陽張儉殺常侍侯覽母，[1]案其宗黨賓客，或有迸匿太山界者，[2]康既常疾閹官，因此皆窮相收掩，無得遺脱。覽大怨之，誣康與兗州刺史第五種及都尉壺嘉詐上賊降，[3]徵康詣廷尉獄，[4]減死罪一等，[5]徙日南。[6]潁陰人及太山羊陟等詣闕爲訟，乃原還本郡，卒於家。

[1]【今注】張儉殺常侍侯覽母：關於張儉是否殺侯覽之母，曹金華《後漢書稽疑》輯録了三種説法：其一，未殺，事載本書卷七八《侯覽傳》；其二，確曾殺害，事載《後漢紀》卷二二；其三，覽母自殺而誤傳張儉所殺，此説出於王先謙《後漢書集解》校補（第891—892頁）。今案，諸説是非難定，姑存録。
[2]【今注】迸（bèng）：散走，逃竄。

[3]【今注】第五種：字興先，京兆長陵（今陝西咸陽市渭城區）人。第五倫曾孫。傳見本書卷四一。

[4]【今注】案，大德本、殿本無“獄”字，未知孰是。

[5]【今注】減死：減免死罪。

[6]【今注】徙：刑罰的一種，遷徙、流放之意。　日南：郡名。治西卷縣（今越南廣治省東河市）。

　　檀敷字文有，山陽瑕丘人也。[1]少爲諸生，家貧而志清，不受鄉里施惠。舉孝廉，連辟公府，皆不就。立精舍教授，遠方至者常數百人。桓帝時，博士徵，不就。靈帝即位，太尉黃瓊舉方正，[2]對策合時宜，再遷議郎，補蒙令。[3]以郡守非其人，弃官去。家無產業，子孫同衣而出。[4]年八十，卒於家。[5]

[1]【李賢注】瑕丘，今兖州縣。【今注】瑕丘：縣名。治所在今山東濟寧市兖州區北。

[2]【今注】案，曹金華《後漢書稽疑》引本書卷七《桓帝紀》、卷八《靈帝紀》、卷六一《黃瓊傳》及《後漢紀》等認爲，黃瓊死於桓帝延熹七年（164），且靈帝即位時太尉爲周景，故本條内容有誤（第892頁）。又案，太，紹興本作“大”，不從。

[3]【李賢注】蒙，縣，屬梁國。【今注】蒙：縣名。治所在今河南商丘市東北。

[4]【今注】子孫同衣而出：子孫穿同一件衣服輪流出門，形容其家境貧寒。

[5]【李賢注】《謝承書》曰“敷子孫同衣而行（敷子孫，大德本、殿本作“敷與子孫”，可從），并日而食”也。

劉儒字叔林，東郡陽平人也。[1]郭林宗常謂儒口訥心辯，有珪璋之質。[2]察孝廉，舉高第，三遷侍中。桓帝時，數有災異，下策博求直言，儒上封事十條，[3]極言得失，辭甚忠切。帝不能納，出爲任城相。頃之，徵拜議郎。會竇武事，下獄自殺。

[1]【李賢注】陽平故城，今魏州莘縣。【今注】案，王先謙《後漢書集解》引汪文臺言："《藝文類聚》九二《謝承書》云廣漢劉儒，字叔林。"與此不同，今存録。　東郡：治濮陽縣（今河南濮陽市華龍區西南）。　陽平：縣名。治所在今山東莘縣。

[2]【李賢注】珪璋，玉也。半珪曰璋。《謝承書》曰："林宗歎儒有珪璋之質，終必爲令德之士。"《詩》曰："如珪如璋，令聞令望。"【今注】珪、璋：兩種玉器，此比喻美德。

[3]【今注】封事：大臣向皇帝上書奏事，爲防止泄密，用皁囊將奏章封緘之後呈遞，故稱"封事"，又稱"封章"。

賈彪字偉節，潁川定陵人也。[1]少遊京師，志節慷慨，與同郡荀爽齊名。

[1]【今注】定陵：縣名。治所在今河南舞陽縣東北。

初仕州郡，舉孝廉，補新息長。[1]小民困貧，多不養子，彪嚴爲其制，與殺人同罪。城南有盜劫害人者，北有婦人殺子者，彪出案發，[2]而掾吏欲引南。[3]彪怒曰："賊寇害人，此則常理，母子相殘，逆天違道。"遂驅車北行，案驗其罪。城南賊聞之，亦面縛自首。

數年間，人養子者千數，僉曰“賈父所長”，[4]生男名爲“賈子”，生女名爲“賈女”。[5]

[1]【李賢注】新息，今豫州縣。【今注】新息：縣名。治所在今河南息縣。

[2]【李賢注】就發處案驗之。【今注】出案發：出發去案發地調查。

[3]【今注】案，王先謙《後漢書集解》引劉攽言：“案文吏當作‘史’。”今案，掾吏泛指屬吏。

[4]【今注】僉（qiān）：都、皆之意。《爾雅·釋詁下》：“僉，皆也。”《尚書·堯典》：“僉曰：‘於，鯀哉！’”

[5]【今注】案，爲，大德本作“曰”，不從。

延熹九年，黨事起，太尉陳蕃爭之不能得，朝廷寒心，莫敢復言。彪謂同志曰：“吾不西行，[1]大禍不解。”乃入洛陽，説城門校尉竇武、尚書霍諝，武等訟之，桓帝以此大赦黨人。李膺出，曰：“吾得免此，賈生之謀也。”

[1]【今注】案，王先謙《後漢書集解》引《資治通鑑》卷五六《漢紀》孝桓皇帝永康元年（167）胡三省注言：“彪潁川人，自潁川至洛陽爲‘西行’。”

先是岑晊以黨事逃亡，親友多匿焉，彪獨閉門不納，時人望之。[1]彪曰：“《傳》言‘相時而動，無累後人’。[2]公孝以要君致釁，[3]自遺其咎，吾以不能奮戈相待，[4]反可容隱之乎？”於是咸服其裁正。[5]

[1]【李賢注】望，怨也。【今注】望：怨恨，責怪。《國語·越語下》：“又使之望而不得食，乃可以致天地之殛。”韋昭注：“怨望於下而天又奪之食。”

[2]【李賢注】相，視也。《左傳》之文也。

[3]【今注】案，王先謙《後漢書集解》引惠棟言：“君謂成瑨也，暀勸瑨收捕張汎，故云‘要君’。”要（yāo），希望，請求。釁（xìn）：罪。《左傳》宣公十二年載：“會聞用師，觀釁而動。”杜預注：“釁，罪也。”孔穎達疏：“釁是間隙之名……既有間隙，故爲得罪也。”

[4]【今注】案，以，大德本作“已”。

[5]【今注】裁正：敎正。

以黨禁錮，卒于家。初，彪兄弟三人，並有高名，而彪最優，故天下稱曰“賈氏三虎，偉節最怒”。[1]

[1]【今注】怒：奮發，奮起。

何顒字伯求，南陽襄鄉人也。[1]少遊學洛陽。顒雖後進，而郭林宗、賈偉節等與之相好，顯名太學。友人虞偉高有父讎未報，[2]而篤病將終，顒往候之，偉高泣而訴。顒感其義，爲復讎，以頭醊其墓。[3]

[1]【李賢注】襄鄉故城在今隨州棗陽縣東北也。【今注】襄鄉：縣名。治所在今湖北棗陽市東北。

[2]【今注】虞偉高：偉高當爲其字，名及其他不詳。　讎：同“仇”，此爲仇恨之意。

[3]【李賢注】醊，祭酹也，音竹歲反。【今注】醊（zhuì）：

祭祀時以酒酹地。

及陳蕃、李膺之敗，顯以與蕃、膺善，遂爲宦官所陷，乃變名姓，[1]亡匿汝南閒。所至皆親其豪桀，[2]有聲荆豫之域。袁紹慕之，私與往來，結爲奔走之友。[3]是時黨事起，天下多離其難，顯常私入洛陽，從紹計議。其窮困閉戹者，[4]爲求援救，以濟其患。有被掩捕者，則廣設權計，使得逃隱，全免者甚眾。

[1]【今注】案，名姓，大德本、殿本作"姓名"，可從。

[2]【今注】案，桀，大德本、殿本作"傑"，可從。

[3]【李賢注】《詩·大雅》曰："子曰有胥附（子，紹興本、大德本、殿本作'予'，可從），予曰有先後，予曰有奔走，予曰有禦侮。"毛萇注曰："諭德宣譽曰奔走（大德本、殿本句末有'也'字，可從）。"

[4]【今注】閉戹（è）：處境窘迫。

及黨錮解，顯辟司空府。每三府會議，莫不推顯之長。累遷。及董卓秉政，[1]逼顯以爲長史，託疾不就，[2]乃與司空荀爽、司徒王允等共謀卓。[3]會爽薨，顯以它事爲卓所繫，憂憤而卒。初，顯見曹操，歎曰："漢家將亡，安天下者必此人也。"操以是嘉之。嘗稱"潁川荀彧，[4]王佐之器"。及彧爲尚書令，[5]遣人西迎叔父爽，[6]并致顯屍，而葬之爽之冢傍。

[1]【今注】董卓：字仲穎，隴西臨洮（今甘肅岷縣）人。傳

見本書卷七二。

[2]【今注】案，王先謙《後漢書集解》引惠棟言："《漢末名士録》云顯由北軍中候遷長史也。"曹金華《後漢書稽疑》言《後漢書集解》校補、本書卷六二《荀淑傳》書董卓長史何顒，似已就任，與本傳不合（第894頁）。長史，官名。東漢太尉、司徒、司空及將軍府各有長史，邊境郡守也設長史，掌管兵馬事務。

[3]【今注】王允：字子師，太原祁（今山西祁縣）人。傳見本書卷六六。

[4]【今注】荀彧：字文若，潁川潁陰（今河南許昌市）人。傳見本書卷七〇。

[5]【今注】案，或，紹興本、大德本、殿本作"彧"，可從。

[6]【今注】案，王先謙《後漢書集解》引劉攽言"爽"後脱"喪"字，可從。

　　贊曰：渭以涇濁，玉以礫貞。物性既區，嗜惡從形。[1] 蘭蕕無並，銷長相傾。[2] 徒恨芳膏，煎灼燈明。[3]

[1]【李賢注】礫音歷。《説文》曰："礫，小石也。"言渭以涇濁，乃顯其清，王居礫石（王，紹興本、大德本、殿本作"玉"，可從），乃見其貞。區猶別也。嗜，愛也。從形謂形有善惡也。以諭彼李膺等與宦豎不同，故相憎疾。【今注】涇渭：即涇水、渭水，河流名。發源於甘肅，在陝西匯合後流入黃河。渭水、涇水一濁一清，所謂"涇渭分明"，正是如此。　區：區別。　嗜惡（wù）：愛惡。

[2]【李賢注】蕕，臭草也。《左傳》曰："一薰一蕕，十年尚猶有臭（臭，殿本作'臭'，二字通假）。"《易·否卦》曰："小人道長，君子道銷（銷，殿本作'消'，按《左傳》可從）。"

《泰記》（記，紹興本、大德本、殿本作‘卦’，可從）曰："君子道長，小人道銷（銷，殿本作‘消’）。"《老子》曰"高下相傾"也。【今注】蘭蕕：蘭指香草，蕕指臭草，蘭蕕指良莠、美丑等。　銷：殿本作"消"。曹金華《後漢書稽疑》言今本《周易·否卦》《周易·泰卦》"銷"作"消"（第894頁），可從。

[3]【李賢注】《前書》龔勝死，有一老父入哭甚哀，曰："薰以香自燒，膏以明自銷。"

後漢書　卷六八

列傳第五十八

郭太　符融　許劭

　　郭太字林宗，[1]太原界休人也。[2]家世貧賤。早孤，[3]母欲使給事縣廷。[4]林宗曰："大丈夫焉能處斗筲之役乎？"[5]遂辭。就成皋屈伯彥學，[6]三年業畢，博通墳籍。[7]善談論，美言制。[8]乃游於洛陽。始見河南尹李膺，[9]膺大奇之，遂相友善，於是名震京師。後歸鄉里，衣冠諸儒送至河上，[10]車數千兩。林宗唯與李膺同舟而濟，衆賓望之，以爲神仙焉。

　　[1]【李賢注】范曄父名泰，故改爲此"太"。鄭公業之名亦同焉（焉，大德本、殿本作"也"）。
　　[2]【李賢注】介休（介，大德本、殿本作"界"，可從），今汾州縣。【今注】太原：郡名。治晉陽縣（今山西太原市西南）。界休：縣名。治所在今山西介休市東南。
　　[3]【今注】孤：漢代父親去世也可稱"孤"。

[4]【李賢注】《蒼頡篇》曰："廷,直也。"《説文》:"廷,朝中也。"《風俗通》:"廷,正也。言縣廷、郡廷、朝廷,皆取平均正直也。"【今注】給事:即給役,可以給事中央,也可以給事州郡縣。長沙走馬樓三國吳簡中有"給"吏,或是"給州吏""給郡吏""給縣吏""給軍吏""給縣卒""給州卒""給卒",或是"給驛兵""給鹽兵""給習射""給子弟佃客""給子弟""給私學""給關父"等。學界一般認爲孫吳的給役制度繼承自漢代,給吏本身不是吏,但可以轉變成正式的吏。 縣廷:古代縣官行使政令的場所。

[5]【今注】斗筲之役:泛指地位低下、報酬極少的差事。

[6]【今注】成皋:縣名。治所在今河南滎陽市氾水鎮西。屈伯彦:姓屈,字伯彦,名及事迹不詳。

[7]【今注】墳籍:代指古代典籍。

[8]【今注】案,王先謙《後漢書集解》引周壽昌言:"音制即音聲儀制也。"言,紹興本、大德本、殿本作"音",可從。

[9]【今注】河南尹:此爲官名。行政區河南尹的最高長官。本書《百官志四》:"河南尹一人,主京都,特奉朝請。其京兆尹、左馮翊、右扶風三人,漢初都長安,皆秩中二千石,謂之三輔。中興都雒陽,更以河南郡爲尹,以三輔陵廟所在,不改其號,但減其秩。"其屬京畿,故不稱郡,地位高於郡守。 李膺:字元禮,潁川襄城(今河南襄城縣)人。東漢名士。傳見本書卷六七。

[10]【今注】衣冠:代指士大夫。

　　司徒黄瓊辟,[1]太常趙典舉有道。[2]或勸林宗仕進者,對曰:"吾夜觀乾象,[3]晝察人事,天之所廢,不可支也。"[4]遂並不應。性明知人,好獎訓士類。身長八尺,容貌魁偉,褒衣博帶,[5]周遊郡國。嘗於陳梁間行遇雨,巾一角墊,[6]時人乃故折巾一角,以爲"林宗巾"。其見慕皆如此。[7]或問汝南范滂曰:[8] "郭林宗何如人?"滂曰:"隱不違親,[9]貞不絕俗,[10]天子不得臣,諸侯不得友,吾不知其它。"[11]後遭母憂,有至孝稱。[12]林宗雖善人倫,而不爲危言覈論,[13]故宦官擅政而不能傷也。及黨事起,知名之士多被其害,唯林宗及汝南袁閎得免焉。[14]遂閉門教授,弟子以千數。[15]

[1]【今注】司徒:官名。東漢三公之一,西漢哀帝元壽二年(前1)改丞相爲大司徒,掌教化、刑罰。本書《百官志一》載:"司徒,公一人。本注曰:掌人民事。凡教民孝悌、遜順、謙儉、養生送死之事,則議其制,建其度。凡四方民事功課,歲盡則奏其殿最而行賞罰。凡郊祀之事,掌省牲視濯,大喪則掌奉安梓宮。凡國有大疑大事,與太尉同。世祖即位,爲大司徒,建武二十七年,去'大'。" 黃瓊:字世英,江夏安陸(今湖北雲夢縣)人。傳見本書卷六一。 辟:即辟除,漢代選官制度之一。三公以下任用屬吏稱爲"辟"。

[2]【今注】太常:官名。九卿之一,掌宗廟禮儀,兼管教育。本書《百官志二》載:"太常,卿一人,中二千石。本注曰:掌禮儀祭祀,每祭祀,先奏其禮儀;及行事,常贊天子。每選試博士,奏其能否。大射、養老、大喪,皆奏其禮儀。每月前晦,察行陵廟。" 趙典:字仲經,蜀郡成都(今四川成都市武侯區)人。傳見本書卷二七。王先謙《後漢書集解》引惠棟言:"語曰:'天下才英趙仲經。'" 舉:即察舉,漢代選官制度之一。地方郡國向中央舉薦人才,常科有孝廉、茂才等,特科有賢良、方正、文學、明經等。 有道:東漢選官科目之一。指明習圖讖占象,有道術。

[3]【今注】乾象:天象。

[4]【李賢注】《左傳》晉汝叔寬之詞。支猶持也。【今注】

支：支撐、維持。《廣韻·支韻》：“支，支持也。”

　　[5]【今注】褒衣博帶：寬大衣服，代指古代儒生的裝束。

　　[6]【李賢注】音丁念反。周遷《輿服雜事》曰（事，殿本作“字”，不從）：“巾以葛爲之，形如帕（帕，紹興本、大德本、殿本、中華本皆作‘帢’，可從），音口洽反。本居士野人所服。魏武造帢，其巾乃廢。今國子學生服焉。以白紗爲之。”

　　[7]【李賢注】《泰別傳》曰：“泰名顯，士爭歸之，載剌常盈車。”

　　[8]【今注】汝南：郡名。治平輿縣（今河南平輿縣北）。范滂：字孟博，汝南征羌（今河南商水縣西）人。東漢名士。傳見本書卷六七。

　　[9]【李賢注】介推之類。【今注】隱不違親：隱居也不放棄贍養父母的義務。違，違背，放棄。

　　[10]【李賢注】柳下惠之類。【今注】貞不絕俗：品德高尚但並不與世隔絕。絕，隔絕，斷絕。

　　[11]【李賢注】《禮記》曰：“儒有上不臣天子，下不事諸侯。”【今注】天子不得臣諸侯不得友：天子不能使他成爲臣子，諸侯不能使他成爲朋友。

　　[12]【李賢注】《謝承書》曰：“遭母憂，歐血發病，歷年乃瘳。”

　　[13]【李賢注】《禮記》曰：“擬人必於其倫。”鄭玄注曰：“倫猶類也。”《論語》孔子曰：“邦有道，危言危行。邦無道，危行言遜。”覈猶實也。【今注】危言：正直急切之言。　覈論：深刻的評論。

　　[14]【今注】袁閎：字夏甫，汝南汝陽（今河南商水縣西北）人。傳見本書卷四五。

　　[15]【今注】案，弟子，殿本作“子弟”，誤。

建寧元年，[1]太傅陳蕃、[2]大將軍竇武爲閹人所害，[3]林宗哭之於野，慟。[4]既而歎曰：“‘人之云亡，邦國殄瘁。’[5]‘瞻烏爰止，不知于誰之屋’耳。”[6]

[1]【今注】建寧：東漢靈帝劉宏年號（168—172）。

[2]【今注】太傅：官名。皇帝之師，位於三公之上，地位尊崇，但不常置。本書《百官志一》載：“太傅，上公一人。本注曰：掌以善導，無常職。世祖以卓茂爲太傅，薨，因省。其後每帝初即位，輒置太傅録尚書事，薨，輒省。” 陳蕃：字仲舉，汝南平輿（今河南平輿縣北）人。有“不畏強暴陳仲舉”之美譽。傳見本書卷六六。

[3]【今注】竇武：字游平，右扶風平陵（今陝西咸陽市西北）人。傳見本書卷六九。

[4]【今注】慟：大哭，悲傷至極。

[5]【李賢注】《詩·大雅》之詞。【今注】殄（tiǎn）瘁：困苦，困病。

[6]【李賢注】《詩·小雅》也。言不知王業當何所歸。【今注】案，曹金華《後漢書稽疑》言《詩·小雅·正月》作“瞻烏爰止，於誰之屋”，《後漢紀》卷二三作“未知‘瞻烏爰止，於誰之屋’”（中華書局 2014 年版，第 895 頁）。瞻烏爰止，於誰之屋，形容百姓渴望明君而歸服。

明年春，卒于家，時年四十二。四方之士千餘人，皆來會葬。[1]同志者乃共刻石立碑，蔡邕爲其文，[2]既而謂涿郡盧植曰：[3]“吾爲碑銘多矣，皆有慙德，[4]唯郭有道無愧色耳。”

[1]【李賢注】《謝承書》曰："泰以建寧二年正月卒，自弘農函谷關以西，河内陽陰以比（陽，紹興本、大德本、殿本作'湯'，可從；比，紹興本、大德本、殿本作'北'，可從），二千里負笈荷擔彌路（擔，大德本作'檐'，可從），柴車葦裝塞塗，蓋有萬數來赴。"【今注】案，郭泰卒日有多種記載，曹金華《後漢書稽疑》認爲，蔡邕所撰《郭泰碑》作"建寧二年正月乙亥卒"，而《二十史朔閏表》言該年正月甲辰朔，二月癸酉朔，"乙亥"爲二月初三；《金鄉長侯成碑》載"建寧二年歲在己酉，四月二日癸酉遭疾而卒"，可證《二十史朔閏表》不誤；王先謙《後漢書集解》引惠棟説認爲《水經注》作郭泰"四年正月丁亥"，"丁亥"爲該月 26 日；如果認爲"四年"應爲"二年"，但二年正月無"丁亥"（第 895—896 頁）。是以郭泰卒日暫存疑。

[2]【今注】蔡邕：字伯喈，陳留圉（今河南杞縣南）人。傳見本書卷六〇下。　案，大德本、殿本脱"其"字。

[3]【今注】涿郡：治涿縣（今河北涿州市）。　盧植：字子幹，涿郡涿人。傳見本書卷六四。

[4]【今注】慙德：此指言行、修養不足而心中有愧。

　　其獎拔士人，皆如所鑒。[1]後之好事，[2]或附益增張，[3]故多華辭不經，[4]又類卜相之書。今録其章章效於事者，著之篇末。[5]

[1]【李賢注】《謝承書》曰："泰之所名，人品乃定，先言後驗，衆皆服之。故適陳留則友符偉明，遊大學則師仇季智（大，紹興本、大德本、殿本皆作'太'，可從），之陳國則親魏德公，入汝南則交黃叔度。初，太始至南州（太，大德本、殿本作'大'，不從），過袁奉高，不宿而去；從叔度，累日不去。或以問太。太曰：'奉高之器，譬之泛濫，雖清而易挹。叔度之器（大

德本脱"之"字），汪汪若千頃之陂，澄之不清，撓之不濁（撓，
紹興本、大德本、中華本作"擾"，可從），不可量也。'已而果
然，太以是名聞天下。"【今注】鑒：品鑒、評價人物。

　[2]【今注】好事：好事者。熱衷於此事之人。

　[3]【今注】附益：附會，誇大其辭。

　[4]【今注】華辭不經：辭藻華麗但不合常理。

　[5]【李賢注】章章猶昭昭也。【今注】效：驗證，證明。《廣
雅·釋言》："效，驗也。"　　案，者著，底本脱，今據諸本補。

　　左原者，陳留人也。爲郡學生，[1]犯法見斥。林宗
嘗遇諸路，爲設酒肴以慰之。謂曰："昔顔涿聚梁甫之
巨盜，段干木晉國之大駔，卒爲齊之忠臣，魏之名
賢。[2]蘧瑗、顔回尚不能無過，況其餘乎？[3]慎勿恚
恨，[4]責躬而已。"原納其言而去。或有譏林宗不絶惡
人者。[5]對曰："人而不仁，疾之以甚，亂也。"[6]原後
忽更懷忿，結客欲報諸生。[7]其日林宗在學，原愧負前
言，因遂罷去。後事露，衆人咸謝服焉。

　　[1]【今注】郡學生：西漢武帝時期在中央興太學，在地方郡
國也建有學校，稱"郡國學"。郡國學的學生稱爲"文學弟子"，
或稱"郡學生"。

　　[2]【李賢注】《呂氏春秋》曰："顔涿聚，梁父大盜也，學
於孔子。"《左傳》曰："晉伐齊，戰于黎丘，齊師敗績，親禽顔
庚。"杜預注曰："黎丘，隰也。顔庚，齊大夫顔涿聚也。"又曰：
"晉荀瑤伐鄭，鄭駟弘請救於齊。齊師將興，陳成子屬孤子，三日
朝，設乘車兩馬，繫五邑焉。召顔涿聚之子晉，曰：'隰之役，而
父死焉，以國之多難，未汝恤也。今君命汝以是邑也（大德本、

殿本句末脱"也"字），服車而朝，無廢前勞。'"《吕氏春秋》曰："段干木，晉國之駔。"《説文》曰："駔，會也。謂合兩家之賣買，如今之度市也。"《新序》曰"魏文侯過段干木之閭而軾之，遂致禄百萬，而時往問之。國人皆喜，相與誦之曰：'吾君好正，段干木之敬；吾君好忠，段干木之隆。'秦欲攻魏，司馬唐諫曰：'段干木賢者也，而魏禮之，天下莫不聞，無乃不可加兵乎？'秦君以爲然"也。駔音子朗反。【今注】駔（zǎng）：馬匹交易的經紀人。

[3]【李賢注】《論語》曰："蘧伯王使人於孔子（王，大德本、殿本作'玉'，可從），問之曰：'夫子何爲？'對曰：'夫子欲寡其過而未能也。'"又曰："顔回好學，不貳過。"【今注】蘧（qú）瑗：即蘧伯玉，春秋末期衛國大夫，爲人勤於改過，知進退，被延陵季子稱爲"君子"。　顔回：一作顔淵，字子淵。孔子弟子，貧而好學，以德行著稱。

[4]【今注】恚（huì）：憤怒，怨恨。

[5]【今注】絶：斷絶往來，遠離。

[6]【李賢注】《論語》孔子之言也。鄭玄注云："不仁之人，當以風化之。若疾之以甚（以，大德本作'巳'，殿本作'已'，從'已'），是益使爲亂也。"【今注】案，此出自《論語·泰伯》。以，大德本、殿本作"已"，可從。

[7]【今注】結客：結集賓客。　報：報復。

　　茅容字季偉，[1]陳留人也。年四十餘，耕於野，時與等輩避雨樹下，衆皆夷踞相對，[2]容獨危坐愈恭。[3]林宗行見之而奇其異，遂與共言，因請寓宿。旦日，[4]容殺雞爲饌，[5]林宗謂爲己設，既而以供其母，[6]自以草蔬與客同飯。[7]林宗起拜之曰："卿賢乎哉！"因勸令學，卒以成德。

[1]【今注】案，王先謙《後漢書集解》校補言"偉"一作
"瑋"。

[2]【李賢注】夷，平也。《説文》曰："踞，蹲也。"【今注】
夷踞：兩脚伸開坐在地上，形容姿態隨意，不拘小節。案，曹金華
《後漢書稽疑》言《太平御覽》卷八四七引《謝承書》作"箕踞"，
《後漢書》卷二三作"踐蹲"（第 897 頁）。

[3]【今注】危坐：古人以兩膝着地、聳起上身的坐法爲"危
坐"，表示嚴肅恭敬。

[4]【今注】旦日：此指第二天。

[5]【今注】饌（zhuàn）：飯食，食物。《玉篇・食部》："饌，
飯食也。"

[6]【今注】供：供奉，贍養。《廣雅・釋言》："供，養也。"
案，供，殿本作"共"，二字通假。

[7]【李賢注】草，麤也。【今注】草蔬：代指粗劣的飯菜。
草，粗劣。蔬，蔬菜。案，曹金華《後漢書稽疑》言《太平御覽》
卷八四七引謝承《後漢書》作"菜蔬"（第 897 頁）。

　　孟敏字叔達，鉅鹿揚氏人也。[1]客居太原。荷甑墮
地，[2]不顧而去。林宗見而問其意。對曰："甑以破
矣，[3]視之何益?"林宗以此異之，因勸令遊學。十年
知名，三公俱辟，並不屈云。

[1]【李賢注】《十三州志》曰，揚氏縣在魏郡比也（揚，大
德本、殿本皆作"楊"，可從；在，紹興本作"在今"，可從；比
也，大德本作"北地"，殿本作"北也"，後者可從）。【今注】鉅
鹿：郡名。治廮陶縣（今河北寧晉縣西南）。　揚氏：即楊氏，縣
名。治所在今河北寧晉縣。

[2]【今注】甑（zèng）：甑有兩種義項：一爲蒸食飲器。《説

文解字·瓦部》：“甑，甗也。”其底部有許多透蒸氣的小孔，類似現在的蒸籠。二爲盛物的瓦器。此處“甑”或爲後一種義項。

[3]【今注】案，以，大德本、殿本作“已”，可從。

庾乘字世遊，潁川鄢陵人也。[1]少給事縣廷爲門士。[2]林宗見而拔之，勸遊學宫，[3]遂爲諸生傭。後能講論，自以卑第，每處下坐，[4]諸生博士皆就讎問，[5]由是學中以下坐爲貴。後徵辟並不起，[6]號曰“徵君”。

[1]【今注】潁川：郡名。治陽翟縣（今河南禹州市）。 鄢陵：縣名。治所在今河南鄢陵縣西北。

[2]【李賢注】士即門卒。【今注】案，廷，大德本、殿本作“庭”，不從。 門士：門卒，守衛縣廷門之卒，猶如門衛。

[3]【今注】學宫：官府辦理的學校，如中央的太學，地方的郡國學等。

[4]【今注】下坐：末座，最後的位置。

[5]【今注】博士：官名。屬太常。秦漢皆置，掌教育弟子，備皇帝諮詢。本書《百官志二》載：“博士十四人，比六百石。本注曰：……掌教弟子。國有疑事，掌承問對。本四百石，宣帝增秩。”

讎問：即像仇人一樣辯問，形容雙方激烈辯論的場景。讎，同“仇”。

[6]【今注】案，大德本、殿本無“後”字。 徵辟：漢代重要選官制度。徵即徵召，皇帝徵召有才能或有德望之人爲官。辟即辟除，三公以下任用屬吏稱爲“辟”。

宋果字仲乙，[1]扶風人也。[2]性輕悍，憙與人報讎，[3]爲郡縣所疾。林宗乃訓之義方，懼以禍敗。果感悔，叩頭謝負，遂改節自勑。[4]後以烈氣聞，辟公府，侍御史、并州刺史，[5]所在能化。[6]

[1]【李賢注】《謝承書》“乙”作“文”。

[2]【今注】扶風：即“右扶風”，政區名。三輔之一，治槐里縣（今陝西興平市東南）。長官亦稱“右扶風”。

[3]【今注】讎：同“仇”。此爲仇恨之意。

[4]【今注】勑（chì）：同“敕”。告誡，勉勵。

[5]【今注】侍御史：官名。御史中丞屬官，負責監察百官，接受百官奏事。本書《百官志三》：“侍御史十五人，六百石。本注曰：掌察舉非法，受公卿群吏奏事，有違失舉劾之。凡郊廟之祠及大朝會、大封拜，則二人監威儀，有違失則劾奏。”案，曹金華《後漢書稽疑》認爲，據文意“侍御史”前脫“爲”字（第898頁），可從。　刺史：官名。西漢武帝時始置，秩六百石，監察州二千石官員，東漢後期發展爲一州最高長官。詳見本書《百官志五》。

[6]【今注】所在：即所任官之地。　能化：即能教化民衆。案，化，大德本作“治”，當爲避唐代李治之諱而改。

賈淑字子厚，[1]林宗鄉人也。雖世有冠冕，而性險害，邑里患之。[2]林宗遭母憂，淑來修弔，既而鉅鹿孫威直亦至。[3]威直以林宗賢而受惡人弔，心怪之，不進而去。[4]林宗追而謝之曰：“賈子厚誠實凶德，然洗心向善。仲尼不逆互鄉，故吾許其進也。”[5]淑聞之，改過自厲，終成善士。鄉里有憂患者，淑輒傾身營救，爲州閭所稱。[6]

　　[1]【今注】子厚：王先謙《後漢書集解》引惠棟曰：“袁宏《後漢紀》作‘子序’。”

　　[2]【李賢注】《謝承書》曰：“淑爲舅宋瑗報讎於縣中，爲吏所捕，繫獄當死。泰與語，淑慙惻流涕。泰詣縣令應操，陳其報怨蹈義之士。被赦，縣不宥之，郡上言，乃得原。”【今注】冠冕：代指官宦之家。　邑里：鄉里。

　　[3]【今注】孫威直：威直當爲其字，名及事迹不詳。案，王先謙《後漢書集解》引惠棟言《郭泰別傳》“威”作“咸”。

　　[4]【今注】案，曹金華《後漢書稽疑》言《後漢紀》卷二三作“不辭而去”，據文意認爲“進”當爲“辭”（第 898 頁）。今案：“不進而去”似更符合孫威直見惡人來吊唁、臨門不進憤而離去的態度。

　　[5]【李賢注】互鄉，鄉名。“互鄉難與言，童子見，門人惑。孔子曰：‘人潔己以進，與其進，不保其往。’”【今注】互鄉：《論語·述而》：“互鄉難與言，童子見，門人惑。子曰：‘與其進也，不與其退也，唯何甚！人潔己以進，與其潔也，不保其往也。’”鄭玄注曰：“互鄉，鄉名也。其鄉人言語自專，不達時宜。”後也代指鄙俗之鄉。賈淑與郭泰爲同鄉，其居住之鄉不應是鄙俗之鄉，故此當理解爲同鄉。

　　[6]【今注】州閭：代指鄉里。

　　史叔賓者，陳留人也。少有盛名。林宗見而告人曰：“牆高基下，雖得必失。”後果以論議阿枉敗名云。

　　黃允字子艾，[1]濟陰人也。[2]以儁才知名。林宗見而謂曰：“卿有絕人之才，足成偉器。然恐守道不篤，將失之矣。”後司徒袁隗欲爲從女求姻，[3]見允而歎曰："得壻如是足矣。"^[4]允間而黜遣其妻夏侯氏。婦謂姑曰：^[5]"今當見弃，方與黃氏長辭，乞一會親屬，以展離訣之情。"於是大集賓客三百餘人，^[6]婦中坐，攘袂數允隱匿穢惡十五事，言畢，登車而去。允以此廢於時。

[1]【今注】案，王先謙《後漢書集解》引惠棟言《袁紀》"子艾"作"元艾"。

[2]【今注】濟陰：郡名。治定陶縣（今山東菏澤市定陶區西北）。

[3]【今注】袁隗：字次陽，汝南汝陽（今河南商水縣西北）人。官至太傅，後被董卓所殺。 從女：姪女。案，曹金華《後漢書稽疑》言《後漢紀》卷二三作"女"（第898頁）。

[4]【今注】壻：同"婿"，女婿。《説文》："婿，壻或從女。"

[5]【今注】婦謂姑：古代稱兒媳爲"婦"，婆婆爲"姑"。或爲人妻者自稱"婦"，稱丈夫的妹妹爲"姑"。此"婦""姑"當爲婆媳關係。

[6]【今注】案，王先謙《後漢書集解》校補引柳從辰言《袁紀》作"請親屬及賓客二十餘人"，與此不同。

謝甄字子微，汝南召陵人也。^[1]與陳留邊讓並善談論，^[2]俱有盛名。每共候林宗，未嘗不連日達夜。林宗謂門人曰："二子英才有餘，而並不入道，惜乎！"甄後不拘細行，^[3]爲時所毀。讓以輕侮曹操，操殺之。

[1]【今注】召陵：縣名。或寫作"邵陵"，治所在今河南漯河市郾城區東。

[2]【今注】邊讓：字文禮，陳留浚儀（今河南開封市）人。傳見本書卷八〇下。

[3]【今注】細行：小事，小節。

王柔字叔優，弟澤，字季道，林宗同郡晉陽縣人也。[1]兄弟總角共候林宗，[2]以訪才行所宜。林宗曰："叔優當以仕進顯，季道當以經術通，[3]然違方改務，亦不能至也。"後果如所言，柔爲護匈奴中郎將，[4]澤爲代郡太守。[5]

[1]【今注】晉陽縣：治所在今山西太原市西南。

[2]【今注】總角：古代兒童將頭髮分作左右兩半，在頭頂各紮成一個結，形如兩個羊角，故稱"總角"，代指八九歲至十三四歲的少年。

[3]【今注】通：亨通，顯達。

[4]【今注】護匈奴中郎將：也稱"使匈奴中郎將"，掌監護南匈奴。本書《百官志五》："使匈奴中郎將一人，比二千石。本注曰：主護南單于。置從事二人，有事隨事增之，掾隨事爲員。護羌、烏桓校尉所置亦然。"

[5]【今注】代郡：時治高柳縣（今山西陽高縣）。

又識張孝仲芻牧之中，[1]知范特祖郵置之役，[2]召公子、許偉康並出屠酤，[3]司馬子威拔自卒伍，[4]及同郡郭長信、王長文、韓文布、李子政、曹子元，定襄周康子，西河王季然，雲中丘季智、郝禮真等六十人，並以成名。[5]

[1]【今注】張孝仲：字孝仲。名及事迹不詳。　芻牧：割草放牧，代指農牧等事。

　　[2]【李賢注】《説文》曰："郵，境上傳書舍也。"《廣雅》曰："郵，驛也。"置亦驛也。《風俗通》曰："漢故郵爲置（故，紹興本、大德本、殿本作'改'，可從）。置者，度其遠近之間置之也。"【今注】范特祖：特祖當爲其字。名及事迹不詳。　郵置之役：指從事郵驛傳遞的差役。郵置，郵驛機構名稱，漢代郵與置並存。張家山漢簡《二年律令·行書律》載："十里置一郵。南郡江水以南至索（?）南水，廿里置一郵"，"一郵十二室。長安廣郵廿四室，敬（警）事郵十八室。有物故、去，輒代者有其田宅。有息，户勿減。令郵人行制書、急書，復，勿令爲它事。畏害及近邊不可置郵者，令門亭卒、捕盜行之。北地、上、隴西，卅里一郵；地險陜不可郵者，得進退就便處。郵各具席，設井磨。吏有縣官事而無僕者，郵爲炊；有僕者，叚（假）器，皆給水漿。"張家山漢簡《津關令》又載："十六、相國上長沙丞相書言，長沙地卑濕，不宜馬，置缺不備一駟，未有傳馬，請得買馬十，給置傳，以爲恒。·相國、御史以聞，請許給買馬。·制曰：可。"〔參見張家山二四七號漢墓竹簡整理小組編著《張家山漢墓竹簡［二四七號墓］》（釋文修訂本），文物出版社2006年版，第45、87頁〕懸泉漢簡中在懸泉置之外有石靡郵、平望郵、懸泉郵等。郵和置都屬於郵驛系統，郵多用郵人傳遞文書，置則多用傳馬。長沙五一廣場東漢簡有"郵人""都郵卒""郵亭掾""東部郵亭掾"等，爲東漢後期"郵"的吏員設置。據懸泉漢簡可知，置設有嗇夫、丞、佐等職官。

　　[3]【今注】召公子許偉康：俱人名。偉康當爲其字，事迹不詳。　屠酤：指屠夫和賣酒的人，泛指卑賤的職業。酤，大德本、殿本作"沽"，不從。

　　[4]【今注】司馬子威：子威當爲字。名及事迹不詳。　卒

伍：古代軍隊編制中五人爲伍，百人爲卒，此代指軍隊，行伍。

[5]【李賢注】《謝承書》曰："太原郭長信、王長文、長文弟子師、韓文布、李子政（李，大德本作'季'，不從）、曹子元，定襄周康子，西河王季然，雲中丘季智名靈舉。子師位至司徒，季然北地太守，其餘多典州郡者。"【今注】郭長信王長文韓文布李子政曹子元：俱爲人名。長信、長文、文布、子政、子元當爲其字。事迹不詳。　定襄：郡名。治善無縣（今山西右玉縣西）。

周康子：康子爲其字。名及事迹不詳。　西河：郡名。治離石縣（今山西吕梁市離石區）。　王季然：季然爲其字。後爲北地太守，其他不詳。　雲中：郡名。治雲中縣（今内蒙古托克托縣古城村）。

丘季智郝禮真：俱爲人名。季智、禮真當爲其字。事迹不詳。

論曰：莊周有言，人情險於山川，以其動静可識，而沈阻難徵。[1]故深厚之性，詭於情貌；[2]"則哲"之鑒，惟帝所難。[3]而林宗雅俗無所失，[4]將其明性特有主乎？然而遜言危行，[5]終亨時晦，[6]恂恂善導，[7]使士慕成名，雖墨、孟之徒，不能絶也。[8]

[1]【李賢注】徵，明也。沈，深也。【今注】沈阻：阻隔很深。

[2]【李賢注】詭，違也。【今注】詭於情貌：即人善於僞裝，難以識别其真實想法。詭，欺詐，虛假。《玉篇·言部》："詭，欺也，謾也。"

[3]【李賢注】帝謂堯也。《書》曰："知人則哲，惟帝爲難（帷，紹興本、大德本、殿本作'惟'，可從）。"【今注】惟：此作連詞，表讓步關係，相當於"即使""雖然"。

[4]【今注】雅俗：此代指儒生與其他低賤職業的人。

[5]【今注】遜言危行：言語謙遜，行爲正直。

[6]【李賢注】亨，通也。【今注】時晦：順時隱晦。

[7]【今注】恂恂善導：同“循循善誘”。

[8]【李賢注】墨翟、孟軻也。絕，過也。【今注】墨孟：即墨子、孟子。墨子，《呂氏春秋·慎大覽》高誘注、《荀子·修身》楊倞注認爲其爲魯國人，《昭明文選·長笛賦》李善注認爲其爲宋國人，清代學者畢沅《墨子注序》認爲其爲楚國魯陽人。墨子生活在孔子之後，孟子之前，出身低微，做過宋國的大夫，創立墨家學派，有《墨子》一書傳世，主張“兼愛”“非攻”“尚賢”“尚同”“節葬”“節用”等。孟子，儒家代表人物，有“亞聖”之稱，主張“仁政”，有《孟子》一書傳世，傳見《史記》卷七四。 絕：超過。

符融字偉明，陳留浚儀人也。[1]少爲都宫吏，恥之，委去。[2]後遊太學，[3]師事少府李膺。膺風性高簡，[4]每見融，輒絕它賓客，聽其言論。融幅巾奮襃，談辭如雲，[5]膺每捧手歎息。郭林宗始入京師，時人莫識，融一見嗟服，因以介於李膺，由是知名。[6]

[1]【今注】浚儀：縣名。治所在今河南開封市鼓樓區。

[2]【李賢注】《續漢志》曰：“都官從事，主察舉百官犯法者。”融恥爲其吏而去。【今注】都宫：當爲都官，又稱“中都官”，直屬中央官府的機構。《漢書》卷七《昭帝紀》顏師古注言：“中都官，京師諸官府。”宫，紹興本、大德本、殿本作“官”，可從。

[3]【今注】太學：國家最高學府，西漢武帝元朔五年（前124）設置太學，設立五經博士，後因戰亂一度衰落，東漢光武帝建武五年（29）恢復了太學。

[4]【今注】風性：作風品性。案，風，殿本作“夙”，不從。

　　[5]【李賢注】幅巾者，以一幅爲之也。褒，古袖字。如雲者，奔踊而出也。

　　[6]【李賢注】古曰相月（曰，紹興本、大德本、殿本作“人”，可從；月，紹興本、大德本、殿本作“見”，可從），必因紹介。介，因也，言因此人以相接見也。《謝承書》曰：“融見林宗，便與之交。又紹介於膺，以爲海之明珠，未燿其光，鳥之鳳皇，羽儀未翔。膺與林宗相見（膺，紹興本、大德本、殿本作‘膺’，可從），待以師友之禮，遂颷名天下（颷，紹興本、大德本、殿本作‘振’，可從），融之致也。”【今注】介：介紹。《玉篇·人部》：“介，紹也。”

　　時漢中晉文經、梁國黄子艾，[1]並恃其才智，炫燿上京，[2]臥託養疾，無所通接。洛中士大夫好事者，承其聲名，坐門問疾，猶不得見。[3]三公所辟召者，輒以詢訪之，隨所臧否，[4]以爲與奪。[5]融察其非真，乃到太學，并見李膺曰：“二子行業無聞，以豪桀自置，遂使公卿問疾，王臣坐門。融恐其小道破義，空譽違實，特宜察焉。”膺然之。二人自是名論漸衰，實徒稍省，[6]旬日之閒，憖歎逃去。後果爲輕薄子，[7]並以罪廢弃。

　　[1]【今注】漢中：郡名。治南鄭縣（今陝西漢中市漢臺區）。　晉文經：文經爲其字。名及事迹不詳。　梁國：王國名。治下邑縣（今安徽碭山縣東）。　黄子艾：子艾爲其字。名及事迹不詳。

　　[2]【今注】炫燿：誇耀。　上京：此指東漢都城洛陽。

　　[3]【李賢注】《謝承書》曰：“文經、子艾，燿名遠近，聲價已定，徵辟不就，瘦病京師（瘦，紹興本、大德本、殿本作

'療'，可從），不通賓客。公卿將相大夫遣門生旦暮問疾，郎吏公府掾屬雜坐其門，不得見也。"

[4]【今注】臧否：品評，褒貶。

[5]【今注】與奪：取舍，裁定。

[6]【今注】實徒：實，紹興本、大德本、殿本作"賓"，可從。賓徒，賓客門徒。

[7]【今注】輕薄子：言行放蕩、不守禮制的人。

融益以知名。州郡禮請，舉孝廉，[1]公府連辟，皆不應。太守馮岱有名稱，到官，請融相見。融一往，薦達郡士范冉、韓卓、孔伷等三人，[2]因辭病自絕。會有黨事，亦遭禁錮。[3]

[1]【今注】孝廉：漢代察舉選官科目，指孝子廉吏。

[2]【李賢注】伷音胄。《謝承書》曰："馮岱字德山。性忼慨，有文武異才。既到官（殿本無'既'字），融往相見，薦范冉為功曹，韓卓為主簿，孔伷為上計吏。"《袁山松書》曰："卓字子助。臘日，奴竊食祭其先，卓義其心，即日免之。"【今注】郡士：郡（此為陳留郡）的士人。　范冉：字史雲，陳留外黃（今河南蘭考縣東南）人。傳見本書卷八一。案，曹金華《後漢書稽疑》認為"冉"當為"丹"（第899頁）。　韓卓：字子助，陳留郡（今河南開封市祥符區東南）人。東漢靈帝時為大將軍掾，後曾建議鮮卑護衛三輔，未被采納。　孔伷：字公緒，陳留郡人。後任豫州刺史，曾與袁紹等人起兵討伐董卓，推舉袁紹為盟主。

[3]【今注】禁錮：禁止做官和參與政治活動。

妻亡，貧無殯斂，鄉人欲為具棺服，[1]融不肯受。

曰：“古之亡者，弃之中野。[2]唯妻子可以行志，[3]但即土埋藏而已。”[4]

[1]【今注】具：準備，置辦。《廣韻·遇韻》：“具，備也，辦也。”

[2]【李賢注】《易·繫詞》曰（詞，大德本、殿本作“辭”，可從）：“古之葬者，厚衣以薪，葬之中野（葬，大德本、殿本作‘弃’，不從）。”【今注】中野：荒野之中。

[3]【今注】行志：按自己意志行事。

[4]【李賢注】《謝承書》（大德本、殿本“書”字後有“曰”字，可從）：“潁川張元祖，志行士也，來存融，弔其妻亡，知其如此，謂言‘足下欲尚古道（尚，大德本、殿本作“上”，不從），非不清妙；且禮設棺槨，制杖章（章，曹金華《後漢書稽疑》贊成清人汪文臺所輯《謝承書》改爲“衰”，不從），孔子曰“吾從周”’。便推所乘羸牛車（牛車，大德本、殿本作‘車牛’，不從），命融以給殯，融受而不辭也。”

融同郡田盛，字仲嚮，與郭林宗同好，亦名知人，[1]優遊不仕，並以壽終。

[1]【今注】知人：能鑒別人的才能品行。

許劭字子將，[1]汝南平輿人也。[2]少峻名節，好人倫，多所賞識。若樊子昭、和陽士者，並顯名於世。[3]故天下言拔士者，咸稱許、郭。

[1]【今注】案，劭，大德本作“邵”，不從。

[2]【李賢注】輿音預。【今注】平輿：縣名。汝南郡治，治所在今河南平輿縣北。

[3]【李賢注】《魏志》曰："和洽字陽士，汝南西平人也。初舉孝廉，大將軍辟，不就。魏國建，爲侍中。"【今注】樊子昭：子昭爲其字。初爲小販，後爲許邵賞識，得以爲官，其他不詳。和陽士：人名。其他不詳。

初爲郡功曹，[1]太守徐璆甚敬之。[2]府中聞子將爲吏，莫不改操飾行。同郡袁紹，公族豪俠，去濮陽令歸，[3]車徒甚盛，將入郡界，乃謝遣賓客，曰："吾輿服豈可使許子將見。"遂以單車歸家。

[1]【今注】功曹：官名。漢代郡縣屬吏之首，掌官吏選舉、獎罰等，有功曹掾、功曹史等，簡稱"功曹"。

[2]【李賢注】璆音求，又巨秋反。【今注】徐璆（qiú）：字孟玉，廣陵海西（今江蘇灌南縣東南）人。傳見本書卷四八。

[3]【今注】案，曹金華《後漢書稽疑》言本書卷七四《袁紹傳》、《北堂書鈔》卷一三九引《續漢書》、《魏志·袁紹傳》注引《英雄記》皆作"濮陽長"（第899頁）。今案，本書卷六八《許劭傳》言"同郡袁紹，公族豪俠，去濮陽令歸"，又《袁紹傳》載"紹少爲郎，除濮陽長"，濮陽"令""長"並記，是非難定，今存錄。《漢書·百官公卿表上》載："縣令、長，皆秦官，掌治其縣。萬戶以上爲令……減萬戶爲長。"東漢沿用其制，本書《百官志五》載："每縣、邑、道，大者置令一人，千石；其次置長，四百石；小者置長，三百石。"令、長皆爲縣的長官。濮陽，縣名。時爲東郡郡治。治所在今河南濮陽市華龍區西南。

　　劭嘗到潁川，多長者之遊，唯不候陳寔。[1] 又陳蕃喪妻還葬，鄉人必至，[2] 而劭獨不往。或問其故，劭曰：“太丘道廣，[3] 廣則難周；仲舉性峻，峻則少通。故不造也。”[4] 其多所裁量若此。[5]

　　[1]【今注】陳寔：字仲弓，潁川許（今河南許昌市建安區）人。傳見本書卷六二。

　　[2]【今注】案，必，大德本、殿本作“畢”，可從。

　　[3]【今注】太丘：縣名。治所在今河南永城市太丘鎮。陳寔曾爲太丘長，故以此代稱。

　　[4]【今注】造：造訪，拜訪。

　　[5]【今注】案，王先謙《後漢書集解》引劉攽言按文意“多”當在“量”字之後，可從。裁量，鑒別。

　　曹操微時，常卑辭厚禮，求爲己目。[1] 劭鄙其人而不肯對，[2] 操乃伺隙脅劭，[3] 劭不得已，曰：“君清平之姦賊，亂世之英雄。”操大悅而去。

　　[1]【李賢注】令品藻爲題目（令，大德本、殿本作“命”，未知孰是）。【今注】目：品評人物並給予評語。

　　[2]【今注】劭鄙其人而不肯對：王先謙《後漢書集解》引惠棟言：“郭攽《世語》云：‘橋元謂太祖：君未有名，可交許子將。太祖乃造子將，子將納焉。’與此異也。”劭，大德本作“邵”，不從。

　　[3]【今注】伺：伺機，等候。《玉篇·司部》：“伺，候也。”案，伺，大德本作“爲”，不從。

劭從祖敬，[1] 敬子訓，[2] 訓子相，[3] 並爲三公，相以能諂事宦官，[4] 故自致台司封侯，[5] 數遣請劭。劭惡其薄行，[6] 終不候之。

[1]【今注】敬：即許敬，字鴻卿。東漢順帝永建二年（127）七月庚子由光祿勳升爲司徒，永建四年十一月庚辰免官。

[2]【今注】訓：即許訓，字季師。東漢靈帝建寧二年（169）六月由太常升爲司徒，建寧四年三月免官。

[3]【今注】相：即許相，字公弼。東漢靈帝中平二年（185）十月庚寅由光祿勳升爲司空，中平四年五月改任司徒，中平五年八月罷官。

[4]【今注】諂事：阿諛奉承，逢迎侍奉。

[5]【今注】台司：泛指三公九卿等職。東漢尚書稱中台，御史稱憲台，謁者稱外台，合稱“三台”，三公也稱“三司”。

[6]【今注】薄行：品行不端，輕薄無行。

劭邑人李逵，壯直有高氣，劭初善之，而後爲隙，又與從兄靖不睦，[1] 時議以此少之。初，劭與靖俱有高名，好共覈論鄉黨人物，[2] 每月輒更其品題，[3] 故汝南俗有“月旦評”焉。[4]

[1]【李賢注】《蜀志》曰：“許靖字文休，少與從弟劭俱知名，並有人倫臧否之稱，而私情不協。劭爲郡功曹（劭，大德本作‘邵’，不從），排擯靖不得齒敘，以馬磨自給。”【今注】靖：即許靖，字文休。傳見《三國志》卷三八。　案，曹丕《典論》載：“汝南許劭與族兄靖俱避地江東，保吳郡，爭論於太守許貢坐，至於手足相及。”（曹丕撰，孫馮翼輯：《典論》，王雲五主編《典

論及其他三種》，商務印書館 1936 年版，第 10 頁）

[2]【今注】鄉黨：鄉里。

[3]【今注】品題：品評人物的題目。

[4]【今注】汝南俗有月旦評：葛洪《抱朴子·自叙》言："漢末俗弊，朋黨分部。許子將之徒，以口舌取戒，爭訟議論，門宗成讎，故汝南人士無復定價，而有月旦之評。魏武帝亦深疾之，欲取其首，爾乃奔波亡走，殆至屠滅。"（楊明照：《抱朴子外篇校箋（下）》，中華書局 1997 年版，第 680 頁）

司空揚彪辟，[1]舉方正、敦樸，[2]徵，[3]皆不就。或勸劭仕，對曰："方今小人道長，王室將亂，吾欲避地淮海，以全老幼。"乃南到廣陵。[4]徐州刺史陶謙禮之甚厚。[5]劭不自安，告其徒曰："陶恭祖外慕聲名，內非真正。待吾雖厚，其執必薄。不如去之。"遂復投揚州刺史劉繇於曲阿。[6]其後陶謙果捕諸寓士，[7]及孫策平吳，劭與繇南奔豫章而卒，[8]時年四十六。

[1]【今注】司空：官名。東漢三公之一，掌工程、祭祀等，地位尊崇。本書《百官志一》："司空，公一人。本注曰：掌水土事。凡營城起邑、浚溝洫、修墳防之事，則議其利，建其功。凡四方水土功課，歲盡則奏其殿最而行賞罰。凡郊祀之事，掌掃除樂器，大喪則掌將校復土。凡國有大造大疑，諫爭，與太尉同。世祖即位，爲大司空，建武二十七年，去‘大’。"　揚彪：字文先，弘農華陰（今陝西華陰市東）人。傳見本書卷五四。案，揚，大德本、殿本作"楊"，可從。

[2]【今注】舉：察舉，漢代選官制度之一，即地方郡國向中央舉薦人才，常科有孝廉、茂才等，特科有賢良、方正、文學、明

經等。 方正敦樸：察舉的重要科目。

[3]【今注】案，大德本、殿本無“徵”字。

[4]【今注】廣陵：時有廣陵郡和廣陵縣，據後文“南奔豫章”的記錄，此可能是廣陵郡，治廣陵縣（今江蘇揚州市西北）。

[5]【今注】陶謙：字恭祖，丹陽郡（今安徽宣城市宣州區）人。傳見本書卷七三、《三國志》卷八。

[6]【李賢注】繇字正禮。【今注】劉繇：字正禮，東萊牟平（今山東烟臺市西北）人。傳見《三國志》卷四九。 案，揚，大德本作“楊”，不從。 曲阿：縣名。治所在今江蘇丹陽市。

[7]【李賢注】寓，寄也。【今注】寓士：寄居的士人。

[8]【今注】豫章：郡名。治南昌縣（今江西南昌市東湖區）。

兄虔亦知名，汝南人稱平輿淵有二龍焉。[1]

[1]【李賢注】平輿故城今豫州汝陽縣東北（大德本、殿本“今”前有“在”字，可從），有二龍鄉、月旦里。

贊曰：林宗懷寶，[1]識深甄藻。[2]明發周流，永言時道。[3]符融鑒真，子將人倫。守節好恥，並亦逡巡。[4]

[1]【今注】懷寶：比如自藏其才。

[2]【李賢注】甄，明也。藻猶飾也。【今注】甄藻：鑒別人才。

[3]【李賢注】明發，發夕至明也。《呂氏春伙》曰（伙，紹興本、大德本、殿本作“秋”，可從）：“孔子周流天下（天下，《呂氏春秋·遇合》作‘海內’）。”

　　[4]【李賢注】逡巡，自退不仕也。【今注】逡（qūn）巡：亦作“逡循”，本指猶豫不決的樣子，此指自退不仕。

後漢書　卷六九

列傳第五十九

竇武　何進

竇武字游平，扶風平陵人，[1]安豐戴侯融之玄孫也。[2]父奉，定襄太守。[3]武少以經行著稱，[4]常教授於大澤中，不交時事，名顯關西。[5]

[1]【今注】扶風：即"右扶風"，政區名。三輔之一，治槐里縣（今陝西興平市東南）。長官亦稱"右扶風"。　平陵：西漢昭帝陵，後爲縣，治所在今陝西咸陽市西北。

[2]【今注】安豐戴侯融：即竇融，字周公。曾鎮撫河西、酒泉、張掖、敦煌、金城五郡，後降於光武帝劉秀，封安豐侯，食邑安豐（今河南固始縣東南）、陽泉（今安徽賀邱縣西北）、蓼（今河南固始縣北）、安風（今安徽賀邱縣西南）四縣，死後賜謚號戴侯。傳見本書卷二三。安豐侯爲縣侯，屬列侯的最高等，西漢列侯祇有縣侯一等，東漢分爲縣侯、鄉侯、亭侯三等。

[3]【今注】定襄：郡名。治善無縣（今山西右玉縣西）。

[4]【今注】經行：經學，品行。

[5]【今注】關西：東漢函谷關（今河南澠池縣東）以西的地區。

　　延熹八年，[1]長女選入掖庭，[2]桓帝以爲貴人，[3]拜武侍中。[4]其冬，貴人立爲皇后，武遷越騎校尉，[5]封槐里侯，[6]五千户。明年冬，拜城門校尉。[7]在位多辟名士，[8]清身疾惡，禮賂不通，妻子衣食裁充足而已。是時羌蠻寇難，歲儉民飢，武得兩宫賞賜，悉散與太學諸生，[9]及載肴糧於路，匄施貧民。[10]兄子紹，爲虎賁中郎將，[11]性疎簡奢侈。[12]武每數切厲相戒，猶不覺悟，乃上書求退紹位，又自責不能訓導，當先受罪。由是紹更遵節，大小莫敢違犯。

　　[1]【今注】延熹：東漢桓帝劉志年號（158—167）。

　　[2]【今注】掖庭：妃嬪所住的宫室稱“掖庭”。本書卷四〇上《班固傳上》載：“後宫則有掖庭椒房，后妃之室。”李賢注引《漢官儀》：“婕妤以下皆居掖庭。”

　　[3]【今注】貴人：此爲漢代妃嬪稱號之一。本書卷一〇上《皇后紀上》載：“及光武中興，斲彫爲朴，六宫稱號，唯皇后、貴人。貴人金印紫綬，奉不過粟數十斛。又置美人、宫人、采女三等，並無爵秩，歲時賞賜充給而已。”東漢皇后多由貴人晉封。

　　[4]【今注】案，侍，紹興本、大德本、殿本皆作“郎”，可從。

　　[5]【今注】越騎校尉：官名。屬北軍中候，北軍五校之一，掌宿衞京師。本書《百官志四》：“越騎校尉一人，比二千石。本注曰：掌宿衞兵。”晉灼注曰：“取其才力超越也。”案，曹金華《後漢書稽疑》引《後漢紀》卷二二言“拜武爲特進、城門校尉，封

槐里侯”，而本傳載其次年官拜城門校尉（中華書局 2014 年版，第
901 頁）。

[6]【今注】槐里：縣名。右扶風郡治，治所在今陝西興平市
東南。

[7]【今注】城門校尉：官名。掌京師城門兵馬。本書《百官
志四》載：“城門校尉一人，比二千石。本注曰：掌雒陽城門十二
所。”下設有司馬一人，每一城門設城門候一人。

[8]【今注】辟：即辟除，漢代選官制度之一，三公以下任用
屬吏稱爲“辟”。

[9]【今注】太學：漢代國家最高學府，西漢武帝元朔五年
（前 124）設置太學，設立五經博士，後因戰亂一度衰落，東漢光
武帝建武五年（29）恢復了太學。

[10]【今注】匄（gài）施：施捨。

[11]【今注】案，王先謙《後漢書集解》引惠棟言袁宏《後
漢紀》云紹爲寶武長子，與此不同，今存録。　虎賁中郎將：官
名。屬光禄勳，掌宿衛宫廷。本書《百官志二》載：“虎賁中郎將，
比二千石。本注曰：主虎賁宿衛。”

[12]【今注】疎簡：散漫，隨便。

時國政多失，内官專寵，[1]李膺、杜密等爲黨事考
逮。[2]永康元年，[3]上疏諫曰：“臣聞明主不諱譏刺之
言，以探幽暗之實；忠臣不卹諫争之患，以暢萬端之
事。是以君臣並熙，名奮百世。[4]臣幸得遭盛明之世，
逢文武之化，[5]豈敢懷禄逃罪，不竭其誠！陛下初從藩
國，[6]爰登聖祚，[7]天下逸豫，[8]謂當中興。自即位以
來，未聞善政。梁、孫、寇、鄧雖或誅滅，[9]而常侍黄
門續爲禍虐，[10]欺罔陛下，競行譎詐，自造制度，妄

爵非人，朝政日衰，姦臣日彊。伏尋西京放恣王氏，[11]佞臣執政，終喪天下。今不慮前事之失，復循覆車之軌，臣恐二世之難，必將復及，[12]趙高之變，不朝則夕。[13]近者姦臣牢脩，[14]造設黨議，遂收前司隸校尉李膺、太僕杜密、御史中丞陳翔、太尉掾范滂等逮考，[15]連及數百人，曠年拘録，[16]事無効驗。[17]臣惟膺等建忠抗節，志經王室，此誠陛下稷、离、伊、吕之佐，[18]而虛爲姦臣賊子之所誣枉，天下寒心，海內失望。惟陛下留神澄省，時見理出，[19]以厭人鬼喁喁之心。[20]臣聞古之明君，必須賢佐，以成政道。今臺閣近臣，[21]尚書令陳蕃、[22]僕射胡廣、[23]尚書朱寓、荀緄、[24]劉祐、魏朗、劉矩、尹勳等，[25]皆國之貞士，[26]朝之良佐。尚書郎張陵、嬀皓、苑康、楊喬、邊韶、戴恢等，[27]文質彬彬，明達國典。內外之職，群才並列。而陛下委任近習，[28]專樹饕餮，[29]外典州郡，內幹心膂。[30]宜以次貶黜，案罪糾罰，抑奪宦官欺國之封，案其無狀誣罔之罪，信任忠良，平決臧否，[31]使邪正毀譽，各得其所，寶愛天官，[32]唯善是授。[33]如此，咎徵可消，[34]天應可待。間者有嘉禾、芝草、黃龍之見。[35]夫瑞生必於嘉士，[36]福至實由善人，在德爲瑞，無德爲灾。陛下所行，不合天意，不宜稱慶。"書奏，因以病上還城門校尉、槐里侯印綬。[37]帝不許，有詔原李膺、杜密等，自黃門北寺、若盧、都內諸獄，繫囚罪輕者皆出之。[38]

［1］【今注】内官：宦官，因其任職宫内，故稱“内官”。

［2］【今注】李膺：字元禮，潁川襄城（今河南襄城縣）人。東漢名士，世稱“天下楷模李元禮”。傳見本書卷六七。　杜密：字周甫，潁川陽城（今河南登封市東南）人。與李膺合稱“李杜”。傳見本書卷六七。王先謙《後漢書集解》引惠棟言：“語曰：‘天下良甫杜周甫。’”　黨事：即黨錮事件。　考逮：考問，逮捕。

［3］【今注】永康：東漢桓帝劉志年號（167）。

［4］【李賢注】熙，盛也。【今注】熙：興盛，興起。

［5］【今注】文武：即周文王、周武王，古代有名的賢明君主。

［6］【今注】藩國：地方的諸侯王國。古代以地方諸侯藩屏王室，故稱“藩國”。

［7］【今注】爰：表承接關係的連詞，相當於“於是”。　聖祚（zuò）：帝位。

［8］【今注】逸豫：形容安樂舒緩的神態。

［9］【李賢注】梁冀、孫壽、寇榮、鄧萬代，見《桓紀》也。【今注】梁孫寇鄧：梁即梁冀，字伯卓，安定烏氏（今甘肅固原市東南）人。東漢外戚，專權擅政，被質帝稱爲“跋扈將軍”。傳見本書卷三四。孫爲孫壽，梁冀之妻，貌美但善妒。梁、孫二人貪贓枉法，罪行累累，在漢桓帝時畏罪自殺。寇即寇榮，上谷昌平（今北京市昌平區南）人。桓帝時外戚，後因得罪權貴被漢桓帝所誅。傳見本書卷一六。鄧萬世，南陽新野（今河南新野縣）人。爲度遼將軍鄧遵之子，後封南鄉侯，官拜河南尹，鄧皇后被廢後下獄而死。中華本校勘記言：“《集解》引惠棟説，謂《袁宏紀》云‘梁、孫、鄧、亳貴戚專勢’云云，案寇榮未嘗有此，《袁紀》是也。”

［10］【今注】常侍黄門：泛指宦官。

［11］【今注】西京：西漢定都長安，東漢定都洛陽，長安在

洛陽西邊，故稱長安爲“西京”，此代指西漢。　放恣：放縱。
王氏：西漢後期外戚王氏長期專權，導致王莽篡漢自立爲帝。

　　[12]【李賢注】二世即胡亥。

　　[13]【李賢注】趙高使女婿閻樂弑殺胡亥於望夷宮。

　　[14]【今注】牢脩：或作“牢順”“牢川”。方士張成的弟子，
因上書誣告李膺等人結爲朋黨，誹謗朝政，引發著名的“黨錮之
禍”。

　　[15]【今注】司隸校尉：官名。監察三公以下百官，且爲司
隸州部的長官。本書《百官志四》載：“司隸校尉一人，比二千石。
本注曰：孝武帝初置，持節，掌察舉百官以下，及京師近郡犯法
者。元帝去節，成帝省，建武中復置，并領一州。”　太僕：官名。
九卿之一，掌馬政等。本書《百官志二》載：“太僕，卿一人，中
二千石。本注曰：掌車馬。天子每出，奏駕上鹵簿用；大駕則執
馭。”　御史中丞：官名。名義上屬少府。御史臺長官，負責監督
百官。本書《百官志三》：“御史中丞一人，千石。本注曰：御史
大夫之丞也。舊別監御史在殿中，密舉非法。及御史大夫轉爲司
空，因別留中，爲御史臺率，後又屬少府。”御史中丞下轄治書侍
御史二人、侍御史十五人。　陳翔：字子麟，汝南邵陵（今河南漯
河市郾城區東）人。傳見本書卷六七。　太尉掾：太尉屬官。東西
曹掾比四百石，其餘掾比三百石，統稱“公府掾”，詳見本書《百
官志一》。　范滂：字孟博，汝南征羌（今河南商水縣西）人。傳
見本書卷六七。

　　[16]【今注】拘錄：拘押，審問。

　　[17]【今注】効：驗證，證明。《廣雅·釋言》：“效，驗也。”
　驗：驗證，證據。《玉篇·馬部》：“驗，徵也，證也。”

　　[18]【今注】稷离（xiè）伊吕之佐：稷即后稷，堯舜時代的
農官。离，通“偰”“契”，相傳爲商族始祖，傳説其母簡狄吞玄
鳥之卵而生契，舜帝時曾任司徒，掌管教化。伊即伊尹，輔助商湯

伐紂。呂即呂尚，也稱姜太公，輔佐周文王、武王滅商，因功封於齊。四位都是歷史上著名的輔弼良臣。

[19]【李賢注】時謂即時也。【今注】理出：申辯冤情，將其釋放。

[20]【今注】厭：滿足。 喁（yóng）喁之心：比喻衆人景仰向慕的心情。

[21]【今注】案，曹金華《後漢書稽疑》以後文所列都是昔日臺閣舊臣，懷疑當爲“臺閣舊臣”（第902頁）。今案，臺閣爲尚書臺之別稱，是輔佐皇帝處理政務的重要行政機構，其成員能經常接近皇帝，故稱“近臣”亦無不可。

[22]【今注】尚書令：官名。尚書臺長官，名義上屬少府。本書《百官志三》載：“尚書令一人，千石。本注曰：承秦所置，武帝用宦者，更爲中書謁者令，成帝用士人，復故。掌凡選署及奏下尚書曹文書衆事。” 陳蕃：字仲舉，汝南平輿（今河南平輿縣北）人。有“不畏强暴陳仲舉”之美譽。傳見本書卷六六。

[23]【今注】僕射：此當爲“尚書僕射”，官名。尚書臺長官，位在尚書令之下。名義上屬少府。本書《百官志三》載：“尚書僕射一人，六百石。本注曰：署尚書事，令不在則奏下衆事。”
胡廣：字伯始，南郡華容（今湖北潛江市西南）人。傳見本書卷四四。

[24]【李賢注】音古本反。【今注】尚書：官名。原爲皇帝近侍，負責文書傳達等，後權力逐漸上升，東漢光武帝時期，尚書臺成爲政務中樞機構，尚書也成爲擁有實權的官職。本書《百官志三》載：“尚書六人，六百石。本注曰：成帝初置尚書四人，分爲四曹：常侍曹尚書主公卿事；二千石曹尚書主郡國二千石事；民曹尚書主凡吏上書事；客曹尚書主外國夷狄事。世祖承遵，後分二千石曹，又分客曹爲南主客曹、北主客曹，凡六曹。” 朱寓：字季陵，沛郡（今安徽濉溪縣西北）人。曾任廬江太守、司隸校尉等

職，黨人"八俊"之一，在黨錮事件中遭禍。王先謙《後漢書集解》引惠棟曰："語曰：'天下冰凌朱季陵。'" 荀緄：荀爽之子，荀彧之父。

[25]【今注】劉祐：字伯祖，中山安國（今河北博野縣東南）人。黨人"八俊"之一。傳見本書卷六七。王先謙《後漢書集解》引惠棟曰："語曰：'天下稽古劉伯祖。'" 魏朗：字少英，會稽上虞（今浙江紹興市上虞區）人。黨人"八俊"之一。傳見本書卷六七。王先謙《後漢書集解》引惠棟言："語曰：'天下忠平魏少英。'" 劉矩：字叔方，沛國蕭（今安徽蕭縣西北）人。傳見本書卷七六。 尹勳：字伯元，河南鞏（今河南鞏義市西南）人。黨人"八顧"之一。傳見本書卷六七。

[26]【今注】貞士：忠貞之士。

[27]【今注】尚書郎：官名。也稱尚書侍郎，屬尚書臺，負責起草文書。本書《百官志三》載："（尚書）侍郎三十六人，四百石。本注曰：一曹有六人，主作文書起草。" 張陵：字處沖，蜀郡成都（今四川成都市武侯區）人。傳見本書卷三六。 嬀（guī）皓：事迹不詳。 苑康：字仲真，勃海重合（今山東樂陵市西北）人。黨人"八及"之一。傳見本書卷六七。 楊喬：字聖達，會稽烏傷（今浙江義烏市）人。楊琁之兄。事見本書卷三八《楊琁傳》。 邊韶：字孝先，陳留浚儀（今河南開封市）人。傳見本書卷八〇上。 戴恢：事迹不詳。

[28]【今注】近習：帝王的親信、侍從。

[29]【今注】饕（tāo）餮（tiè）：傳說中凶惡貪婪的野獸，比喻貪婪之人。

[30]【今注】幹：辦理。 心膂（lǚ）：此比如像心和膂那樣重要的事情。

[31]【今注】平決：判斷處理。 臧否：品評，褒貶。

[32]【今注】天官：天命。案，王先謙《後漢書集解》引《資治通鑑》胡三省注"天官"曰："天命有德，人不可以私授。"

［33］【今注】案，唯，底本不清，今據諸本補。

［34］【今注】咎徵：災禍的徵兆。

［35］【今注】案，曹金華《後漢書稽疑》認爲竇武永康元年上疏在該年六月之前，《桓帝紀》所載嘉禾、黄龍事件在該年八月，則此疏中不當有此句，但《後漢紀》所載延熹九年竇武上疏中有此句，故其認爲此疏是合諸疏而成（第902頁）。閒者，近來。嘉禾、芝草、黄龍，古人視爲祥瑞之兆。

［36］【李賢注】嘉士猶善人也（士，大德本作“上”，不從）。【今注】案，曹金華《後漢書稽疑》懷疑“嘉士”當爲“嘉土”（第903頁）。

［37］【李賢注】上音時丈反。

［38］【李賢注】都内，主藏官名。《前書》有都内令丞，屬大司農也。【今注】黄門北寺：東漢詔獄名。屬黄門署，主拘禁將相大臣。因位於宮省北，故而得名。後代指冤獄。 若盧：東漢詔獄名。

其冬帝崩，無嗣。武召侍御史河間劉儵，[1]參問其國中王子侯之賢者，[2]儵稱解瀆亭侯宏。[3]武入白太后，遂徵立之，是爲靈帝。[4]拜武爲大將軍，常居禁中。[5]帝既立，論定策功，更封武爲聞喜侯；[6]子機渭陽侯，[7]拜侍中；[8]兄子紹鄠侯，[9]遷步兵校尉；[10]紹弟靖西鄉侯，[11]爲侍中，監羽林左騎。[12]

［1］【今注】侍御史：官名。御史中丞屬官，負責監察百官，接受百官奏事。本書《百官志三》載：“侍御史十五人，六百石。本注曰：掌察舉非法，受公卿群吏奏事，有違失舉劾之。凡郊廟之祠及大朝會、大封拜，則二人監威儀，有違失則劾奏。” 河間：

王國名。治樂成縣（今河北獻縣東南）。　劉儵：曾任侍御史、光禄大夫等職，後無辜被殺。

[2]【今注】王子侯：西漢武帝接受主父偃的建議實行推恩令，"令諸侯以私恩裂地，分其子弟，而漢爲定制封號"，地方諸侯王分出王國的部分土地，請求皇帝分封王國的王子爲侯，並賜予封號。稱這些侯爲"王子侯"。

[3]【今注】解瀆亭侯宏：即劉宏，後爲大將軍竇武立爲皇帝，即漢靈帝。

[4]【今注】靈帝：東漢靈帝劉宏，公元 168 年至 189 年在位。紀見本書卷八。

[5]【今注】禁中：宮中。

[6]【今注】聞喜：時爲侯國。治所在今山西聞喜縣。《漢書》卷六《武帝紀》載，西漢武帝元鼎六年（前 111），"行東，將幸緱氏，至左邑桐鄉，聞南越破，以爲聞喜縣"。可知聞喜縣是由左邑桐鄉改名而來。

[7]【今注】渭陽：時爲侯國。《漢書·地理志上》載："陽陵，故弋陽，景帝更名。莽曰渭陽。"本書《郡國志一》有"陽陵"，此爲"渭陽"，或有改名。西漢時屬左馮翊，東漢屬京兆尹，治所在今陝西咸陽市東北。

[8]【今注】侍中：官名。名義上屬少府。掌侍從、顧問。本書《百官志三》："侍中，比二千石。本注曰：無員。掌侍左右，贊導衆事，顧問應對。法駕出，則多識者一人參乘，餘皆騎在乘輿車後。本有僕射一人，中興轉爲祭酒，或置或否。"

[9]【今注】案，曹金華《後漢書稽疑》引《後漢紀》卷二二爲"長男紹，次機、次恪"，卷二三作"子紹"，"紹弟機"，與此不同（第 903 頁）。　鄠：時爲侯國。治所在今陝西西安市鄠邑區。

[10]【今注】步兵校尉：官名。屬北軍中候，北軍五校之一，掌宿衛京師。本書《百官志四》載："步兵校尉一人，比二千石。本注曰：掌宿衛兵。"

[11]【今注】西鄉侯：侯名。地望不詳。

[12]【今注】監羽林左騎：官名。即“羽林左監”，屬光禄勳，掌宿衞宫廷。本書《百官志二》：“羽林左監一人，六百石。本注曰：主羽林左騎。”另有“羽林右監”，六百石，掌管羽林右騎。

武既輔朝政，常有誅翦宦官之意，太傅陳蕃亦素有謀。[1]時共會朝堂，蕃私謂武曰：[2]“中常侍曹節、王甫等，[3]自先帝時操弄國權，濁亂海内，百姓匈匈，歸咎於此。今不誅節等，後必難圖。”武深然之。蕃大喜，以手推席而起。武於是引同志尹勳爲尚書令，劉瑜爲侍中，[4]馮述爲屯騎校尉；[5]又徵天下名士廢黜者前司隸李膺、宗正劉猛、太僕杜密、廬江太守朱寓等，[6]列於朝廷；請前越巂太守荀翌爲從事中郎，[7]辟潁川陳寔爲屬：[8]共定計策。於是天下雄俊，知其風旨，莫不延頸企踵，[9]思奮其智力。[10]

[1]【今注】太傅：官名。皇帝之師，位於三公之上，地位尊崇，不常置。本書《百官志一》載：“太傅，上公一人。本注曰：掌以善導，無常職。世祖以卓茂爲太傅，薨，因省。其後每帝初即位，輒置太傅録尚書事，薨，輒省。”

[2]【今注】案，私，大德本、殿本作“以私”，不從。

[3]【今注】中常侍：官名。名義上屬少府。東漢多由宦官擔任，侍從皇帝，職掌顧問應對。本書《百官志三》載：“中常侍，千石。本注曰：宦者，無員。後增秩比二千石。掌侍左右，從入内宫，贊導内衆事，顧問應對給事。” 曹節：字漢豐，南陽新野（今河南新野縣）人。東漢宦官。傳見本書卷七八。 王甫：宦官。曾封冠軍侯，東漢靈帝光合二年（179）下獄死。

[4]【今注】劉瑜：字季節，廣陵郡（今江蘇揚州市）人。傳見本書卷五七。

[5]【今注】屯騎校尉：官名。屬北軍中候，北軍五校之一，掌宿衛京師。本書《百官志四》載："屯騎校尉一人，比二千石。本注曰：掌宿衛兵。"

[6]【今注】徵：即徵召，漢代選官形式之一。皇帝徵召有才能或有德望之人爲官。 司隸：即司隸校尉。 宗正：官名。九卿之一，掌宗室事務。本書《百官志三》載："宗正，卿一人，中二千石。本注曰：掌序録王國嫡庶之次，及諸宗室親屬遠近，郡國歲因計上宗室名籍。若有犯法當髡以上，先上諸宗正，宗正以聞，乃報決。" 劉猛：琅邪郡（今山東臨沂市北）人。東漢桓帝時爲宗正，因爲剛正不阿，爲人所不容，後自己免官歸家，靈帝即位後任尚書，遷任尚書令，後遭宦官曹節陷害，被彈劾下獄，出獄後被免官禁錮。 廬江：郡名。治舒縣（今安徽廬江縣西南）。

[7]【今注】越巂：郡名。治邛都縣（今四川西昌市東南）。 荀翌：字伯脩，潁川潁陰（今河南許昌市魏都區）人。荀淑兄子。事見本書六二《荀淑傳》。王先謙《後漢書集解》引惠棟言："《三君八俊録》云：語曰：'天下好交荀伯脩。'"案，翌，大德本、殿本作"昱"，不從。 從事中郎：官名。大將軍、車騎將軍幕府有設，掌參謀軍事。本書《百官志一》載："從事中郎二人，六百石。本注曰：職參謀議。"

[8]【今注】潁川：郡名。治陽翟縣（今河南禹州市）。 陳寔：字仲弓，潁川許（今河南許昌市建安區東）人。傳見本書卷六二。寔，殿本作"實"，不從。 屬：掾屬。屬吏的一種，此爲大將軍的掾屬。

[9]【今注】延頸企踵：伸長脖子，踮起腳跟，形容急切期盼。

[10]【李賢注】《續漢志》曰："桓帝初，京都童謡曰：'游平賣印自有評（評，紹興本、大德本、殿本作"評"，可從），不避

賢豪及大姓（賢豪，大德本、殿本作"豪賢"，可從）。'案：武
字游平。與陳蕃合策勠力，唯德是建，咸得其人，豪賢大姓皆絕
望矣。"

　　會五月日食，蕃復説武曰："昔蕭望之困一石
顯，[1]近者李、杜諸公禍及妻子，況今石顯數十輩乎！
蕃以八十之年，欲爲將軍除害，今可且因日食，斥罷
官官，[2]以塞天變。[3]又趙夫人及女尚書，旦夕亂太
后，[4]急宜退絕。惟將軍慮焉。"武乃白太后曰："故
事，[5]黃門、常侍但當給事省內，典門户，主近署財物
耳。[6]今乃使與政事而任權重，子弟布列，專爲貪暴。
天下匈匈，正以此故。宜悉誅廢，以清朝廷。"太后
曰："漢來故事世有，但當誅其有罪，豈可盡廢邪？"
時中常侍管霸頗有才略，專制省內。武先白誅霸及中
常侍蘇康等，竟死。[7]武復數白誅曹節等，太后尤豫未
忍，[8]故事久不發。

　　[1]【李賢注】元帝時，奄人石顯爲中書令（奄，紹興本作
"閹"，可從），譖御史大夫蕭望之，令自殺也。【今注】蕭望之：
字長倩，東海蘭陵（今山東蘭陵縣西南）人。西漢大臣。曾任大鴻
臚、御史大夫、太傅、前將軍等職，以儒家經典教授太子（後爲漢
元帝），元帝時被宦官弘恭、石顯陷害，含冤自殺。傳見《漢書》
卷七八。　石顯：字君房，濟南郡（今山東濟南市章丘區西北）
人。西漢宦官。在任時陷害忠良，權傾一時。傳見《漢書》卷
九三。
　　[2]【今注】案，官官，紹興本、大德本、殿本作"宦官"，
可從。

[3]【今注】塞：當，抵償。　天變：古代天文術語。指日食、彗星等異常景象以及異常天氣等，古人認爲天生異象多與君王施政不當或大臣奸邪等有關。

[4]【李賢注】女尚書，内官也。夫人即趙曉（曉，紹興本、大德本、殿本皆作"嬈"，可從）。【今注】趙夫人：即趙嬈，漢桓帝的乳母，與宦官曹節、王甫等相互勾結，諂事竇太后。

[5]【今注】故事：成例，過去的典章制度。

[6]【今注】案，王先謙《後漢書集解》引《資治通鑑》胡三省注言："省内謂禁中也，近署財物謂少府所掌中藏府、尚方、内省諸署也。"又引惠棟言："案《百官志》云，中黃門、冗從、僕射居則宿衛，直守門户也。"

[7]【今注】案，王先謙《後漢書集解》引惠棟言："考竟而死也"。今案，即在審訊中死亡。

[8]【李賢注】尤音淫。尤豫，不定也。【今注】尤（yín）豫：猶豫不決。

　　至八月，太白出西方。[1]劉瑜素善天官，[2]惡之，上書皇太后曰："太白犯房左驂，[3]上將星入太微，[4]其占宮門當閉，將相不利，姦人在主傍。願急防之。"又與武、蕃書，以星辰錯繆，不利大臣，宜速斷大計。武、蕃得書將發，於是以朱寓爲司隸校尉，劉祐爲河南尹，[5]虞祁爲洛陽令。武乃奏免黃門令魏彪，[6]以所親小黃門山水代之。[7]使冰奏素狡猾尤無狀者長樂尚書鄭颯，[8]送北寺獄。蕃謂武曰："此曹子便當收殺，何復考爲！"[9]武不從，令冰與尹勳、侍御史祝瑨雜考颯，辭連及曹節、王甫。勳、冰即奏收節等，使劉瑜内奏。

[1]【今注】案，曹金華《後漢書稽疑》據本書《天文志》“建寧元年六月，太白在西方”內容，認爲時間有誤（第903頁）。今案，“六”“八”文字形近，或有傳抄錯誤，但是非難定，今存錄。太白，星名。即金星，古代星象家認爲太白星主殺伐，象徵將有兵戎之事發生。

[2]【今注】天官：天文，天象。《史記》有《天官書》，專講天文、天象。

[3]【今注】房：星宿名，二十八宿之一。 左驂：本指古代駕車中左邊的馬，此代指“房”星宿的左邊。

[4]【今注】案，曹金華《後漢書稽疑》引《後漢紀》卷二三“是時太白犯上將星，又入太微”等，認爲“上將星”當屬上讀（第903頁）。上將星，星名。在紫微垣，文昌官六顆，第一顆就是“上將星”。太微，古代星官名。即太微垣，三垣之一。位於北斗之南，軫、翼之北，大角之西，軒轅之東，諸星以五帝座爲中心，作屏藩狀。《史記·天官書》載：“衡，太微，三光之廷。匡衛十二星，藩臣：西，將；東，相；南四星，執法；中，端門；門左右，掖門。”古以爲天庭。

[5]【今注】河南尹：此爲官名。行政區河南尹的最高長官。本書《百官志五》：“河南尹一人，主京都，特奉朝請。其京兆尹、左馮翊、右扶風三人，漢初都長安，皆秩中二千石，謂之三輔。中興都雒陽，更以河南郡爲尹，以三輔陵廟所在，不改其號，但減其秩。”其屬京畿，故不稱郡，地位高於郡守。

[6]【今注】黃門令：官名。名義上屬少府。掌宦官。本書《百官志三》載：“黃門令一人，六百石。本注曰：宦者。主省中諸宦者。”

[7]【今注】小黃門：官名。名義上屬少府。掌宦官。本書《百官志三》載：“小黃門，六百石。本注曰：宦者，無員。掌侍左右，受尚書事。上在內宮，關通中外，及中宮已下衆事。諸公主及王太妃等有疾苦，則使問之。” 案，山水，紹興本、大德本、殿

本作“山冰”，可從。又案，王先謙《後漢書集解》引惠棟言：“孫慴云‘周有山師之官，掌山林，後以官爲氏’。或云：‘山，古烈山氏之後。’”

［8］【李賢注】音立（殿本“音”前有“颭”字）。【今注】長樂尚書：官名。皇太后住所長樂宮的尚書。案，王先謙《後漢書集解》引《資治通鑑》胡三省注言：“長樂尚書，蓋以太后臨朝置之，以掌奏下、外朝文書、衆事也。”

［9］【今注】考：漢代司法用語，調查，審訊。長沙五一廣場東漢簡木兩行2010CWJ1③：202-7有“不詣考所”〔長沙市文物考古研究所等編：《長沙五一廣場東漢簡牘（貳）》，中西書局2018年版，第176頁〕，東漢時期“考”有專門的場所。

時武出宿歸府，典中書者先以告長樂五官史朱瑀。[1]瑀盜發武奏，罵曰：“中官放縱者，自可誅耳。我曹何罪，而當盡見族滅？”因大呼曰：“陳蕃、竇武奏白太后廢帝，爲大逆！”乃夜召素所親壯健者長樂從官史共普、張亮等十七人，歃血共盟誅武等。曹節聞之，驚起，白帝曰：“外間切切，[2]請出御德陽前殿。”令帝拔劍踊躍，使乳母趙嬈等擁衞左右，取棨信，閉諸禁門。[3]召尚書官屬，脅以白刃，使作詔板。[4]拜王甫爲黃門令，持節至北寺獄收尹勳、山冰。冰疑，不受詔，甫格殺之。遂害勳，出鄭颯。還共劫太后，奪璽書。[5]令中謁者守南宮，閉門，絕複道。[6]使鄭颯等持節，及侍御史、謁者捕收武等。武不受詔，馳入步兵營，與紹共射殺使者。召會北軍五校士數千人屯都亭下，[7]令軍士曰：“黃門常侍反，盡力者封侯重賞。”詔以少府周靖行車騎將軍，加節，與護匈奴中郎將張

奂率五營士討武。[8]夜漏盡，王甫將虎賁、羽林、厩
騶、都候、劍戟士，合千餘人，出屯朱雀掖門，[9]與奂
等合。明旦悉軍闕下，[10]與武對陳。甫兵漸盛，使其
士大呼武軍曰："竇武反，汝皆禁兵，當宿衛宮省，何
故隨反者乎？先降有賞！"營府素畏服中官，[11]於是武
軍稍稍歸甫。自旦至食時，[12]兵降略盡。武、紹走，
諸軍追圍之，皆自殺，梟首洛陽都亭，[13]收捕宗親、
賓客、姻屬，悉誅之，及劉瑜、馮述，皆夷其族。徙
武家屬日南，[14]遷太后於雲臺。[15]

[1]【今注】典中書者：掌管中宮文書的官員。本書《百官志
五》載："中宮尚書五人，六百石。本注曰：宦者。主中文書。"
長樂五官史：官名。東漢時期太后所住長樂宮的屬官，由宦官充
任，主管長樂宮的守衛。案，官，紹興本作"宦"，不從。王先謙
《後漢書集解》引惠棟、劉昭等言認爲"史"當作"吏"。

[2]【今注】切切：形容低聲説話的聲音。

[3]【李賢注】棨，有衣戟也。《漢官儀》曰："凡居宮中
（宮，大德本作'官'，不從），皆施籍於掖門，案姓名當入者，
本官爲封棨傳，審印信，然後受之。"【今注】棨（qǐ）信：此處
指出入宮門的木質憑證。

[4]【今注】詔板：寫有詔書的木牘，代指詔書。

[5]【今注】案，王先謙《後漢書集解》引劉攽、惠棟言，認
爲"璽書"當爲"璽綬"。

[6]【李賢注】複音福。【今注】複道：樓閣之間架空的通道，
俗稱"天橋"。蔡質《漢官·典職儀》載："南宮至北宮，中央作大
屋，複道，三道行，天子從中道，從官夾左右，十步一衛。兩宮相
去七里。"東漢設有複道丞，由宦官充任，主管宮中閣道。

[7]【今注】北軍五校：長水校尉、步兵校尉、射聲校尉、屯騎校尉、越騎校尉都隸屬北軍中候，故稱其爲“北軍五校”，宿衛京師。

[8]【今注】護匈奴中郎將：官名。也稱“使匈奴中郎將”，掌監護南匈奴。本書《百官志五》載：“使匈奴中郎將一人，比二千石。本注曰：主護南單于。置從事二人，有事隨事增之，掾隨事爲員。護羌、烏桓校尉所置亦然。”

[9]【今注】朱雀掖門：又稱“南掖門”，即洛陽北宮朱雀南司馬門。

[10]【今注】闕下：宮闕之下，也代指朝廷，此當是指皇帝所住的宮殿。

[11]【今注】案，王先謙《後漢書集解》引《資治通鑑》胡三省注言：“營府謂五營校尉府也。”又引惠棟言：“《九州春秋》袁紹説何進云：‘黄門常侍累世太盛，前竇武欲誅之而反爲所害，但坐言語漏泄、以五營士爲兵故耳。五營士生長京師，服畏中人，而竇氏反用其鋒，遂果叛走，歸黄門。是以自取滅敗。’”中官、中人皆指宦官。

[12]【今注】自旦至食時：“旦”“食時”皆指時辰，“旦”即地支的寅時，相當於現在的凌晨3點至5點；“食時”即地支的辰時，古人朝食的時間，相當於現在的7點至9點。案，王先謙《後漢書集解》引惠棟言：“旦，平旦。平旦，寅也；食時，巳也。”

[13]【李賢注】《續漢志》曰：“桓帝末，京師童謠曰：‘茅田一頃中有井，四方纖纖不可整。嚼復嚼，今年尚可後年饒。’案：《易》曰‘拔茅連茹’，茅喻群賢也。井者，法也。時中常侍管霸等憎疾海内英賢，並見廢錮。‘茅田一頃’言群賢衆多也。‘中有井’者，言雖厄窮，不失法度也。‘四方纖纖’言姦慝不可理也。‘嚼’，飲酒相强之辭也。言不恤王政，徒耽宴而已。‘今年尚可’者，言但禁錮也。‘後年饒’者，陳蕃、竇武等誅，天下大壞也。”

確音苦教反。確猶惡也。

[14]【今注】日南：郡名。治西卷縣（今越南廣治省東河市）。

[15]【今注】雲臺：宮殿名。位於南宮内。

　　當是時，凶豎得志，[1]士大夫皆喪其氣矣。武府掾桂陽胡騰，[2]少師事武，獨殯斂行喪，坐以禁錮。

[1]【今注】凶豎：凶惡小人，此代指宦官。

[2]【今注】武府掾：竇武大將軍府的掾吏。　桂陽：郡名。治郴縣（今湖南郴州市北湖區）。

　　武孫輔，時年二歲，迸竄得全。[1]事覺，節等捕之急。胡騰及令史南陽張敞共逃輔於零陵界，[2]詐云已死，騰以為己子，而使聘娶焉。後舉桂陽孝廉。[3]至建安中，[4]荆州牧劉表聞而辟焉，[5]以為從事，[6]使還竇姓，以事列上。會表卒，曹操定荆州，輔與宗人徙居於鄴，[7]辟丞相府。[8]從征馬超，[9]為流矢所中，死。[10]

[1]【今注】案，迸，紹興本、大德本、殿本作“逃”，可從。

[2]【今注】令史：官名。東漢三公府、將軍府、地方郡國皆設令史，此當為將軍下轄令史。本書《百官志一》載：“掾屬二十九人。令史及御屬三十一人。本注曰：此皆府員職也。”　南陽：郡名。治宛縣（今河南南陽市卧龍區）。　零陵：郡名。治泉陵縣（今湖南永州市零陵區）。

[3]【今注】孝廉：漢代察舉選官科目，指孝子廉吏。

[4]【今注】建安：東漢獻帝劉協年號（196—220）。

[5]【今注】州牧：官名。由刺史演變而來，掌一州軍政大

權，鎮撫一方。詳見本書《百官志五》。

[6]【今注】從事：此爲州從事，官名。秩百石。本書《百官志五》載：“皆有從事史、假佐。本注曰：員職略與司隸同，無都官從事，其功曹從事爲治中從事。”

[7]【今注】鄴：縣名。魏郡郡治。治所在今河北臨漳縣西南。

[8]【今注】案，丞，大德本作“承”，不從。

[9]【今注】馬超：字孟起，右扶風茂陵（今陝西興平市東北）人。傳見《三國志》卷三六。

[10]【李賢注】飛矢曰流矢。中，傷也。【今注】流矢：亂箭。　中：射中。

初，武母產武而并產一蛇，送之林中。後母卒，及葬未窆，[1]有大蛇自榛草而出，[2]徑至喪所，以頭擊柩，[3]涕血皆流，俯仰蛣屈，[4]若哀泣之容，有頃而去。時人知爲竇氏之祥。[5]

[1]【今注】窆（biǎn）：將棺木葬入墓穴。《説文》：“窆，葬下棺也。”

[2]【李賢注】《廣雅》曰：“木藂生曰榛。”【今注】榛（zhēn）草：叢生的雜草。

[3]【今注】柩：裝着尸體的靈車。《説文·匚部》：“柩，棺也。”段玉裁注：“棺柩義別。虚者爲棺，實者爲柩。”《小爾雅·廣名》：“空棺謂之櫬，有尸謂之柩。”

[4]【李賢注】蛣音丘音反（後“音”字，紹興本、大德本、殿本作“吉”，可從）。【今注】蛣（jié）屈：扭曲身體。

[5]【李賢注】祥，吉凶之先見者。《尚書》曰：“亳有祥。”【今注】案，王先謙《後漢書集解》引惠棟言：“此采自干令升

《搜神記》也。"干令升即干寶。祥,吉祥之兆。

　　騰字子升。初,桓帝巡狩南陽,以騰爲護駕從事。公卿貴戚車騎萬計,徵求費役,不可勝極。騰上言:"天子無外,乘輿所幸,即爲京師。臣請以荆州刺史比司隷校尉,[1]臣自同都官從事。"帝從之。[2]自是蕭然,莫敢妄有干欲,[3]騰以此顯名。黨錮解,官至尚書。

　　[1]【李賢注】南陽屬荆州,故請以刺史比司隷。【今注】刺史:官名。西漢武帝時始置,秩六百石,監察州二千石官員,東漢後期發展爲一州最高長官。詳見本書《百官志五》。
　　[2]【李賢注】《漢官儀》曰"都官從事主洛陽百官,朝會與三府㩜同"也。【今注】都官從事:官名。屬司隷校尉,秩百石,監察百官。本書《百官志四》載:"都官從事,主察舉百官犯法者。"
　　[3]【今注】干欲:貪求。

　　張敞者,太尉溫之弟也。[1]

　　[1]【李賢注】《漢官儀》曰:"溫字伯慎,穰人也,封互鄉侯。太史奏言有大臣誅死,董卓取溫笞殺於市以獻之(獻,紹興本、大德本、殿本作'厭',二字通用)。"

　　何進字遂高,南陽宛人也。[1]異母女弟選入掖庭爲貴人,[2]有寵於靈帝,拜進郎中,[3]再遷虎賁中郎將,出爲潁川太守。光和二年,[4]貴人立爲皇后,徵進入,拜侍中、將作大匠、河南尹。[5]

[1]【今注】宛：縣名。南陽郡治，治所在今河南南陽市卧龍區。

[2]【今注】女弟：古代稱弟弟爲男弟，稱妹妹爲女弟，都是"弟"，但以"男""女"來區別，此類稱呼頻見於時代稍後的長沙走馬樓三國吳簡。

[3]【今注】郎中：官名。屬光禄勳，比三百石，宿衛宮廷，出充車騎。

[4]【今注】光和：東漢靈帝劉宏年號（178—184）。

[5]【今注】將作大匠：官名。掌營建宮室、宗廟等。本書《百官志四》："將作大匠一人，二千石。本注曰：承秦，曰將作少府，景帝改爲將作大匠。掌修作宗廟、路寢、宮室、陵園木土之功，并樹桐梓之類列於道側。"

中平元年，[1]黄巾賊張角等起，[2]以進爲大將軍，率左右羽林五營士屯都亭，[3]修理器械，以鎮京師。張角別黨馬元義謀起洛陽，進發其姦，以功封慎侯。[4]

[1]【今注】中平：東漢靈帝劉宏年號（184—189）。

[2]【今注】黄巾賊：指黄巾農民起義軍，因其頭裹黄巾而得名。統治者蔑稱農民起義軍爲"賊"。 張角：東漢末年黄巾起義軍領袖，鉅鹿郡（今河北寧晉縣西南）人。創立"太平道"，自稱"大賢良師"，起義後不久病死。

[3]【今注】案，五營士，大德本作"五營營士"，不從。

[4]【李賢注】慎，縣，屬汝南郡。【今注】慎：縣名。治所在今安徽潁上縣江口鎮。

四年，滎陽賊數千人群起，[1]攻燒郡縣，殺中牟縣令，[2]詔使進弟河南尹苗出擊之。[3]苗攻破群賊，平定而還。詔遣使者迎於成皋,[4]拜苗爲車騎將軍, 封濟陽侯。[5]

[1]【今注】滎陽:縣名。也作"熒陽"。治所在今河南滎陽市東北。　案,大德本、殿本脱"賊"字,不從。

[2]【今注】中牟縣:治所在今河南中牟縣東。

[3]【今注】案,中華本校勘記言:"殿本《考證》謂苗,朱氏子,《五行志》作'皇后異父兄'。按:李慈銘謂何后本屠家,其父真早死,舞陽君改適朱氏,生苗,及何氏貴,苗亦冒姓何氏,幸《續志》偶存其本姓耳。苗與進固非一姓,故進之部將疑其同謀殺進,遂報殺苗也。"

[4]【今注】成皋:縣名。治所在今河南滎陽市汜水鎮西。

[5]【今注】濟陽:時爲侯國名。治所在今河南蘭考縣東北。

五年, 天下滋亂, 望氣者以爲京師當有大兵,[1]兩宮流血。大將軍司馬許涼、假司馬伍宕説進曰:[2]"《太公六韜》有天子將兵事,[3]可以威厭四方。" 進以爲然, 入言之於帝。於是乃詔進大發四方兵, 講武於平樂觀下。[4]起大壇, 上建十二重五采華蓋, 高十丈, 壇東北爲小壇, 復建九重華蓋, 高九丈, 列步兵、騎士數萬人, 結營爲陳。天子親出臨軍, 駐大華蓋下, 進駐小華蓋下。禮畢, 帝躬擐甲介馬,[5]稱"無上將軍", 行陳三匝而還。[6]詔使進悉領兵屯於觀下。是時置西園八校尉, 以小黃門蹇碩爲上軍校尉, 虎賁中郎將袁紹爲中軍校尉, 屯騎都尉鮑鴻爲下軍校尉,[7]議郎曹操爲典軍校尉,[8]趙融爲助軍校尉, 淳于瓊爲佐軍校尉，又有左右校尉。[9]帝以蹇碩壯健而有武略，特親任之，以爲元帥，督司隸校尉以下，雖大將軍亦領屬焉。

[1]【今注】望氣者：通過觀察天氣變化來進行占卜的方士。

[2]【今注】司馬許涼假司馬伍宕：據本書《百官志一》，司馬秩千石，主掌軍事。假司馬爲副貳。此司馬、假司馬爲大將軍屬官。

[3]【李賢注】《太公六韜篇》：第一《霸典》，文論；第二《文師》，武論；第三《龍韜》，主將；第四《虎韜》，偏禆；第五《豹韜》，校尉；第六《犬韜》，司馬。《龍韜》云："武王曰：'吾欲令三軍之衆，親其將如父母，聞金聲而怒，聞鼓音而喜，爲之奈何？'"

[4]【今注】平樂觀：漢代宮觀名。東漢明帝迎取長安飛廉、銅馬，於洛陽西門外築平樂觀，爲閱兵之地。位於東漢洛陽宮城西，故址在今河南洛陽市東白馬寺一帶。

[5]【李賢注】摑音官（官，紹興本、大德本、殿本、中華本作"宦"，可從）。摑，貫也。介亦甲也。【今注】摑（huàn）甲介馬：穿上鎧甲，給戰馬披甲。案，摑，大德本作"㯻"。

[6]【今注】匝：環繞一周爲一匝。

[7]【今注】屯騎都尉：案，王先謙《後漢書集解》引劉攽言漢代無此職，"都"當爲"校"。可從。

[8]【今注】議郎：官名。名義上屬光祿勳。秩六百石，備皇帝咨詢，也參與朝議。本書《百官志二》載："凡大夫、議郎皆掌顧問應對，無常事，唯詔令所使。"

[9]【今注】案，曹金華《後漢書稽疑》言《靈帝紀》《袁紹傳》注引樂資《山陽公載記》爲"趙融爲助軍左校尉，馮芳爲助軍右校尉，諫議大夫夏牟爲左校尉，淳于瓊爲右校尉"（第906頁），與此不同。

碩雖擅兵於中，而猶畏忌於進，乃與諸常侍共説帝遣進西擊邊章、韓遂。[1]帝從之，賜兵車百乘，虎賁斧鉞。[2]進陰知其謀，乃上遣袁紹東擊徐兖二州兵，[3]須紹還，即戎事，以稽行期。[4]

[1]【今注】邊章：金城郡（今甘肅永靖縣西北）人。本名邊允，因造反被朝廷通緝而改名邊章。曾殺涼州刺史郡守叛亂，被推舉爲涼州叛軍首領，後被韓遂所殺。　韓遂：金城郡人。本名韓約，因造反被朝廷通緝而改名韓遂。曾殺涼州刺史郡守，涼州叛軍首領之一，割據涼州三十餘年，依附曹操後又反叛，被夏侯淵所敗，病死，一説被殺。

[2]【今注】虎賁：西漢武帝設期門騎，平帝元始元年（1）更爲虎賁郎，或説王莽時更名。宿衛皇帝，也賜予大臣，以示尊崇。　斧鉞：本爲兵器，也作儀仗用。代指刑殺、征伐之權，被授予者都是執掌朝政、出征或鎮守一方的諸王重臣，表示尊寵，權臣篡位前也往往被授予斧鉞。此代指刑罰、殺伐之權。

[3]【今注】案，王先謙《後漢書集解》校補言，案文“擊”當作“集”。

[4]【今注】稽：稽留，延遲。《説文·稽部》：“稽，留止也。”

初，何皇后生皇子辯，[1]王貴人生皇子協。[2]群臣請立太子，帝以辯輕佻無威儀，不可爲人主，[3]然皇后有寵，且進又居重權，故久不決。

[1]【今注】皇子辯：即漢少帝劉辯。公元189年五月至九月在位。董卓擅權後將其廢爲弘農王，後被董卓派人毒死。

[2]【今注】皇子協：即漢獻帝劉協。公元189年至220年在

位。紀見本書卷九。

[3]【李賢注】《字書》曰（字，大德本、殿本作"前"，不從）："佻，輕也。"【今注】輕佻：言行舉止不莊重。　人主：眾人之主，即皇帝。

六年，帝疾篤，屬協於蹇碩。[1]碩既受遺詔，且素輕忌於進兄弟，及帝崩，碩時在內，欲先誅進而立協。及進從外入，碩司馬潘隱與進早舊，[2]迎而目之。進驚，馳從儳道歸營，引兵入屯百郡邸，[3]因稱疾不入。碩謀不行，皇子辯乃即位，何太后臨朝，進與太傅袁隗輔政，錄尚書事。[4]

[1]【今注】屬：通"囑"。囑託，託付。

[2]【今注】早舊：故交。

[3]【李賢注】《廣雅》曰："儳，疾也。"音仕鑒反（仕，殿本作"代"，不從）。【今注】儳（chán）道：快道，捷徑。　百郡邸：即地方郡國在京師設置的辦事處。案，王先謙《後漢書集解》引《資治通鑑》胡三省注曰："天下郡國百餘，皆置邸京師，謂之百郡邸者，百郡總為一也。"

[4]【今注】錄尚書事：官名。尚書掌管文書，錄尚書事即總領尚書臺諸事宜，屬於兼官，但却是手握行政實權的行政大臣。

進素知中官天下所疾，[1]兼忿蹇碩圖己，及秉朝政，陰規誅之。袁紹亦素有謀，因進親客張津勸之曰："黃門常侍權重日久，又與長樂太后專通姦利，[2]將軍宜更清選賢良，整齊天下，為國家除患。"進然其言。又以袁氏累世寵貴，海內所歸，[3]而紹素善養士，能得豪傑用，其從弟虎賁中郎將術亦尚氣俠，故並厚待之。因復博徵智謀之士逢紀、何顒、荀攸等，[4]與同腹心。[5]

[1]【今注】案，官，大德本作“宮”，不從。

[2]【李賢注】靈帝母董太后居長樂宮。【今注】案，長樂太后，曹金華《後漢書稽疑》引《皇后紀》等認爲此當爲“永樂太后”（第906—907頁）。

[3]【李賢注】袁安爲司徒、司空，孫湯爲司徒、太尉，湯子成五官中郎將（官，大德本作“宮”，不從），成生紹，故云“累代寵貴”也。【今注】案，曹金華《後漢書稽疑》據帝紀及《袁安傳》認爲，袁安先爲司空，後爲司徒，而袁湯則爲司空、司徒、太尉，言李賢注釋不確，並考證認爲袁成官爲“左中郎將”，而非“五官中郎將”（第907頁）。

[4]【今注】逢紀：或作“逢紀”，字元圖。東漢袁紹謀士。曾協助袁紹奪取青、冀、幽、并四州，袁紹死後立少子袁尚爲嗣，後爲袁紹長子袁譚所殺。　何顒：字伯求，南陽襄鄉（今湖北棗陽市東北）人。傳見本書卷六七。　荀攸：字公達，潁川潁陰（今河南許昌市魏都區）人。後爲曹操軍師。傳見《三國志》卷一〇。

[5]【今注】腹心：心腹，親信。

蹇碩疑不自安，與中常侍趙忠等書曰：[1]“大將軍兄弟秉國專朝，今與天下黨人謀誅先帝左右，埽滅我曹。但以碩典禁兵，故且沈吟。[2]今宜共閉上閣，急捕誅之。”中常侍郭勝，進同郡人也。太后及進之貴幸，勝有力焉。故勝親信何氏，遂共趙忠等議，不從碩計，而以其書示進。進乃使黃門令收碩，誅之，因領其屯兵。

[1]【今注】趙忠：東漢宦官，安平國（今河北衡水市冀州區）人。桓帝時因參與誅殺梁冀有功，封都鄉侯，後爲袁紹所殺。

[2]【今注】沈吟：猶豫不決。

袁紹復説進曰：“前竇武欲誅內寵而反爲所害者，以其言語漏泄，而五營百官服畏中人故也。今將軍既有元舅之重，而兄弟並領勁兵，部曲將吏皆英俊名士，[1]樂盡力命，事在掌握，此天贊之時也。將軍宜一爲天下除患，名垂後世。雖周之申伯，何足道哉！[2]今大行在前殿，[3]將軍受詔領禁兵，不宜輕出入宮省。”[4]進甚然之，乃稱疾不入陪喪，又不送山陵。[5]遂與紹定籌策，而以其計白太后。太后不聽，曰：“中官統領禁省，自古及今，漢家故事，不可廢也。且先帝新弃天下，我奈何楚楚與士人對共事乎？”[6]進難違太后意，且欲誅其放縱者。紹以爲中官親近至尊，出入號令，今不悉廢，後必爲患。而太后母舞陽君及苗數受諸宦官賂遺，[7]知進欲誅之。數白太后，爲其障蔽。又言：“大將軍專殺左右，擅權以弱社稷。”太后疑以爲然。中官在省闥者或數十年，[8]封侯貴寵，膠固內外。進新當重任，素敬憚之，雖外收大名而內不能斷，故事久不決。

[1]【今注】部曲：漢代軍隊編制。本書《百官志一》載：“大將軍營五部，部校尉一人，比二千石；軍司馬一人，比千石。

部下有曲，曲有軍候一人，比六百石。曲下有屯，屯長一人，比二百石。”後私人家兵也稱部曲。

[2]【李賢注】申伯，周申后父也。《詩·大雅》曰：“唯申及甫（唯，紹興本作‘維’，可從，本注下同），唯周之翰。”【今注】申伯：周宣王母舅，申國之伯。爲周代賢士。

[3]【李賢注】人主崩未有諡，故稱大行也。《前書音義》曰：“大行者，不反之辭也。”【今注】大行：也稱“大行皇帝”，指皇帝死後停棺未葬。

[4]【今注】宮省：宮指皇宮，省指尚書省、中書省等官署，此代指宮禁。

[5]【今注】山陵：帝王死後多因山建陵，故稱其陵墓爲“山陵”，也代指先帝。

[6]【李賢注】《楚詞》曰“楚楚”，鮮明貌也。《詩》曰：“衣裳楚楚。”【今注】楚楚：容貌鮮明的樣子。 案，對共，大德本、殿本作“共對”，不從。

[7]【今注】舞陽君：東漢靈帝何皇后之母。家本屠户，因其女何貴人被立爲皇后，於光和四年（181）被封爲舞陽君，食湯沐邑，後爲董卓亂兵所殺。舞陽，城邑名。治所在今河南舞陽縣西。

賂（lù）遺（wèi）：以財物贈送或買通他人，即賄賂。

[8]【今注】省闥：與前文“宮省”意思相同，代指宮禁之中。

紹等又爲畫策，多召四方猛將及諸豪傑，使並引兵向京城，以脅太后。進然之。主簿陳琳入諫曰：[1]“《易》稱‘即鹿無虞’，[2]諺有‘掩目捕雀’。夫微物尚不可欺以得志，況國之大事，其可以詐立乎？今將軍總皇威，握兵要，[3]龍驤虎步，高下在心，[4]此猶鼓洪爐燎毛髮耳。夫違經合道，天人所順，而反委釋利器，[5]更徵外助。大兵聚會，彊者爲雄，所謂倒持干戈，授人以柄，[6]功必不成，祇爲亂階。"[7]進不聽。遂西召前將軍董卓屯關中上林苑，[8]又使府掾太山王匡東發其郡强弩，[9]并召東郡太守橋瑁屯城皋，[10]使武猛都尉丁原燒孟津，火照城中，[11]皆以誅宦官爲言。[12]太后猶不從。

[1]【今注】主簿：官名。漢代中央機構及地方郡縣均有設置，大將軍出征亦設。掌管文書簿記、印鑑事務。　陳琳：字孔璋，廣陵射陽（今江蘇寶應縣東北）人。"建安七子"之一。傳見《三國志》卷二一。

[2]【李賢注】《易·屯卦》六三《爻辭》也（三，大德本作"二"，不從）。虞，掌山澤之官。即鹿猶從禽也。無虞言不可得。

[3]【今注】兵要：兵權。

[4]【今注】高下在心：本指斟酌行事，後也形容做事胸有成竹。案，王先謙《後漢書集解》引惠棟言："《左傳》舊注云高下猶屈伸，杜預注云因時制宜。"

[5]【今注】委釋：捨弃。

[6]【李賢注】《前書》梅福上書曰："倒持太阿，授楚其柄（其，殿本作'以'，不從）。"

[7]【今注】祇爲亂階：祇會成爲禍亂的緣由。祇，同"祇"，僅僅。階，緣由，途徑。

[8]【今注】董卓：字仲穎，隴西臨洮（今甘肅岷縣）人。傳見本書卷七二。　上林苑：皇家林苑之一。東漢上林苑在今河南洛陽市東。

[9]【今注】太山：郡名。即泰山，范曄避其父泰諱而寫作"太"。治奉高縣（今山東泰安市東）。　王匡：東漢官吏。泰山

人。官至河内太守。　強弩：本指强勁的弓，此爲軍隊的一種，即弓弩兵。

[10]【今注】東郡：治濮陽縣（今河南濮陽市華龍區西南）。
橋瑁：字元瑋，梁國睢陽（今河南商丘市南）人。太尉橋玄族子，曾任東郡太守，先後參與何進謀誅宦官、討伐董卓，後爲兗州刺史劉岱所殺。　城皋：關隘名。故址在今河南滎陽市汜水鎮東，因關隘設於西漢所置城皋縣境内而得名。

[11]【李賢注】武猛謂有武藝而勇猛者。取其嘉名，因以名官也。【今注】丁原：字建陽，後被董卓所派的吕布所殺。　孟津：津渡名。故址在今河南孟津縣北、孟州市西南的黄河上。黄巾起義後，爲抵抗黄巾軍，曾在此設關防守，與函谷、大谷、廣城、伊闕、轘轅、旋門、小平津合稱洛陽“八關”，設有都尉。

[12]【今注】案，官官，紹興本、大德本、殿本作“宦官”，可從。

　　苗謂進曰：“始共從南陽來，俱以貧賤，依省内以致貴富。[1]國家之事，亦何容易！覆水不可收。宜深思之，且與省内和也。”進意更狐疑。紹懼進變計，乃脅之曰：“交搆已成，[2]形埶已露，事留變生，將軍復欲何待，而不早決之乎？”進於是以紹爲司隸校尉，假節，專命擊斷；[3]從事中郎王允爲河南尹。[4]紹使洛陽方略武吏司察宦者，而促董卓等使馳驛上，欲進兵平樂觀。太后乃恐，悉罷中常侍小黄門，使還里舍，唯留進素所私人，以守省中。諸常侍小黄門皆詣進謝罪，[5]唯所措置。進謂曰：“天下匈匈，正患諸君耳。今董卓垂至，諸君何不早各就國？”[6]袁紹勸進便於此決之，[7]至於再三。進不許。紹又爲書告諸州郡，[8]詐宣進意，使捕案中官親屬。

[1]【今注】案，王先謙《後漢書集解》引《資治通鑑》胡三省注言："何后因宦官得進，進兄弟以此致富貴也。"省内，即宮省之内，此代指宦官。

[2]【今注】交搆：也作"交構"，相互構陷。

[3]【今注】案，王先謙《後漢書集解》引《資治通鑑》胡三省注曰："司隸校尉本持節，至元帝時諸葛豐爲司隸始去節，今假詔節，重其權也。"

[4]【今注】案，大德本脱"事"字。　王允：字子師，太原祁（今山西祁縣東南）人。傳見本書卷六六。

[5]【今注】詣：前往。《玉篇·言部》："詣，往也，到也。"

[6]【今注】就國：即到自己的封國去。

[7]【今注】案，王先謙《後漢書集解》引《資治通鑑》胡三省注曰："勸進於此時悉誅之也。"

[8]【今注】案，大德本、殿本無"諸"字。

進謀積日，頗泄，中官懼而思變。張讓子婦，[1]太后之妹也。[2]讓向子婦叩頭曰："老臣得罪，當與新婦俱歸私門。唯受恩累世，[3]今當遠離宮殿，情懷戀戀，願復一入直，[4]得暫奉望太后、陛下顔色，然後退就溝壑，[5]死不恨矣。"子婦言於舞陽君，入白太后，乃詔諸常侍皆復入直。

[1]【今注】張讓：潁川郡（今河南禹州市）人。東漢後期宦官，靈帝時期"十常侍"之一。傳見本書卷七八。

[2]【今注】案，妹，大德本作"甥"，未知孰是。

[3]【李賢注】惟（殿本作“唯”，不從），思念也。【今注】唯：紹興本作“惟”，可從。惟，思考，想。《爾雅·釋詁下》：“惟，思也。”

[4]【今注】直：同“值”，值班之意，漢代一般稱爲“直符”。《漢書》卷七六《王尊傳》：“今將輔送獄，直符史詣閣下，從太守受其事。”顏師古注曰：“直符史，若今之當直佐史也。”“直符”官員要記錄值班情況，將其作成“符書”，作爲文書存檔、備查。

[5]【今注】溝壑：本指山谷，這裏借指困厄之境，野死之地。

　　八月，進入長樂白太后，請盡誅諸常侍以下，選三署郎入守宦官廬。[1]諸宦官相謂曰：“大將軍稱疾不臨喪，不送葬，今欻入省，[2]此意何爲？竇氏事竟復起邪？”又張讓等使人潛聽，具聞其語，乃率常侍段珪、畢嵐等數十人，持兵竊自側闥入，伏省中。及進出，因詐以太后詔召進。入坐省閣，[3]讓等詰進曰：“天下憒憒，亦非獨我曹罪也。[4]先帝嘗與太后不快，幾至成敗，[5]我曹涕泣救解，各出家財千萬爲禮，和悅上意，但欲托卿門户耳。今乃欲滅我曹種族，不亦大甚乎？[6]卿言省内穢濁，公卿以下忠清者爲誰？”於是尚方監渠穆拔劍斬進於嘉德殿前。[7]讓、珪等爲詔，[8]以故太尉樊陵爲司隸校尉，[9]少府許相爲河南尹。[10]尚書得詔板，疑之，曰：“請大將軍出共議。”中黄門以進頭擲與尚書，曰：“何進謀反，已伏誅矣。”

[1]【今注】三署郎：官名。即中郎、侍郎、郎中。《漢官儀》載："三署謂五官署也，左、右署，各置中郎將以司之。郡國舉孝廉以補三署郎，年五十以上屬五官，其次分在左、右署，凡有中郎、議郎、侍郎、郎中四等，無員。"漢代光禄勳屬官有議郎、中郎、侍郎、郎中，除議郎外都要宿衛宮廷，出充車騎，其分屬五官、左、右中郎將，故稱其爲"三署郎"。中郎秩比六百石，侍郎比四百石，郎中比三百石。　宦官廬：宦官值班時住宿的房屋。《漢書》卷六四上《嚴助傳》載："君厭承明之廬，勞侍從之事，懷故土，出爲郡吏。"顏師古引張晏注曰："承明廬在石渠閣外。直宿所止曰廬。"

[2]【李賢注】欻音許物反。【今注】欻（xū）：忽然。

[3]【今注】案，閣，紹興本作"閤"。前言"自側閤入"，"閤"字可從。

[4]【李賢注】《說文》曰："憒憒，亂也。"【今注】憒憒：紛亂的景象。

[5]【李賢注】陳留王協母王美人，何后鴆殺之，帝怒，欲廢后，宦官固請得止。

[6]【今注】案，大，大德本、殿本作"太"，可從。

[7]【今注】尚方監：尚方爲製造皇室所用器物的官署，尚方監爲該官署長官。名義上屬少府。本書《百官志三》載："章和以下，中官稍廣，加嘗藥、太官、御者、鈎盾、尚方、考工、別作監，皆六百石，宦者爲之，轉爲兼副。"

[8]【今注】爲詔：即製作詔書。案，曹金華《後漢書稽疑》認爲"爲詔"當爲"僞詔"（第908頁）。今案，漢代表示僞造詔書多用"矯詔"，原文或無誤。

[9]【今注】樊陵：字德雲，南陽胡陽（今河南唐河縣湖陽鎮）人。光禄大夫樊英之孫，東漢靈帝中平五年（188）五月由永樂少府升任太尉，次月被罷官，因結交宦官，後被袁紹所殺。

[10]【今注】許相：字公弼，汝南平輿（今河南平輿縣北）人。因爲詔事宦官，封列侯，歷任侍中、光禄大夫、司空、司徒、少府、河南尹等職，參與謀殺大將軍何進，後被袁紹誅殺。

進部曲將吳匡、張璋，素所親幸，在外聞進被害，欲將兵入宫，宫閤閉。袁術與匡共斫攻之，[1]中黄門持兵守閤。會日暮，術因燒南宫九龍門及東西宫，[2]欲以脅出讓等。讓等入白太后，言大將軍兵反，燒宫，攻尚書闥，因將太后、天子及陳留王，[3]又劫省内官屬，從複道走北宫。[4]尚書盧植執戈於閣道窗下，[5]仰數段珪。[6]段珪等懼，乃釋太后。太后投閣得免。

[1]【今注】袁術：字公路，汝南汝陽（今河南商水縣西北）人。傳見本書卷七五。　斫（zhuó）：用刀斧砍削。

[2]【今注】案，王先謙《後漢書集解》引惠棟言《袁宏紀》"九龍門"作"青瑣門"。

[3]【今注】陳留王：即後來的漢獻帝劉協。中平六年（189），少帝劉辯即位，封劉協爲勃海王，後徙封陳留王。少帝劉辯被董卓廢黜之後，劉協被立爲皇帝，即漢獻帝。曹丕稱帝後被廢爲山陽公。紀見本書卷九。

[4]【李賢注】複音福。

[5]【今注】盧植：字子幹，涿郡涿（今河北涿州市）人。傳見本書卷六四。

[6]【今注】數：數落，責備。《廣雅·釋詁一》："數，責也。"

袁紹與叔父隗矯詔召樊陵、許相，斬之。[1]苗、紹乃引兵屯朱雀闕下，捕得趙忠等，斬之。吳匡等素怨苗不與進同心，而又疑其與宦官同謀，乃令軍中曰："殺大將軍者即車騎也，士吏能爲報讎乎？"[2] 進素有仁恩，士卒皆流涕曰："願致死！"[3] 匡遂引兵與董卓弟奉車都尉旻攻殺苗，[4] 弃其屍於苑中。紹遂閉北宫門，勒兵捕宦者，無少長皆殺之。或有無須而誤死者，[5] 至自發露然後得免。死者二千餘人。紹因進兵排宫，[6] 或上端門屋，[7] 以攻省内。

[1]【今注】案，曹金華《後漢書稽疑》引《靈帝紀》《天文志》等認爲攻殺何苗在先，斬樊陵、許相在後（第 908—909 頁）。

[2]【今注】讎：同"仇"。仇恨。

[3]【今注】案，曹金華《後漢書稽疑》引《後漢紀》卷二五認爲"致"當爲"效"（第 909 頁）。

[4]【今注】奉車都尉：官名。名義上屬光禄勳。本書《百官志二》："奉車都尉，比二千石。本注曰：無員。掌御乘輿車。"

[5]【今注】須：同"鬚"。鬍鬚。

[6]【今注】因：依靠，憑借。案，大德本作"困"，不從。
排宫：依次、逐一排查宫殿。

[7]【今注】端門：宫殿的正南門。

張讓、段珪等困迫，[1] 遂將帝與陳留王數十人步出穀門，奔小平津。[2] 公卿並出平樂觀，無得從者，唯尚書盧植夜馳河上，王允遣河南中部掾閔貢隨植後。貢至，手劍斬數人，餘皆投河而死。明日，公卿百官乃奉迎天子還宫，以貢爲郎中，封都亭侯。[3]

[1]【今注】案，困，大德本、殿本作“因”，不從。

[2]【李賢注】穀門，洛城北當中門也。【今注】小平津：洛陽“八關”之一。東漢靈帝時期爲防備黄巾起義軍而設，在當時黄河邊的小平津渡口。

[3]【今注】都亭侯：列侯之一。東漢列侯分爲縣侯、鄉侯、亭侯三等，都亭侯即設在都亭的亭侯。

董卓遂廢帝，又迫殺太后，殺舞陽君，何氏遂亡，而漢室亦自此敗亂。

論曰：竇武、何進藉元舅之資，[1]據輔政之權，内倚太后臨朝之威，外迎群英乘風之埶，卒而事敗閹豎，身死功墜，爲世所悲，豈智不足而權有餘乎?[2]《傳》曰：“天之廢商久矣，君將興之。”斯宋襄公所以敗於泓也。[3]

[1]【今注】藉：憑借。

[2]【李賢注】言智非不足，權亦有餘，蓋天敗也。

[3]【李賢注】《左傳》曰，楚伐宋，宋公將戰。子魚諫曰：“天之弃商久矣，公將興之，不可。”宋公不從，遂與楚戰，大敗於泓也。【今注】案，《左傳》僖公二十二年載：“楚人伐宋以救鄭。宋公將戰，大司馬固諫曰：‘天之弃商久矣，君將興之，弗可赦也已。’”與李賢注引略異，與正文合。此是説竇武、何進當斷不斷，像宋襄公那樣祇是婦人之仁。

贊曰：武生蛇祥，進自屠羊。[1]惟女惟弟，來儀紫房。[2]上惛下蹙，人靈動怨。將糾邪慝，[3]以合人願。

道之屈矣，代離凶困。^[4]

[1]【李賢注】進本屠家子也。

[2]【今注】來儀：鳳凰，這裏代指皇后。　紫房：皇太后所住的宮室。

[3]【今注】邪慝（tè）：姦惡，邪惡。

[4]【李賢注】代，更也。【今注】離：通“罹”。遭受。

後漢書　卷七〇

列傳第六十

鄭太　孔融　荀彧

　　鄭太字公業，[1]河南開封人，司農衆之曾孫也。[2]少有才略。靈帝末，知天下將亂，陰交結豪桀。家富於財，有田四百頃，[3]而食常不足，名聞山東。[4]

　　[1]【今注】太：原本爲“泰”，范曄避其父泰諱而寫作“太”。

　　[2]【李賢注】開封，縣，故城在今汴州南。【今注】河南：即“河南尹”，政區名。長官亦稱河南尹。其屬京畿，故不稱郡，地位高於郡。治所在今河南洛陽市東北。　開封：縣名。治所在今河南開封市祥符區西南。　司農：即“大司農”，官名。九卿之一，掌國家財政。本書《百官志三》載：“大司農，卿一人，中二千石。本注曰：掌諸錢穀金帛諸貨幣。郡國四時上月旦見錢穀簿，其逋未畢，各具別之。邊郡諸官請調度者，皆爲報給，損多益寡，取相給足。”　衆：鄭衆，字仲師。傳見本書卷三六。　案，王先謙《後漢書集解》校補言“曾孫”當爲“玄孫”。今案，《三國志》卷一

六《魏書·鄭渾傳》載："高祖父衆，衆父興，皆爲名儒。渾兄泰，與荀攸等謀誅董卓，爲揚州刺史，卒。"可知鄭衆爲鄭泰高祖父。

[3]【今注】有田四百頃：張家山漢簡《二年律令·户律》規定："關内侯九十五頃，大庶長九十頃，駟車庶長八十八頃，大上造八十六頃，少上造八十四頃，右更八十二頃，中更八十頃，左更七十八頃，右庶長七十六頃，左庶長七十四頃，五大夫廿五頃，公乘廿頃，公大夫九頃，官大夫七頃，大夫五頃，不更四頃，簪裊三頃，上造二頃，公士一頃半頃，公卒、士伍、庶人各一頃，司寇、隱官各五十畝。"〔載張家山二四七號漢墓竹簡整理小組編著《張家山漢墓竹簡〔二四七號墓〕》（釋文修訂本），文物出版社2006年版，第52頁〕一般認爲東漢繼承了西漢的土地制度。兩漢時期超過法定限額被認爲是"田宅逾制"。

[4]【今注】山東：指崤山、函谷關以東的廣大地區，如稱魏、趙、韓、楚、齊、燕六國爲"山東六國"。

初舉孝廉，[1]三府辟，公車徵，[2]皆不就。及大將軍何進輔政，[3]徵用名士，以公業爲尚書侍郎，[4]遷侍御史。[5]進將誅閹官，欲召并州牧董卓爲助。[6]公業謂進曰："董卓彊忍寡義，志欲無猒。[7]若借之朝政，授以大事，[8]將恣凶慾，[9]必危朝廷。明公以親德之重，據阿衡之權，[10]秉意獨斷，誅除有罪，誠不宜假卓以爲資援也。且事留變生，殷鑒不遠。"[11]又爲陳時務之所急數事。進不能用，乃弃官去。謂潁川人荀攸曰：[12]"何公未易輔也。"

[1]【今注】舉：察舉，漢代選官制度之一。即地方郡國向中央舉薦人才，常科有孝廉、茂才等，特科有賢良、方正、文學、明

經等。　孝廉：漢代察舉選官科目，指孝子廉吏。

[2]【今注】徵辟：爲漢代重要選官制度。徵，即徵召。皇帝
徵召有才能或有德望之人爲官。辟，即辟除。三公以下任用屬吏稱
爲"辟"。

[3]【今注】何進：字遂高，南陽宛（今河南南陽市臥龍區）
人。傳見本書卷六九。

[4]【李賢注】《續漢志》曰："尚書凡六曹，侍郎三十六人，
四百石。一曹有六人，主作文書起草。"【今注】尚書侍郎：官名。
屬尚書臺，負責起草文書。本書《百官志三》載："（尚書）侍郎三
十六人，四百石。本注曰：一曹有六人，主作文書起草。"

[5]【今注】侍御史：官名。御史中丞屬官，負責監察百官，
接受百官奏事。本書《百官志三》："侍御史十五人，六百石。本注
曰：掌察舉非法，受公卿群吏奏事，有違失舉劾之。凡郊廟之祠及
大朝會、大封拜，則二人監威儀，有違失則劾奏。"

[6]【今注】州牧：官名。由刺史演變而來，掌一州軍政大
權，鎮撫一方。詳見本書《百官志五》。　董卓：字仲穎，隴西臨
洮（今甘肅岷縣）人。傳見本書卷七二。

[7]【今注】猒：同"厭"。滿足。《説文·甘部》："猒，
飽也。"

[8]【李賢注】借音子夜反。

[9]【今注】恣：放縱。《説文·心部》："恣，縱也。"

[10]【今注】阿衡：本爲商代官名，指師保之官，此代指輔
弼國家的宰相。

[11]【今注】殷鑒不遠：《詩·大雅·蕩》載："殷鑒不遠，
在夏后之世。"殷指商代，又稱"殷商"。"殷鑒不遠"是説殷商的
子孫應以夏的滅亡爲借鑒，後泛指前人的教訓就在眼前，多用於
勸諫。

[12]【今注】潁川：郡名。治陽翟縣（今河南禹州市）。　荀

攸：字公達，潁川潁陰（今河南許昌市魏都區）人。後爲曹操軍師。傳見《三國志》卷一〇。

進尋見害，[1]卓果作亂。公業等與侍中伍瓊、卓長史何顒共説卓，[2]以袁紹爲勃海太守，[3]以發山東之謀。及義兵起，[4]卓乃會公卿議，大發卒討之，群僚莫敢忤旨。公業恐其衆多益橫，凶彊難制，獨曰：“夫政在德，不在衆也。”[5]卓不悦，曰：“如卿此言，兵爲無用邪？”公業懼，乃詭詞更對曰：[6]“非謂無用，以爲山東不足加大兵耳。如有不信，試爲明公略陳其要。今山東合謀，州郡連結，人庶相動，非不強盛。然光武以來，中國無警，[7]百姓優逸，忘戰日久。仲尼有言：‘不教人戰，是謂弃之。’其衆雖多，不能爲害。一也。明公出自西州，[8]少爲國將，閑習軍事，[9]數踐戰場，[10]名振當世，人懷懾服。二也。袁本初公卿子弟，[11]生處京師。張孟卓東平長者，[12]坐不闚堂。[13]孔公緒[14]清談高論，嘘枯吹生。[15]並無軍旅之才，執鋭之幹，臨鋒決敵，非公之儔。[16]三也。山東之士，素乏精悍。[17]未有孟賁之勇，慶忌之捷，[18]聊城之守，[19]良、平之謀，[20]可任以偏師，責以成功。四也。就有其人，而尊卑無序，王爵不加，若恃衆恈力，[21]將各基峙，[22]以觀成敗，不肯同心共膽，與齊進退。五也。關西諸郡，[23]頗習兵事，自頃以來，數與羌戰，婦女猶戴戟操矛，挾弓負矢，[24]況其壯勇之士，以當妄戰之人乎！[25]其勝可必。六也。且天下彊勇，百姓所畏者，有并、涼之人，[26]及匈奴、屠各、湟中義從、西

羌八種，[27]而明公擁之，以爲爪牙，[28]譬驅虎兕以赴
犬羊。七也。又明公將帥，皆中表腹心，周旋日久，
恩信淳著，忠誠可任，智謀可恃。以膠固之衆，[29]當
解合之執，[30]猶以烈風埽彼枯葉。[31]八也。夫戰有三
亡，以亂攻理者亡，[32]以邪攻正者亡，以逆攻順者亡。
今明公秉國平正，[33]討滅宦豎，[34]忠義克立。以此三
德，持彼三亡，奉辭伐罪，誰敢禦之！九也。東州鄭
玄學該古今，[35]北海邴原清高直亮，[36]皆儒生所仰，
群士揩式。[37]彼諸將若詢其計畫，足知彊弱。且燕、
趙、齊、梁非不盛也，終滅於秦；吳、楚七國非不衆
也，卒敗榮陽。[38]況今德政赫赫，股肱惟良，彼豈讚
成其謀，造亂長寇哉？其不然。十也。若其所陳少有
可採，無事徵兵以驚天下，使患役之民相聚爲非，弃
德恃衆，自虧威重。”卓乃悅，以公業爲將軍，使統諸
軍討擊關東。或説卓曰：“鄭公業智略過人，而結謀外
寇，今資之士馬，就其黨與，竊爲明公懼之。”卓乃收
還其兵，留拜議郎。[39]

[1]【今注】尋：不久，很快。

[2]【今注】案，曹金華《後漢書稽疑》言《袁紹傳》、《後
漢紀》卷二六、《魏志·袁紹傳》等作“城門校尉伍瓊”（中華書
局 2014 年版，第 912 頁）。今案，本書卷七二《董卓傳》亦作“侍
中伍瓊”，與本傳同，異於《袁紹傳》等，可能伍瓊曾先後任侍
中、城門校尉。 侍中：官名。名義上屬少府。掌侍從、顧問。本
書《百官志三》：“比二千石。本注曰：無員。掌侍左右，贊導衆
事，顧問應對。法駕出，則多識者一人參乘，餘皆騎在乘輿車後。

本有僕射一人，中興轉爲祭酒，或置或否。”　伍瓊：字德瑜，汝南郡（今河南平輿縣北）人。曾任侍中、城門校尉，後爲董卓所殺。　長史：官名。東漢太尉、司徒、司空及將軍府各有長史，邊境郡守也設長史，掌管兵馬事務。　何顒（yóng）：字伯求，南陽襄鄉（今湖北棗陽市東北）人。傳見本書卷六七。

[3]【今注】勃海：郡名。亦作“渤海”。治南皮縣（今河北南皮縣北）。

[4]【今注】義兵：此指地方郡國反對董卓專權的軍隊，不是指黃巾起義的軍隊。

[5]【今注】案，曹金華《後漢書稽疑》據後文及《魏志·鄭渾傳》所引張璠《漢紀》認爲“衆”當爲“兵”（第912頁）。今案，“衆”字亦通，本傳與《漢紀》孰是孰非，難定，今存錄。

[6]【李賢注】詭猶詐也。【今注】詭詞：詭辯之詞。

[7]【今注】警：指警情，此代指戰事。秦漢有《奔警律》，是關於戰事爆發、徵召士兵奔赴戰場的法律。

[8]【今注】西州：此指涼州。董卓爲隴西郡臨洮縣人，當時屬涼州。涼州在京師洛陽西邊，故稱“西州”。

[9]【今注】閑：同“嫻”。熟悉、通曉之意。

[10]【今注】踐：到，臨。

[11]【今注】袁本初：袁紹，字本初，汝南汝陽（今河南商水縣西北）人。傳見本書卷七四上。

[12]【李賢注】孟卓名邈。【今注】張孟卓：張邈，東平壽張（今山東東平縣西南）人。爲“八厨”之一。年少時以俠義聞名，賑濟貧弱，與曹操甚爲親近，後與陳宮反叛曹操，在向袁術借兵的路上被部下所殺。傳見《三國志》卷七，另事見本書卷七五《呂布傳》。　東平：王國名。治無鹽縣（今山東東平縣南）。　長者：品德高尚之人。

[13]【李賢注】言不妄視也。【今注】坐不闚堂：指人端坐，

目不斜视，代指人的品行修養很高。

[14]【李賢注】名俌（名，大德本、殿本作“孔”，未知孰是）。【今注】孔公緒：名俌，公緒爲其字。陳留郡（今河南開封市祥符區東南陳留鎮）人。曾任豫州刺史。

[15]【李賢注】枯者噓之使生，生者吹之使枯。言談論有所抑揚也。【今注】噓枯吹生：指其言論有所褒貶，也指其能説會道。

[16]【今注】儔：匹敵、倫比。《字彙·人部》：“儔，等也。”

[17]【李賢注】悍，勇也。【今注】素乏精悍：缺乏戰鬥力。

[18]【李賢注】《説菀》曰（菀，大德本、殿本作“苑”，可從）：“孟賁水行不避鮫龍（鮫，殿本作‘蛟’），陸行不避虎狼，發怒吐氣，聲響動天。”許慎注《淮南子》曰：“孟賁，衞人也。”《吕氏春秋》曰：“孟賁過於河（殿本脱‘於’字），先其伍，舡人怒，以楫虓其頭（虓，大德本作‘婋’），不知其孟賁故也。中河，孟賁瞋目視舡人，髮植目裂，舟中人盡播入河（舟，大德本、殿本作‘舡’）。”慶忌，吴王僚子也。射之矢，滿把不能中，四馬追之不能及（四，大德本、殿本作“駟”，可從）。【今注】案，孟賁、慶忌，都是著名的勇士。

[19]【李賢注】《史記》，燕將攻下聊城，因保守之。齊將田單攻之，歲餘不下。【今注】聊城：縣名。東漢屬東郡，治所在今山東聊城市東昌府區西北。

[20]【今注】良平：指張良、陳平，漢初著名的謀臣。世家見《史記》卷五五、卷五六，傳見《漢書》卷四〇。

[21]【李賢注】怗亦恃也。【今注】恃衆怗力：憑借人多勢衆。

[22]【李賢注】峙，止也。【今注】基峙：王先謙《後漢書集解》引劉攽言當作“基峙”，可從。基峙，相互對峙之勢。

[23]【今注】關西：東漢函谷關（今河南澠池縣東）以西地區。

　　〔24〕【李賢注】挾，特也（特，紹興本、大德本、殿本皆作
"持"，可從）。【今注】婦女猶戴戟操矛挾弓負矢：此指其熟悉武
藝。案，王先謙《後漢書集解》言"戴"當爲"載"。

　　〔25〕【今注】案，王先謙《後漢書集解》言《漢紀》"妄戰"
作"忘戰"，今存録。

　　〔26〕【今注】案，王先謙《後漢書集解》引劉攽言多"有"
字，曹金華《後漢書稽疑》言《魏志·鄭渾傳》注引張璠《漢紀》
"有"作"不過"（第912頁）。

　　〔27〕【李賢注】義從、八種並見《西羌傳》。【今注】湟中：
地域名。今青海湟水一帶，漢代雜居有漢人、羌人和月氏胡等。
義從：自願隨從的胡人。　西羌：東漢時羌人的一支。居住在金城
（今甘肅永靖縣西北）、漢陽（今甘肅甘谷縣東）一帶，因駐地偏
西，故稱"西羌"。

　　〔28〕【今注】爪牙：此代指得力的部下，也指武將。後世多
有貶義。

　　〔29〕【李賢注】膠亦固也。【今注】膠固之衆：形容非常
團結。

　　〔30〕【今注】案，曹金華《後漢書稽疑》言"解合"當誤，
《魏志·鄭渾傳》引張璠《漢紀》作"解後"（第912頁）。

　　〔31〕【今注】案，埽，紹興本、大德本、殿本皆作"掃"，
可從。

　　〔32〕【今注】理：代指太平、治理很好的國家。

　　〔33〕【今注】案，王先謙《後漢書集解》言："《漢紀》作
'秉國政平'。"秉國，執掌國家大權。平正，公平正直。

　　〔34〕【今注】宦豎：對宦官的蔑稱。

　　〔35〕【李賢注】玄，北海人，故云東州。【今注】鄭玄：字
康成，北海高密（今山東高密市西南）人。漢代儒學大師，唐貞觀
年間配享孔廟。傳見本書卷三五。

[36]【李賢注】《魏志》，原字根矩，北海朱虛人也。與管寧
俱以操尚稱。【今注】北海：時爲王國。治劇縣（今山東昌樂縣西
北）。 邴原：字根矩，北海朱虛（今山東臨朐縣東南）人。漢末
名士，死於曹操征吳途中。傳見《三國志》卷一一。

[37]【今注】揩式：楷模，範式。案，揩，紹興本、大德本、
殿本皆作“楷”，可從。

[38]【李賢注】《前書》吳王濞、楚王戊、趙王遂、淄川王
賢、濟南王辟光、膠西王卬、膠東王雄渠，景帝二年反（二，紹
興本作“三”，可從），大將軍條侯周亞夫將兵破之滎陽。【今注】
吳楚七國：吳，王國名。治廣陵縣（今江蘇揚州市西北）。楚，王
國名。治彭城縣（今江蘇徐州市）。趙，王國名。治邯鄲縣（今河
北邯鄲市）。淄川，王國名。治劇縣（今山東壽光市南）。濟南，
王國名。治東平陵縣（今山東濟南市章丘區西北）。膠西，王國名。
治高密縣（今山東高密市西南）。膠東，王國名。治即墨縣（今山
東平度市東南）。 滎陽：縣名。也作“熒陽”。治所在今河南滎
陽市東北。

[39]【今注】議郎：官名。名義上屬光禄勳。秩六百石，備
皇帝咨詢，也參與朝議。本書《百官志二》載：“凡大夫、議郎皆
掌顧問應對，無常事，唯詔令所使。”

卓既遷都長安，天下飢亂，士大夫多不得其命。
而公業家有餘資，日引賓客高會倡樂，[1]所贍救者甚
衆。乃與何顒、荀攸共謀殺卓。事洩，顒等被執，公
業脫身自武關走，[2]東歸袁術。[3]術上以爲楊州刺
史。[4]未至官，道卒，時年四十一。[5]

[1]【今注】高會：盛大的宴會。
[2]【今注】武關：秦漢時期著名關隘之一。位於今陝西丹鳳

縣東武關河的北岸。關中地區南部要塞，與函谷關、崤關、大散關號稱"秦之四塞"。劉邦曾從武關進入關中，滅亡秦朝。

　　[3]【今注】袁術：字公路，汝南汝陽（今河南商水縣西北）人。傳見本書卷七五。

　　[4]【今注】上：向皇帝奏請之意。　楊州：東漢時初治歷陽縣（今安徽和縣），東漢末年移治壽春縣（今安徽壽縣）、合肥縣（今安徽合肥市蜀山區）。案，楊，殿本作"揚"，可從。　刺史：官名。西漢武帝時始置，秩六百石，監察州二千石官員，東漢後期發展爲一州最高長官。詳見本書《百官志五》。

　　[5]【今注】案，紹興本無"時"字。一，大德本、殿本作"二"。

　　　孔融字文舉，魯國人，[1]孔子二十世孫也。[2]七世祖霸，爲元帝師，位至侍中。[3]父宙，[4]太山都尉。[5]

　　[1]【今注】魯國：王國名。治魯縣（今山東曲阜市）。

　　[2]【今注】孔子二十世孫：《世説新語·言語》注引《續漢書》言："孔融字文舉，魯國人，孔子二十四世孫。"然《箋疏》言："《孔宙碑》云：'君諱宙字季將，孔子十九世孫也。'嘉錫案：宙爲十九世孫，則融不得爲二十四世，《續漢書》誤也。《後漢書》本傳作二十世孫，不誤。"（劉義慶著，劉孝標注，余嘉錫箋疏：《世説新語箋疏》，中華書局 2011 年版，第 50、51 頁）

　　[3]【李賢注】《前書》霸字次孺（書，大德本、殿本作"漢"，不從；孺，大德本、殿本皆作"儒"，可從），元帝師。解見《孔昱傳》。【今注】霸：孔霸，字次儒。西漢中後期經學家，歷仕漢昭帝、宣帝、元帝、成帝四朝，爲漢元帝老師，曾封褒成君、褒成侯。事見《漢書》卷八一《孔光傳》。

　　[4]【今注】案，宙，殿本作"伷"，不從。

[5]【今注】太山：即泰山，范曄避其父泰諱而寫作"太"。郡名。治奉高縣（今山東泰安市東）。

融幼有異才。[1]年十歲，隨父詣京師。[2]時河南尹李膺[3]以簡重自居，不妄接士賓客，勑外自非當世名人及與通家，[4]皆不得白。[5]融欲觀其人，故造膺門。語門者曰："我是李君通家子弟。"門者言之。膺請融，問曰："高明祖父嘗與僕有恩舊乎？"[6]融曰："然。先君孔子與君先人李老君同德比義，而相師友，[7]則融與君累世通家。"衆坐莫不歎息。太中大夫陳煒後至，[8]坐中以告煒。煒曰："夫人小而聰了，大未必奇。"融應聲曰："觀君所言，將不早惠乎？"[9]膺大笑曰："高明必爲偉器。"[10]

[1]【李賢注】《融家傳》曰："兄弟七人，融弟六（弟，大德本、殿本皆作'第'，可從），幼有自然之性。年四歲時，每與諸兄共食梨，融輒引小者。大人問其故，答曰：'我小兒，法當取小者。'由是宗族奇之。"【今注】異才：異於尋常的才能。

[2]【今注】案，中華本校勘記謂"十"當作"七"。 詣：前往。《玉篇·言部》："詣，往也，到也。"

[3]【李賢注】膺，潁川襄城人。《融家傳》曰："聞漢中李公清節直亮，意慕之，遂造公門。"李固，（曹金華《後漢書稽疑》言太尉李固建和元年下獄被誅，當時孔融尚未出生，李賢誤以"李公"爲"李固"）漢中人，爲太尉，與此傳不同也。【今注】河南尹：此爲官名，行政區河南尹的最高長官。本書《百官志四》："河南尹一人，主京都，特奉朝請。其京兆尹、左馮翊、右扶風三人，漢初都長安，皆秩中二千石，謂之三輔。中興都雒陽，更

以河南郡爲尹，以三輔陵廟所在，不改其號，但減其秩。"其屬京畿，故不稱郡，地位高於郡守。 李膺：字元禮，潁川襄城（今河南襄城縣）人。東漢名士，死於黨錮事件。傳見本書卷六七。

[4]【今注】勑：同"敕"。告誡，勉勵。 通家：指世代交好之家。案，曹金華《後漢書稽疑》言"通家"後脱"子孫"二字（第914頁）。

[5]【今注】白：通稟，稟告。《玉篇·白部》："白，告語也。"《正字通·白部》："白，下告上曰稟白，同輩述事陳義亦曰白。"漢魏時期常用於文書之中。

[6]【今注】案，曹金華《後漢書稽疑》言"祖父"當爲"父祖"（第914頁）。

[7]【李賢注】《家語》曰："孔子謂南宮敬叔曰：'吾聞老聃博古而達今，通禮樂之源，明道德之歸，即吾之師也。今將往矣。'遂至周，問禮於老聃焉。"【今注】先君孔子與君先人李老君同德比義而相師友：李老君即老子李聃，相傳曾爲孔子老師，但也有學者認爲二人爲朋友，無師生關係。

[8]【李賢注】煒音于匭反。【今注】太中大夫：官名。名義上屬光禄勳。掌顧問應對，備皇帝咨詢差使，無固定職事。本書《百官志二》載："太中大夫，千石。本注曰：無員。"但李賢引《漢官》注曰："二十人，秩比二千石。" 案，中華本校勘記言"《袁紀》'煒'作'褘'"。

[9]【今注】惠：聰慧之意。案，殿本作"慧"，二字通假。《列子·周穆王》載："秦人逢氏有子，少而惠。"《世説新語·夙會》載："何晏七歲，明惠如神。"

[10]【今注】案，王先謙《後漢書集解》言："《世説》注《續漢書》'高明'上有'長大'二字，似不可少。"今存録。

年十三，喪父，[1]哀悴過毀，[2]扶而後起，州里歸其孝。[3]性好學，博涉多該覽。[4]

[1]【今注】案，曹金華《後漢書稽疑》言孔融父去世時其十
一歲，本傳源自《後漢紀》卷三〇"年十三喪父"（第915頁）。

[2]【今注】哀悴過毀：形容其過度悲傷，容貌憔悴。

[3]【今注】歸其孝：將孝順的名譽歸於孔融，此指鄉里稱贊
其孝順。

[4]【今注】該覽：博覽群書。覽，大德本作"聞"。

　　山陽張儉爲中常侍侯覽所怨，[1]覽爲刊章下州郡，
以名捕儉。[2]儉與融兄褒有舊，亡抵於褒，[3]不遇。時
融年十六，儉少之而不告。融見其有窘色，[4]謂曰：
"兄雖在外，吾獨不能爲君主邪？"因留舍之。[5]後事
泄，國相以下，密就掩捕，儉得脱走，遂并收褒、融
送獄。二人未知所坐。[6]融曰："保納舍藏者，融也，
當坐之。"褒曰："彼來求我，非弟之過，請甘其罪。"
吏問其母，母曰："家事任長，妾當其辜。"一門爭死，
郡縣疑不能決，乃上讞之。[7]詔書竟坐褒焉。融由是顯
名，與平原陶丘洪、陳留邊讓齊聲稱。[8]州郡禮命，皆
不就。

[1]【今注】山陽：郡名。治昌邑縣（今山東巨野縣東南昌邑
故城）。　張儉：字元節，山陽高平（今山東鄒城市西南）人。東
漢名士。傳見本書卷六七。　中常侍：官名。名義上屬少府。東
漢多由宦官擔任，侍從皇帝，職掌顧問應對。本書《百官志三》載：
"中常侍，千石。本注曰：宦者，無員。後增秩比二千石。掌侍左
右，從入内宫，贊導内衆事，顧問應對給事。"　侯覽：山陽防東

（今山東單縣東北）人。東漢宦官。傳見本書卷七八。

[2]【李賢注】刊，削也。謂削去告人姓名。【今注】刊章：削去告發人姓名的緝捕文書。刊，削除。《説文》："刊，剟也。"段玉裁注："凡有所削去謂之刊。"

[3]【李賢注】抵，歸也。《融家傳》"襃字文禮"也。【今注】抵：歸附，依託。

[4]【李賢注】窘，迫也。【今注】窘色：形勢緊迫而着急的樣子。

[5]【李賢注】舍，止也。【今注】留舍：留宿。

[6]【今注】案，王先謙《後漢書集解》校補言："案'二人未知所坐'是襃、融自不知坐何罪矣，於文不應，蓋本作'未知二人所坐'，誤倒。"

[7]【李賢注】《前書音義》曰："讞，請也，音宜傑反（傑，大德本作'桀'）。"【今注】上讞（yàn）：也稱"奏讞"，是將疑難案件向上報告的制度。《漢書・刑法志》載："高皇帝七年，制詔御史：'獄之疑者，吏或不敢決，有罪者久而不論，無罪者久繫不決。自今以來，縣道官獄疑者，各讞所屬二千石官，二千石官以其罪名當報之。所不能決者，皆移廷尉，廷尉亦當報之。廷尉所不能決，謹具爲奏，傅所當比律令以聞。'"學界曾據此認爲漢代開始實行奏讞制度，但近年出土的秦簡證明秦代已有奏讞制度，《嶽麓書院藏秦簡（叁）》（上海辭書出版社 2013 年版）中所載奏讞文書，是秦代已經實行奏讞制度的有力證據。

[8]【今注】平原：公元 148 年由郡改爲王國，公元 206 年由王國改爲郡。治平原縣（今山東平原縣南）。　陶丘洪：本書卷六四《史弼傳》中李賢引《青州先賢傳》注曰："洪字子林，平原人也。清達博辯，文冠當代。舉孝廉，不行，辟太尉府。年三十卒。"案，丘，殿本作"邱"，不從。　陳留：郡名。治陳留縣（今河南開封市祥符區東南）。　邊讓：字文禮，陳留浚儀（今河南開封

市）人。傳見本書卷八〇下。

　　辟司徒楊賜府。[1]時隱覈官僚之貪濁者,[2]將加貶
黜，融多舉中官親族。[3]尚書畏迫內寵,[4]召掾屬詰責
之。融陳對罪惡，言無阿撓。[5]河南尹何進當遷爲大將
軍，楊賜遣融奉謁賀進，不時通,[6]融即奪謁還府，投
劾而去。[7]河南官屬恥之，私遣劍客欲追殺融。客有言
於進曰：“孔文舉有重名,[8]將軍若造怨此人，則四方
之士引領而去矣。不如因而禮之，可以示廣於天下。”
進然之，既拜而辟融，舉高第,[9]爲侍御史。與中丞趙
舍不同,[10]託病歸家。

　　[1]【今注】司徒：官名。東漢三公之一，西漢哀帝元壽二年
（前1）改丞相爲大司徒。掌教化、刑罰。本書《百官志一》載：
“司徒，公一人。本注曰：掌人民事。凡教民孝悌、遜順、謙儉，
養生送死之事，則議其制，建其度。凡四方民事功課，歲盡則奏其
殿最而行賞罰。凡郊祀之事，掌省牲視濯，大喪則掌奉安梓宮。凡
國有大疑大事，與太尉同。世祖即位，爲大司徒，建武二十七年，
去‘大’。” 楊賜：字伯獻，弘農華陰（今陝西華陰市東）人。
楊震之孫，楊秉之子。傳見本書卷五四。
　　[2]【今注】隱覈：當時司法用語，指秘密核查。
　　[3]【今注】中官：宦官。
　　[4]【今注】尚書：官名。名義上屬少府。原爲皇帝近侍，負
責文書傳達等，後權力逐漸上升，東漢光武帝時期尚書臺成爲政務
中樞機構，尚書也成爲擁有實權的官職。本書《百官志三》載：
“尚書六人，六百石。本注曰：成帝初置尚書四人，分爲四曹：常
侍曹尚書主公卿事；二千石曹尚書主郡國二千石事；民曹尚書主凡

吏上書事；客曹尚書主外國夷狄事。世祖承遵，後分二千石曹，又分客曹爲南主客曹、北主客曹，凡六曹。”

[5]【李賢注】撓，曲也，音乃孝反。【今注】阿撓：屈從。

[6]【今注】不時：不及時。　通：通稟，通報。

[7]【今注】劾：此指劾狀，彈劾的文書。

[8]【李賢注】《融家傳》曰：“客言於進曰：‘孔文舉於時英雄特傑，譬諸物類，猶衆星之有北辰，百穀之有黍稷，天下莫不屬目也。’”

[9]【今注】高第：指考試、選官、考績中成績優異者。

[10]【今注】案，王先謙《後漢書集解》引惠棟言：“《百官表》云中丞内領侍御史，融爲舍屬，與舍不合，故歸也。”中丞，即御史中丞，官名。名義上屬少府。御史臺長官，負責監察百官。本書《百官志三》載：“御史中丞一人，千石。本注曰：御史大夫之丞也。舊別監御史在殿中，密舉非法。及御史大夫轉爲司空，因別留中，爲御史臺率，後又屬少府。”御史中丞下轄治書侍御史二人、侍御史十五人。不同，不和。

　　後辟司空掾，[1]拜中軍候。[2]在職三日，遷虎賁中郎將。[3]會董卓廢立，[4]融每因對答，輒有匡正之言。以忤卓旨，轉爲議郎。時黃巾寇數州，[5]而北海最爲賊衝，[6]卓乃諷三府同舉融爲北海相。[7]

　　[1]【今注】司空：官名。東漢三公之一。掌工程、祭祀等，地位尊崇。本書《百官志一》：“司空，公一人。本注曰：掌水土事。凡營城起邑、浚溝洫、修墳防之事，則議其利，建其功。凡四方水土功課，歲盡則奏其殿最而行賞罰。凡郊祀之事，掌掃除樂器，大喪則掌將校復土。凡國有大造大疑，諫爭，與太尉同。世祖即位，爲大司空，建武二十七年，去‘大’。”

　　[2]【今注】中軍候：即北軍中候。掌北軍，宿衛京師。本書
《百官志四》載：“北軍中候一人，六百石。本注曰：掌監五營。”
案，王先謙《後漢書集解》引劉攽言當爲“北軍中候”，有脫字，
但王先謙言無脫字，當時官稱如此，光武中興以後有“北軍軍中
候”，可省稱爲“北軍中候”“軍中候”。

　　[3]【今注】虎賁中郎將：官名。屬光禄勳，掌宿衛宮廷。本
書《百官志二》載：“虎賁中郎將，比二千石。本注曰：主虎賁
宿衛。”

　　[4]【今注】董卓廢立：即董卓廢少帝劉辯，立獻帝劉協
一事。

　　[5]【今注】黃巾：指黃巾農民起義，因其頭裹黃巾而得名。

　　[6]【今注】最爲賊衝：形容此處黃巾軍聲勢最大。

　　[7]【今注】諷：用委婉的語言暗示或勸告。《韓非子·八
經》：“故使之諷，諷定而怒。”王先慎集解：“諷，諫也。”　相：
當時王國和侯國都設有相，主治民。此爲王國相，二千石，職掌如
太守。

　　融到郡，收合士民，起兵講武，馳檄飛翰，[1]引謀
州郡。賊張饒等群輩二十萬衆從冀州還，[2]融逆擊，爲
饒所敗，乃收散兵保朱虛縣。[3]稍復鳩集吏民爲黃巾所
誤者男女四萬餘人，更置城邑，立學校，表顯儒術，
薦舉賢良鄭玄、彭璆、邴原等。[4]郡人甄子然、臨孝存
知名早卒，[5]融恨不及之，乃命配食縣社。[6]其餘雖一
介之善，[7]莫不加禮焉。郡人無後及四方游士有死亡
者，[8]皆爲棺具而斂葬之。時黃巾復來侵暴，融乃出屯
都昌，[9]爲賊管亥所圍。融逼急，乃遣東萊太史慈求救
於平原相劉備。[10]備驚曰：“孔北海乃復知天下有劉備

邪?”即遣兵三千救之，[11]賊乃散走。

[1]【今注】馳檄飛翰：指快速傳遞官府文書。

[2]【今注】案，張饒，曹金華《後漢書稽疑》言《後漢紀》卷三〇作“張餘”（第916頁）。

[3]【今注】朱虛縣：治所在今山東臨朐縣東南。

[4]【李賢注】璆音巨秋反，又音求。【今注】案，《三國志》卷一一《魏書·邴原傳》裴松之引《原別傳》注曰：“時魯國孔融在郡，教選計當任公卿之才，乃以鄭玄爲計掾，彭璆爲計吏，原爲計佐。”《三國志》卷一二《魏書·崔琰傳》裴松之引《續漢書》注曰：“承黃巾殘破之後，修復城邑，崇學校，設庠序，舉賢才，顯儒士。以彭璆爲方正，邴原爲有道，王脩爲孝廉。告高密縣爲鄭玄特立一鄉，名爲鄭公鄉。”

[5]【今注】甄子然：名不詳，子然當爲其字。北海高密（今山東高密市西南）人。以孝行著稱。部分事迹見本書卷四一《第五種傳》。　案，王先謙《後漢書集解》引惠棟言孝存名碩，注見本書卷三五《鄭玄傳》。

[6]【今注】配食：配享，祔祭。古代專指帝王宗廟或孔子廟的祔祭，後來也通指其他祠廟的祔祭。　縣社：縣中祭祀土地神的場所。

[7]【今注】一介之善：即很微小的善行。介，同“芥”，小草。

[8]【今注】案，曹金華《後漢書稽疑》認爲孔融爲北海相，“郡人”及前文“融到郡”之“郡”皆當爲“國”（第917頁）。

[9]【李賢注】都昌，縣，屬北海郡，故城在今青州臨朐縣東北。【今注】都昌：縣名。治所在今山東昌邑市西。

[10]【李賢注】《吳志》，慈字子義，東萊人也。避事之遼東，北海相孔融聞而奇之，數遣人訊問其母，并致餉遺。時融爲

管亥所圍，慈從遼東還，母謂之曰："汝與孔北海未嘗相見，至汝行後，瞻恤殷勤，過於故舊。今爲賊所圍，汝宜赴之。"慈單步見融，既而求救於劉備，得兵以解圍焉。【今注】東萊：郡名。治黃縣（今山東龍口市）。 太史慈：字子義，東萊黃縣人。善射，後歸附孫策，建安十一年（206）死。傳見《三國志》卷四九。

[11]【今注】案，三，大德本作"二"。

時袁、曹方盛，[1]而融無所協附。[2]左丞祖者，[3]稱有意謀，[4]勸融有所結納。[5]融知紹、操終圖漢室，不欲與同，故怒而殺之。

[1]【今注】袁曹：即袁紹、曹操。
[2]【今注】無所協附：孔融因身爲漢臣，既不與他人結盟，也不依附於人，獨立自守。協，協助。《説文·劦部》："協，衆之同和也。"此代指結盟。附，依附，歸附。
[3]【今注】祖：大德本、殿本作"黄祖"，可從。
[4]【今注】稱有意謀：以能出主意、有謀略而著稱。
[5]【今注】結納：結交。

融負其高氣，[1]志在靖難，而才疎意廣，[2]迄無成功。[3]在郡六年，劉備表領青州刺史。[4]建安元年，[5]爲袁譚所攻，[6]自春至夏，戰士所餘裁數百人，流矢雨集，戈矛内接。融隱几讀書，[7]談笑自若。城夜陷，乃奔東山，[8]妻子爲譚所虜。

[1]【今注】負：憑仗。《説文·貝部》："負，恃也。"
[2]【今注】才疎意廣：此是説孔融治國才能不足但志向遠

大。疏，同“疏”。

[3]【李賢注】迄，竟也。【今注】迄：終於，最終。

[4]【今注】表：漢代向皇帝上奏的一種文書。

[5]【今注】建安：東漢獻帝劉協年號（196—220）。

[6]【今注】袁譚：字顯思，汝南汝陽（今河南商水縣西北）人。袁紹長子。傳見本書卷七四下。

[7]【李賢注】隱，憑也。《莊子》曰：“南郭子綦隱几而坐。”【今注】隱：憑倚，依靠。　几：几案，古人席地而坐時供倚靠的器具。

[8]【今注】案，王先謙《後漢書集解》言：“東山，官本作‘山東’。”今存録。

及獻帝都許，[1]徵融爲將作大匠，[2]遷少府。[3]每朝會訪對，融輒引正定議，[4]公卿大夫皆隸名而已。[5]

[1]【今注】獻帝：東漢獻帝劉協，公元189年至220年在位。紀見本書卷九。　許：縣名。東漢末期都城，治所在今河南許昌市建安區東。

[2]【今注】將作大匠：官名。掌營建宮室、宗廟等。本書《百官志四》載：“將作大匠一人，二千石。本注曰：承秦，曰將作少府，景帝改爲將作大匠。掌修作宗廟、路寢、宮室、陵園木土之功，并樹桐梓之類列于道側。”

[3]【今注】少府：官名。九卿之一，掌皇室財政。本書《百官志三》載：“少府，卿一人，中二千石。本注曰：掌中服御諸物，衣服寶貨珍膳之屬。”

[4]【今注】引正定議：即引用“正”來裁定議論。正，泛指正義、正直的言論、道理、人物、舊例以及典章制度等。

[5]【李賢注】《說文》云：“隸，附著。”【今注】隸名：指

無所事事，掛名而已。

　　初，太傅馬日磾奉使山東，[1]及至淮南，[2]數有意於袁術。術輕侮之，遂奪取其節，求去又不聽，因欲逼爲軍帥。日磾深自恨，遂嘔血而斃。[3]及喪還，朝廷議欲加禮。融乃獨議曰：“日磾以上公之尊，[4]秉旄節之使，[5]銜命直指，[6]寧輯東夏，[7]而曲媚姦臣，爲所牽率，章表署用，輒使首名，[8]附下罔上，[9]姦以事君。[10]昔國佐當晉軍而不撓，[11]宜僚臨白刃而正色。[12]王室大臣，豈得以見脅爲辭！又袁術僭逆，非一朝一夕，日磾隨從，周旋歷歲。《漢律》與罪人交關三日已上，皆應知情。[13]《春秋》魯叔孫得臣卒，以不發揚襄仲之罪，貶不書日。[14]鄭人討幽公之亂，斲子家之棺。[15]聖上哀矜舊臣，未忍追案，不宜加禮。”朝廷從之。

　　[1]【今注】太傅：官名。皇帝之師，位於三公之上，地位尊崇，不常置。本書《百官志一》載：“太傅，上公一人。本注曰：掌以善導，無常職。世祖以卓茂爲太傅，薨，因省。其後每帝初即位，輒置太傅録尚書事，薨，輒省。”　馬日（mì）磾（dī）：字翁叔，右扶風茂陵（今陝西興平市東北）人。東漢經學大師馬融的族孫（或説是族子），以才學入仕，歷任諫議大夫、射聲校尉、太常、太尉、太傅等職，爲袁術脅迫而死。

　　[2]【今注】淮南：東漢獻帝興平元年（194）袁術改九江郡爲淮南郡。治壽春縣（今安徽壽縣）。三國曹魏黃初四年（223）設淮南國。馬日磾出使山東時既無淮南國也無淮南郡，當是指淮南地區。

　　[3]【李賢注】《三輔決録》曰（曹金華《後漢書稽疑》言"《三輔決録》"當爲"《三輔決録》注"）："日磾字翁叔，馬融之族子。少傳融業，以才學進。與楊彪、盧植、蔡邕等典校中書，歷位九卿，遂登台輔。"《獻帝春秋》曰："術從日磾借節觀之，因奪不還，條軍中十餘人使促辟之。日磾謂術曰：'卿先代諸公辟士云何？而言促之，謂公府掾可劫得乎？'從術求去，而術不遣，既以失節屈辱憂恚。"【今注】案，大德本"恨"後衍"慨"字。斃：斃命。《廣韻·祭韻》："斃，死也。"

　　[4]【今注】上公：位在三公之上，故爲"上公"。有太傅、太師、太保，但不常設。

　　[5]【今注】氂（máo）節：使臣所持的符節，用作信物。

　　[6]【李賢注】直指，無屈撓也。《前書》有繡衣直指（繡，殿本作"錦"，不從）。【今注】案，王先謙《後漢書集解》引周壽昌言："直，徑也，言銜命徑指其地也。若云'無屈撓'，則與下'曲媚姦臣，爲所牽率'語相背。馬日磾官太傅，較繡衣直指爲尊，亦不得以'直指'二字相同、引爲訓也。注誤。"今案，漢武帝時曾設"直指繡衣使者"，又稱"繡衣御史""繡衣直指""繡衣執法""繡衣使者"，或簡稱"直指"，指受皇帝或中央派遣到地方執行緝捕盜賊等特殊使命的使者。誠如周壽昌所言，此處"直指"當與"繡衣直指"有別。

　　[7]【李賢注】輯，和也。【今注】寧輯：安撫。　東夏：代指東部地區。

　　[8]【李賢注】所上章表及署補用，皆以日磾名爲首也。【今注】章表：都是當時上奏皇帝的文書種類。　案，因爲文書中馬日磾署名第一，故而受孔融指責。

　　[9]【李賢注】《前書》曰："附下罔上者刑。"

　　[10]【李賢注】《左傳》叔向曰："姦以事君者，吾所能禦。"

　　[11]【李賢注】《公羊傳》曰："鞌之戰，齊師大敗。齊侯使

國佐如師。郤克曰：‘與我紀侯之甗，反魯、衛之侵地，使耕者東西其畝，以蕭同叔子爲質，則吾舍子。’國佐曰：‘與我紀侯之甗，請諾。使反魯、衛之侵，請諾。使耕者東西其畝，是則土齊也。蕭同叔子者，齊君母也，齊君母猶晉君之母也，曰不可。請戰，一戰而不勝，請再戰，再戰而不勝，請三戰，三戰不勝，則齊國盡子之有也，何必蕭同叔子爲質！’揖而去之。”【今注】國佐：即賓媚人，諡號國武子，春秋時齊國大夫，鞌之戰中齊國戰敗，國佐面對晉國的無理要求並沒有屈服，後遭讒言，爲齊靈公所殺。

[12]【李賢注】楚白公勝欲爲亂，謂石乞曰：“王卿士皆以五百人當之則可。”乞曰：“不可得也。”曰：“市南有熊相宜僚者，若得之，可以當五百人矣。”乃從白公而見之。與言，悦；告之故，辭；承之以劍，不動。事見《左傳》。【今注】白刃：鋒利的刀刃。　正色：形容鎮定而面不改色。

[13]【今注】案，王先謙《後漢書集解》引惠棟言：“司馬貞云‘關’訓‘通’也。”今案，張家山漢簡《二年律令·亡律》載：“諸舍亡人及罪人亡者，不智（知）其亡，盈五日以上，所舍罪當黥╱贖耐；完城旦舂以下到耐罪，及亡收、隸臣妾、奴婢及亡盈十二日以上贖耐。”〔載張家山二四七號漢墓竹簡整理小組編著《張家山漢墓竹簡〔二四七號墓〕》（釋文修訂本），第31頁〕漢初《二年律令》爲“五日以上”，孔融所言爲“三日已上”，或是東漢律文有所更改。交關，即交通往來。

[14]【李賢注】《公羊傳》曰：“叔孫得臣卒。”何休注曰：“不日者，知公子遂欲殺君，而爲人臣知賊而不言，明當誅也。”公子遂即襄仲也。【今注】叔孫得臣：春秋魯國大夫。　襄仲：春秋魯莊公之子，本名遂，字仲，諡號爲襄。魯文公死後，其殺太子姬惡而立庶長子姬倭，爲宣公。詳見《史記》卷三三《魯周公世家》。　貶不書日：即因爲貶斥而不書寫日期，此爲“春秋筆法”的一種。

[15]【李賢注】《左傳》："鄭子家卒，鄭人討幽公之亂，斲子家之棺而逐其族。"杜預注曰："斲薄其棺，不使從卿禮。"爲其殺君故也。【今注】斲（zhuó）：砍，斬。

　　時論者多欲復肉刑。[1]融乃建議曰："古者敦庬，善否不別，[2]吏端刑清，[3]政無過失。百姓有罪，皆自取之。末世陵遲，[4]風化壞亂，政撓其俗，法害其人。故曰上失其道，民散久矣。而欲繩之以古刑，投之以殘弃，[5]非所謂與時消息者也。[6]紂斲朝涉之脛，天下謂爲無道。[7]夫九牧之地，千八百君，[8]若各刖一人，是下常有千八百紂也。[9]求俗休和，[10]弗可得已。且被刑之人，慮不念生，[11]志在思死，類多趨惡，莫復歸正。夙沙亂齊，[12]伊戾禍宋，[13]趙高、英布，爲世大患。[14]不能止人遂爲非也，適足絶人還爲善耳。雖忠如鬻權，[15]信如卞和，[16]智如孫臏，[17]冤如巷伯，[18]才如史遷，[19]達如子政，[20]一離刀鋸，沒世不齒。[21]是太甲之思庸，[22]穆公之霸秦，[23]南睢之骨立，衛武之《初筵》，[24]陳湯之都賴，[25]魏尚之守邊，[26]無所復施也。漢開改惡之路，[27]凡爲此也。故明德之君，遠度深惟，弃短就長，不苟革其政者也。"朝廷善之，卒不改焉。

　　[1]【今注】時：當時。案，大德本、殿本作"而"，不從。肉刑：古代殘害身體的刑罰，有墨、劓、刖、宮刑、大辟等。秦漢法律中常用的肉刑有黥（刺字）、劓（割鼻）和斬（斬左、右脚趾）等。

[2]【李賢注】《左傳》楚申叔時曰："人生敦厖（厖，殿本作'龐'，可從，本注下同）。"杜預注："厖，厚大也。"【今注】案，《左傳》成公十六年作"民生敦厖"，李賢爲避唐李世民之諱，改"民"爲"人"。敦厖，敦厚。案，厖，殿本作"龐"。 案，不別，曹金華《後漢書稽疑》認爲當作"區別"（第918頁）。

[3]【李賢注】端，直也。

[4]【今注】陵遲：衰落。

[5]【李賢注】殘其支體而弃廢之。

[6]【李賢注】《易》曰："天地盈虛，與時消息。"【今注】與時消息：事物無常，隨着時間推移而興亡。

[7]【李賢注】《尚書》曰："紂斮朝涉之脛。"孔安國注曰："冬日見朝涉水者，謂其脛耐寒，斮而視之。"【今注】紂：即商紂王。 斮（zhuó）：斬斷。《説文・斤部》："斮，斬也。" 朝（zhāo）：早晨。 涉：涉水。 脛：人的小腿。

[8]【李賢注】《前書》賈山曰："昔者周蓋千八百國，以九州之人養千八百君也。"

[9]【今注】案，王先謙《後漢書集解》引劉攽言"下"前脱"天"字。可從。

[10]【今注】求俗休和：希望民間安寧和平。案，曹金華《後漢書稽疑》言《太平御覽》卷六四八引《續漢書》、《後漢紀》卷三〇、《晉書・刑法志》"俗"皆作"世"，當爲李賢避唐太宗李世民之諱而改（第918頁）。

[11]【今注】念：思考，考慮。案，殿本作"全"，不從。

[12]【李賢注】《左傳》曰，靈公廢太子光，立公子牙，使高厚傳牙，夙沙衞爲少傳。崔杼逆光而立之，是爲莊公。莊公以夙沙衞易己，衞奔高唐以叛。

[13]【李賢注】《左傳》，楚客聘于晉，過宋，太子座知之（座，大德本、紹興本作"痤"，可從），請野享之。公使往，伊

戾請從，遣之。至則欲用牲（欲，殿本作"坎"，不從），加書徵之，騁而告曰（聘，殿本作"馳"，不從）："太子將爲亂，既與楚客盟矣。"公使視之，則信有焉。公囚太子，太子縊死。公徐聞其無罪，乃亨伊戾（亨，大德本、殿本作"烹"，二字通）。【今注】縊：吊死。《説文·絲部》："縊，經也。"

[14]【李賢注】《史記》，胡亥謂李斯曰："高，故宮人也。"遂專信任之。後殺李斯，劫殺胡亥，卒亡秦也。《前書》，英布坐法黥（英，大德本、殿本作"黥"，不從），論輸驪山，亡之江中爲群盜。及屬項羽，常爲先鋒陷陣。後歸漢，爲九江王。謀反，誅之。

[15]【李賢注】《左傳》："初，鬻權彊諫（權，紹興本、殿本皆作'拳'，可從），楚子弗從。臨之以兵，懼而從之。拳曰：'吾懼君以兵，罪莫大焉。'遂自刖。楚人以爲大閽。君子曰：'鬻拳可謂愛君矣。諫以自納於刑，刑猶不忘納君於善。'"【今注】權：紹興本、殿本皆作"拳"，可從。

[16]【李賢注】《韓子》曰："楚人和氏得璞玉於楚山之中，獻之武王。武王使玉人相之，曰：'石也。'以和爲謾己（以，紹興本、大德本、殿本皆作'王以'，可從），刖其左足。及文王即位，和又奉其璞，玉人又曰：'石也。'又刖其右足。文王薨，成王即位，和乃抱其璞而哭於楚山之下，三日三夜，泣盡而繼以血。王使玉人攻璞而得寶焉。"《琴操》曰（大德本、殿本無"琴操曰"三字）："荊王封和爲陵陽侯，和辭不就而去。乃作怨歌曰（曰，大德本、殿本作'琴操曰'）：'進寶得刑，足離分兮。去封立信，守休芸兮。斷者不續，豈不冤兮！'"

[17]【李賢注】《史記》，孫臏與龐涓學兵法，涓事魏惠王爲將軍，自以能不及臏（能，殿本作"不能"，不從），陰使召臏，斷其兩足而黥之。臏後入齊，威王問兵法，以爲師。魏與趙攻韓，齊使田忌將而往。龐涓聞，去韓而歸。臏謂田忌曰："三晉之兵素

悍勇而輕齊。軍半至。使齊軍入魏地爲十萬竈，明日爲五萬竈，明日爲二萬竈。”龐涓行三日，大喜曰：“我固知齊卒怯，入吾地三日，士卒亡者過半矣。”乃弃其步兵，與其輕銳倍日并行逐之。孫子度其行，暮當至馬陵。馬陵道狹，旁多險阻，可伏兵，乃斫大樹白而書之曰“龐涓死於此木下”。於是令齊軍曰：“善射者萬弩，夾道而伏，期日莫見火舉而俱發（莫，大德本、殿本作‘暮’，可從）。”涓夜至斫木下，見白書，乃鑽火燭之，讀書未畢，齊軍萬弩俱發，魏軍大亂相失。龐涓自知智窮兵敗（龐，大德本作“寵”，不從），遂自剄。曰：“遂成豎子之名矣。”【今注】案，曹金華《後漢書稽疑》言“明日爲二萬竈”之“二萬”當爲“三萬”，“孫子度其行，暮當至馬陵”；銀雀山漢簡《孫臏兵法·擒龐涓》言擒龐涓於桂陵之役，與《史記》不同；“期日”當爲“期曰”（第 920 頁）。今案，銀雀山漢簡《孫臏兵法·擒龐涓》載：“龐子果弃其輜重，兼趣舍而至。孫子弗息而擊之桂陵，而擒龐涓。”〔銀雀山漢墓竹簡整理小組：《銀雀山漢墓竹簡（壹）》，文物出版社 1985 年版，“釋文注釋”部分第 45 頁〕《擒龐涓》內容與《史記》大異，未知孰是，今存錄。

[18]【李賢注】毛萇注《詩》云：“巷伯，內小臣也。掌王后之命於宮中，故謂之巷伯。”伯被讒將刑，寺人孟子傷而作詩，以刺幽王也。【今注】案，《詩·小雅》有《巷伯》。

[19]【李賢注】李陵爲匈奴敗，馬遷明陵當必立功以報漢，遂被下蠶室宮刑，後乃著《史記》。【今注】史遷：即司馬遷，字子長。著有《史記》。傳見《漢書》卷六二，事見《史記》卷一三〇《太史公自序》。

[20]【李賢注】劉向字子政。宣帝時，上言黃金可成。上令典尚方鑄作事，費甚多，方不驗，乃下吏，當死。上奇其材（材，大德本、殿本作“才”，二字通假），得踰冬減論（曹金華《後漢書稽疑》言“減論”間脫“死”字，可從）。班固云（底本原作

"斑"，今據他本及文意徑改)："向博物洽聞，通達古今。"【今注】子政：即劉向，本名更生，字子政。西漢宗室楚元王之後。著名經學家，編撰有《新序》《説苑》等。傳見《漢書》卷三六。

[21]【李賢注】《國語》"中刑用刀鋸"也。【今注】一離刀鋸没世不齒：此説人一旦遭受肉刑，終身受人鄙視。離，通"罹"，遭受。

[22]【李賢注】《尚書》："太甲既立，不明，伊尹放諸桐。三年，復歸於亳。思庸。"孔注曰："念常道也。"【今注】太甲：商王名，成湯之孫。　思庸：思念常道。

[23]【李賢注】秦穆使孟明、白乙等伐鄭，蹇叔諫，不從。晉襄公敗諸崤，囚孟明等，後歸之。穆公曰："孤之罪也，夫子何罪!"復使爲政，遂霸西戎。事見《左傳》。【今注】穆公：即秦穆公，稱霸西戎，春秋五霸之一。

[24]【李賢注】《韓詩》曰："《賓之初筵》，衛武公飲酒悔過也。言賓客初就筵之時，賓主秩秩然，俱謹敬也。賓既醉止，載號載呶，不知其爲惡也。"(曹金華《後漢書稽疑》言李賢所引內容爲韓詩《小雅·賓之初筵》的序文，非《韓詩》)

[25]【李賢注】《前書》，湯字子公。遷西域副校尉，矯制發諸國兵，斬郅支單于於都賴水上。【今注】陳湯：山陽瑕丘(今山東濟寧市兗州區)人。西漢大臣。有"明犯强漢者，雖遠必誅"之言傳於後世。傳見《漢書》卷七〇。

[26]【李賢注】文帝時，尚爲雲中守，坐上首虜差六級(首，大德本作"守"，不從)，下吏削爵。趙人馮唐爲郎，爲言文帝，赦尚復爲雲中守也。

[27]【今注】漢開改惡之路：即漢文帝廢除肉刑的改革，代以笞刑，即打板子。

是時荆州牧劉表不供職貢，多行僭僞，[1]遂乃郊祀天地,[2]擬斥乘輿。[3]詔書班下其事。融上疏曰："竊聞領荆州牧劉表桀逆放恣,所爲不軌,至乃郊祭天地,擬儀社稷。雖昏僭惡極,罪不容誅,至於國體,宜且諱之。[4]何者?萬乘至重,天王至尊,身爲聖躬,國爲神器,[5]陛級縣遠,禄位限絶,[6]猶天之不可階,日月之不可踰也。[7]每有一豎臣,[8]輒云圖之,若形之四方,非所以杜塞邪萌。[9]愚謂雖有重戾,必宜隱忍。賈誼所謂'擲鼠忌器',蓋謂此也。[10]是以齊兵次楚,唯責包茅;[11]王師敗績,不書晉人。[12]前以露袁術之罪,今復下劉表之事,是使跛牂欲闚高岸,天險可得而登也。[13]案表跋扈,擅誅列侯,[14]遏絶詔命,斷盗貢篚,[15]招呼元惡,以自營衞,專爲群逆,主萃淵藪。[16]郜鼎在廟,章孰甚焉![17]桑落瓦解,其埶可見。[18]臣愚以爲宜隱郊祀之事,以崇國防。"

[1]【今注】僭僞:僭越禮制的不軌之事。

[2]【今注】郊祀天地:《禮記·曲禮下》載:"天子祭天地,祭四方,祭山川,祭五祀,歲徧。諸侯方祀,祭山川,祭五祀,歲徧。大夫祭五祀,歲徧。士祭其先。"按禮制規定,祭祀天地爲天子獨有的權力。

[3]【李賢注】斥,指也。【今注】擬斥:仿效皇帝制度。乘輿:皇帝所用的車輿。

[4]【李賢注】體謂國家之大體也。【今注】國體:此指國家的體統、體面。

[5]【李賢注】《老子》曰:"天下神器,不可爲也。"(《老子》載:"夫天下,神器也。不可爲也,不可執也。"與注引略異)

[6]【李賢注】賈誼曰:"人主之尊譬如堂,群臣如陛,衆庶

如地。故陛乃九級上，廉遠地則堂高也（堂高，殿本作‘高堂’，不從）。”【今注】陛級：等級，地位。　縣遠：即懸遠，懸殊之意。　禄位：官職和爵位。　限絶：隔絶。

[7]【李賢注】《論語》曰：“夫子之不可及也，猶天之不可階而升也。”又曰：“仲尼如日月，無得而踰焉。”【今注】階：臺階，此作動詞，升、登之意。《玉篇·阜部》：“階，上也。”

[8]【今注】豎臣：小臣，對奸佞之臣的蔑稱。

[9]【李賢注】形，見也。【今注】形：表現，顯露。《廣雅·釋詁三》：“形，見也。”

[10]【李賢注】《前書》賈誼曰：“里諺云‘欲投鼠而忌器’，此善諭也。鼠近於器，尚憚不投，恐傷其器，況乎貴臣之近主乎？”

[11]【李賢注】《左傳》，齊桓伐楚，責以“苞茅不入（苞，大德本、殿本作‘包’，二字通假），王祭不供，無以縮酒”。杜預注曰：“包，裹束也。茅，菁茅也。束茅而灌之以酒，爲縮酒也。”【今注】齊兵次楚唯責包茅：《左傳》僖公四年載，齊國率諸侯軍隊討伐楚國，責備楚國兩大罪狀，一是“苞茅不入，王祭不供，無以縮酒”，二是“昭王南征而不復”。楚國對前者認罪，後者不認，最後雙方結盟而去。包茅，即菁茅，產於荆州，爲楚應向周王室所納貢物之一，也是王祭不可或缺之物。《周禮·天官·甸師》載：“祭祀供蕭茅。”縮酒，一説認爲是古代祭祀時用菁茅濾酒去渣；另一説認爲是束茅立之祭前，沃酒其上，酒滲下，若神飲之。

[12]【李賢注】《公羊傳》：“成公元年秋，王師敗績于貿戎。孰敗之？蓋晉敗之。曷爲不言晉敗之？王者無敵，莫敢當也。”【今注】案，事見《公羊傳》成公元年。王先謙《後漢書集解》校補言：“官本注誤。柳從辰曰：‘同貿，一音茅。《左傳》即作茅戎。’”曹金華《後漢書稽疑》言《公羊傳》成公元年“戎”作

"貿戎"（第 921 頁）。

[13]【李賢注】《史記》李斯曰："故城高五丈，而樓季不輕犯也；太山之高百仞，而跛牂牧其上。夫樓季而難五丈之限（夫，大德本、殿本作'矣'，屬上讀，不從），豈跛牂而易百仞之高哉？峭漸之埶異也（埶，大德本、殿本作'勢'。今案，埶，通'勢'，但《後漢書》中多用'埶'）。"《爾雅》曰："羊牝曰牂。"《易》曰："天險不可昇（昇，殿本作'升'），地險山川丘陵也。"【今注】跛牂（zāng）：跛足的母羊。

[14]【今注】列侯：秦漢二十等爵制的最高爵位。西漢列侯祇有縣侯一等，東漢分爲縣侯、鄉侯、亭侯三等。學界曾認爲因避漢武帝劉徹名諱而改"徹侯"爲"列侯"，但里耶秦簡461《更名方》載："徹侯爲列侯。"〔湖南省文物考古研究所編：《里耶秦簡（壹）》，文物出版社2012年版，"釋文"部分第33頁〕可知秦始皇時期已經改稱"列侯"。

[15]【李賢注】鄭玄注《儀禮》曰："篚，竹器如筐也。"《書》曰："厥篚玄纁璣組。"【今注】貢篚（fěi）：進貢皇帝的貢物。

[16]【李賢注】《書》曰："今商王受亡道（商，大德本作'商'，不從；亡道，大德本作'口旨'，不從），爲天下逋逃主，萃淵藪。"孔注曰："天下罪人逃亡者，而紂爲魁主，窟聚泉府藪澤也。"【今注】萃：聚集。《周易·萃》："彖曰：'萃，聚也。'"淵藪（sǒu）：指人或物聚集的地方。

[17]【李賢注】《左傳》："取郜大鼎于宋，戊申納于太廟。臧哀伯諫曰：'君人者，昭德塞違，以臨照百官，百官於是乎戒懼。郜鼎在廟，彰孰甚焉（焉，大德本、殿本無）！'"郜鼎，郜國所作也。【今注】章：同"彰"。彰顯。

[18]【李賢注】《詩》曰："桑之落矣，其黃而隕。"【今注】桑落：桑葉凋落。

　　五年，南陽王馮、東海王祗薨，[1]帝傷其早殁，欲爲脩四時之祭，以訪於融。融對曰：“聖恩敦睦，感時增思，悼二王之靈，發哀愍之詔，稽度前典，以正禮制。竊觀故事，[2]前梁懷王、臨江愍王、齊哀王、臨淮懷王並薨無後，同産昆弟，即景、武、昭、明四帝是也，[3]未聞前朝修立祭祀。若臨時所施，則不列傳紀。臣愚以爲諸在沖亂，[4]聖慈哀悼，禮同成人，加以號謚者，宜稱上恩，[5]祭祀禮畢，而後絶之。至於一歲之限，不合禮意，又違先帝已然之法，所未敢處。”[6]

　　[1]【李賢注】並獻帝子（王先謙《後漢書集解》校補懷疑此注本爲“並靈帝子”，後人妄改爲“獻”。但曹金華《後漢書稽疑》考證認爲南陽王劉馮爲獻帝子，東海王劉祗爲獻帝祖父輩且非“早殁”）。

　　[2]【今注】故事：成例，過去的典章制度。

　　[3]【李賢注】梁懷王揖（揖，殿本作“相”，不從），景帝弟也，立十年薨。臨江閔王榮（閔，殿本作“愍”，不從），武帝兄也，爲皇太子，四歲廢爲王，坐侵廟壖地自殺。齊懷王閎，武帝子，昭帝異母兄，立八年薨。臣賢案：齊哀王，悼惠王之子，高帝之孫，非昭帝兄弟，當爲懷王，作“哀”者誤也。臨淮公衡，明帝弟，建武十五年立，未及進爵爲王而薨。《融家傳》及本傳皆作“公”，此爲“王”者，亦誤也。【今注】景武昭明：分別爲西漢景帝劉啓、西漢武帝劉徹、西漢昭帝劉弗陵和東漢明帝劉莊。

　　[4]【今注】沖亂（chèn）：年幼。

　　[5]【李賢注】稱音尸證反（尸，紹興本、大德本、殿本皆作“尺”，可從）。

　　[6]【李賢注】處猶安也。

　　初，曹操攻屠鄴城，[1]袁氏婦子多見侵略，而操子
丕私納袁熙妻甄氏。[2]融乃與操書，稱"武王伐紂，
以妲己賜周公"。[3]操不悟，後問出何經典。對曰："以
今度之，想當然耳。"後操討烏桓，[4]又嘲之曰："大將
軍遠征，蕭條海外。昔肅慎不貢楛矢，[5]丁零盜蘇武牛
羊，可并案也。"[6]

　　[1]【今注】鄴城：魏郡郡治。治所在今河北臨漳縣西南。

　　[2]【李賢注】《袁紹傳》，熙，紹之中子也。甄氏，中山無
極人，漢太保甄邯後也。父逸，上蔡令。《魏略》曰："熙出在幽
州，甄氏侍姑，及鄴城破，文帝入紹舍，后怖，伏姑膝上。帝令
舉頭就視，見其顏色非凡。太祖聞其意，爲迎取之。"【今注】案，
古代稱兒媳爲"婦"，婆婆爲"姑"。

　　[3]【李賢注】妲音丁末反（末，紹興本、大德本、殿本皆
作"末"，可從），又音旦。紂之妃，有蘇氏女也。紂用其言，毒
虐衆庶。武王剋殷，斬妲己頭，縣之於小白旗，以爲紂之亡由此
女也。出《列女傳》也（殿本無"也"字）。【今注】武王伐紂以
妲己賜周公：此爲孔融諷刺曹操之語，非史實。周公即姬旦，周文
王子，周武王弟，封於魯，子代爲就國，成王年幼時代攝國政，平
定三監之亂，制定禮樂制度，爲儒家所尊崇。世家見《史記》卷
三三。

　　[4]【李賢注】建安十二年也（二，大德本作"三"，不從）。

　　[5]【李賢注】《國語》曰："昔武王剋商，通于九夷百蠻，
於是肅慎氏貢楛矢石砮，其長尺有咫。"《肅慎國記》曰："肅慎
氏，其地在夫餘國北，東濱大海。"《魏略》曰："挹婁一名肅慎
氏。"《説文》曰"楛，木也。今遼左有楛木，狀如荆，葉如榆"
也。【今注】肅慎不貢楛（hù）矢：此與《國語·魯語》所載不

同，爲孔融諷刺曹操之語。肅慎，古代中國東北少數民族，亦作
"息慎""稷慎"，商周時期居住在今長白山至黑龍江中下游一帶，
以狩獵爲生，漢魏挹婁、北朝勿吉、隋唐靺鞨、宋女真和清滿族皆
源於此。案，慎，大德本、殿本作"慎氏"。

[6]【李賢注】《山海經》曰："北海之內，有丁零之國。"
《前書》蘇武使匈奴，單于徙北海上（上，大德本作"王"，不
從），丁零盜武牛羊（武，殿本作"蘇武"。今案，人名再次出現
多省略姓，故以"武"爲是），武遂窮戹也。【今注】丁零：國
名、族名。又作"丁令""丁靈""釘靈"。漢代分布在今貝加爾湖
以南地區，游牧爲生。漢初爲匈奴所破，西漢宣帝和東漢章帝時期
曾配合漢軍擊敗匈奴，東漢時期部分南遷，魏晉以後稱"定州丁
令""中山丁令""北地丁令"。留在漠北的大部分也逐漸南遷西
移，後發展爲"敕勒""鐵勒""高車""回鶻"等。　蘇武：字子
卿，京兆杜陵（今陝西西安市東南）人。出使匈奴時被扣留達十九
年之久，但仍持節不屈，獲釋後回到漢朝。傳見《漢書》卷五四。

時年飢兵興，操表制酒禁，[1]融頻書爭之，多侮慢
之辭。[2]既見操雄詐漸著，[3]數不能堪，故發辭偏宕，
多致乖忤。[4]又嘗奏宜準古王畿之制，千里寰內，不以
封建諸侯。[5]操疑其所論建漸廣，益憚之。然以融名重
天下，外相容忍，而潛忌正議，慮鯁大業。[6]山陽郗
慮[7]承望風旨，[8]以微法奏免融官。[9]因顯明讎怨，操
故書激厲融曰："蓋聞唐虞之朝，有克讓之臣，[10]故麟
鳳來而頌聲作也。[11]後世德薄，猶有殺身爲君，[12]破
家爲國。[13]及至其敝，睚眦之怨必讎，一餐之惠必
報。[14]故晁錯念國，遘禍於袁盎；[15]屈平悼楚，受譖
於椒、蘭；[16]彭寵傾亂，起自朱浮；[17]鄧禹威損，失

於宗、馮。[18] 由此言之，喜怒怨愛，禍福所因，可不
慎與！[19] 昔廉、藺小國之臣，猶能相下；[20] 寇、賈倉
卒武夫，屈節崇好；[21] 光武不問伯升之怨；[22] 齊侯不
疑射鈎之虜。[23] 夫立大操者，豈累細故哉！[24] 往聞二
君有執法之平，[25] 以爲小介，[26] 當收舊好；而怨毒漸
積，志相危害，聞之憮然，中夜而起。[27] 昔國家東
遷，[28] 文舉盛歎鴻豫名實相副，綜達經學，出於鄭玄，
又明《司馬法》，[29] 鴻豫亦稱文舉奇逸博聞，誠怪今者
與始相違。孤與文舉既非舊好，又於鴻豫亦無恩紀，
然願人之相美，不樂人之相傷，是以區區思協歡好。
又知二君群小所搆，[30] 孤爲人臣，進不能風化海内，
退不能建德和人，然撫養戰士，殺身爲國，破浮華交
會之徒，計有餘矣。”

[1]【今注】制酒禁：制定禁止釀酒、飲酒的禁令。

[2]【李賢注】《融集》與操書云：“酒之爲德久矣。古先哲
王，類帝禋宗，和神定人，以濟萬國，非酒莫以也。故天垂酒星
之燿，地列酒泉之郡，人著旨酒之德。堯不千鍾，無以建太平。
孔非百觚，無以堪上聖。樊噲解厄鴻門，非豕肩鍾酒，無以奮其
怒。趙之廝養，東迎其王，非引巵酒，無以激其氣。高祖非醉斬
白蛇，無以暢其靈（靈，大德本作‘景’，不從）。景帝非醉幸唐
姬，無以開中興。袁盎非醇醪之力，無以脱其命。定國不酣飲一
斛，無以決其法。故酈生以高陽酒徒，著功於漢；屈原不餔醩歠
醨，取困於楚。由是觀之，酒何負於政哉？”又書曰：“昨承訓答，
陳二代之禍，及衆人之敗，以酒亡者，實如來誨。雖然，徐偃王
行仁義而亡，今令不絶仁義；燕噲以讓失社稷，今令不禁謙退；
魯因儒而損，今令不弃文學；夏、商亦以婦人失天下，今令不斷

婚姻。而將酒獨急者，疑但惜穀耳，非以亡王爲戒也。"

　　[3]【今注】雄詐：即不臣之心。

　　[4]【李賢注】偏邪跌宕，不拘正理。【今注】案，王先謙《後漢書集解》言："操慾殺楊彪，融爭之，獲免，見《彪傳》。"偏宕：偏激放縱，超出常理。　乖忤：同"乖迕"，違背，忤逆。

　　[5]【李賢注】《周禮》："方千里曰國畿，其外五百里侯畿。"鄭玄注："畿，限也。"【今注】寰内：即王畿地區。

　　[6]【今注】鯁（gěng）：本指魚骨，此作動詞，表示妨害、妨礙之意。

　　[7]【李賢注】《續漢書》："慮字鴻豫，山陽高平人，少受學於鄭玄。"虞浦《江表傳》曰："獻帝嘗時見慮及少府孔融。問融曰：'鴻豫何所優長？'融曰：'可與適道（適，大德本作"適"，不從），未可與權。'慮舉笏曰：'融昔宰北海，政散人流，其權安在？'遂與融互相長短，以至不穆。曹操以書和解之。"慮從光祿勳遷御史大夫。（曹金華《後漢書稽疑》言"虞浦"當爲"虞溥"，"時見"當爲"特見"，"以至不穆"當作"以至不睦"）

　　[8]【今注】承望風旨：秉承旨意，揣摩心思。

　　[9]【今注】微法：不顯著、不被人注意的法律。

　　[10]【李賢注】《尚書》曰，舜以伯禹爲司空，禹讓稷、契暨皋陶。以益爲朕虞，益讓于朱虎、熊羆。以伯夷爲秩宗，伯夷讓于夔龍。

　　[11]【李賢注】《史記》曰："於是禹興《九韶》之樂，致異物，鳳皇來儀（皇，大德本作'鳳'）。"

　　[12]【李賢注】若齊孟陽代君居牀以待賊，西漢紀信乘黃屋誑楚之類也。

　　[13]【李賢注】若要離焚妻子以徇吳，李通誅宗族以從漢之類也（曹金華《後漢書稽疑》言李通與劉秀謀反王莽，王莽殺李通家人宗族，是王莽"誅"李通宗族，故就李通而言當爲"捨"

而非"誅")。【今注】破家爲國：刺客要離爲了幫助吳王闔閭殺死王子慶忌，獻計吳王焚燒其妻子，以取得慶忌信任，載於《呂氏春秋·忠廉》。

[14]【李賢注】《史記》，范雎一餐之德必償，睚眦之怨必報。【今注】讎（chóu）：報。

[15]【李賢注】景帝時，錯爲御史大夫，以諸侯國大，請削其土。吳楚七國反，以誅錯爲名。袁盎素與錯不相善，盎乃進説，請斬錯以謝七國，景帝遂斬錯也。【今注】遘：同"構"。構成，造成。

[16]【李賢注】屈平楚懷王時爲三閭大夫。秦昭王使張儀譎詐懷王，令絶齊交，又誘請會武關，平諫，王不聽其言，卒客死於秦。懷王子子椒、子蘭讒之於襄王，而放逐之。見《史記》。【今注】屈平：屈原，芈姓，屈氏，名平，字原。戰國時期楚國貴族。官至三閭大夫，遭受讒言而被流放，秦將白起攻破楚國都郢後，投汨羅江而亡。也是著名愛國詩人，創楚辭文體，著有《離騷》《天問》等。傳見《史記》卷八四。案，平，殿本作"原"。

[17]【李賢注】朱浮與寵不相能，數譖之光武，寵遂反。（朱，大德本作"誅"，不從）

[18]【李賢注】鄧禹征赤眉，令宗欽、馮愔守枸邑（枸，殿本作"枸"，不從）。二人爭權相攻，遂殺欽，因反擊禹。今流俗本"宗"誤作"宋"也。

[19]【李賢注】音余。【今注】與：同"歟"。表感歎。

[20]【李賢注】趙惠文王與秦昭王會黽池，歸，拜藺相如爲上卿，位在廉頗右。頗曰："吾不忍爲之下，必辱之。"相如每朝，常避之。頗聞之，肉袒負荆謝之，相與爲刎頸之友。事見《史記》。【今注】相下：相互謙讓。

[21]【今注】寇賈倉卒武夫屈節崇好：賈復的部將殺人之後，寇恂依法將其處決，賈復引以爲恥，二人後在光武帝劉秀的調解下

和好。寇、賈，即寇恂、賈復。寇恂，字子翼，上谷昌平（今北京市昌平區）人。傳見本書卷一六。賈復，字君文，南陽冠軍（今河南鄧州市西北）人。傳見本書卷一七。倉卒，守倉的士卒，此代指低級官吏。

[22]【今注】案，王先謙《後漢書集解》引何焯言謂宥朱鮪。今案，伯升即劉縯，光武帝劉秀長兄，爲更始帝劉玄所殺。朱鮪曾爲更始帝大司馬，不僅勸説劉玄殺劉縯，還曾勸阻其派遣劉秀出使河北。劉秀稱帝之後，原諒了駐守洛陽的朱鮪，朱鮪率衆投降，後拜平狄將軍，封扶溝侯。

[23]【李賢注】公子糺與桓公爭立，管仲射桓公中鉤。後桓公即位，以管仲爲相也。

[24]【今注】累：牽累。　細故：瑣事。

[25]【今注】二君：指孔融與郗慮。

[26]【李賢注】介猶蔕芥也。公法雖平，私情爲蔕芥者也。【今注】小介：小的隔閡。

[27]【李賢注】憮音舞。憮，失意貌也。【今注】憮然：悵然失意的樣子。

[28]【今注】國家東遷：此指將都城從長安遷到許。

[29]【李賢注】《史記》，齊威王使大夫追論古者《司馬法》。其法論田及兵之法也。【今注】司馬法：兵書。春秋時期司馬穰苴所撰，又稱《司馬兵法》或《司馬穰苴兵法》，《漢書‧藝文志》稱其爲《軍禮司馬法》，有一百五十五篇，今存僅五篇。

[30]【今注】搆：同"構"。構陷，離間。

融報曰：[1]"猥惠書教，[2]告所不逮。[3]融與鴻豫州里比郡，[4]知之最早。雖嘗陳其功美，欲以厚於見私，信於爲國，不求其覆過掩惡，有罪望不坐也。前者黜退，懼欣受之。昔趙宣子朝登韓厥，夕被其戮，喜而求賀。[5]況無彼人之功，而敢枉當官之平哉！忠非三閭，[6]智非鼉錯，竊位爲過，免罪爲幸。乃使餘論遠聞，所以憝懼也。朱、彭、寇、賈，爲世壯士，愛惡相攻，能爲國憂。至於輕弱薄劣，猶昆蟲之相嚙，適足還害其身，[7]誠無所至也。晉侯嘉其臣所爭者大，而師曠以爲不如心競。[8]性既遲緩，與人無傷，雖出胯下之負，[9]榆次之辱，[10]不知貶毁之於己，猶蚊虻之一過也。[11]子産謂人心不相似，[12]或矜執者，欲以取勝爲榮，不念宋人待四海之客，大鑪不欲令酒酸也。[13]至於屈穀巨瓠，堅而無竅，當以無用罪之耳。[14]它者奉遵嚴教，[15]不敢失墜。郤爲故吏，[16]融所推進。趙衰之拔郤縠，[17]不輕公叔之升臣也。[18]知同其愛，訓誨發中。[19]雖懿伯之忌，猶不得念，[20]況恃舊交，而欲自外於賢吏哉！[21]輒布腹心，脩好如初。苦言至意，終身誦之。”

[1]【今注】報：文書的一種，表示回復之意。

[2]【李賢注】猥，曲也。【今注】猥：謙詞。《正字通·犬部》：“猥，凡自稱猥者，卑辭也。”

[3]【今注】不逮：不及，不知曉。

[4]【李賢注】山陽與魯郡相鄰比（魯郡，曹金華《後漢書稽疑》言當爲“魯國”）。【今注】案，比郡，殿本作“比鄰”。

[5]【李賢注】宣子，趙盾謚也。《國語》曰：“宣子言韓厥於靈公，以爲司馬。河曲之役（河曲，殿本作‘曲河’，不從），趙宣子使人以其乘車干行，韓厥執而戮之。衆咸曰：‘韓厥必不没矣。其主朝升之而暮戮其車，其誰安之？’宣子召而禮之，謂諸大

夫曰：‘二三子可以賀我矣。吾舉厥也，中吾，乃今知免於罪矣。’”

[6]【李賢注】即屈原也。掌王族三姓，曰昭、屈、景，故曰“三閭”。【今注】三閭：屈原曾任三閭大夫。

[7]【李賢注】《夏小正》云：“昆，眾也。”《孫卿子》曰：“昆蟲亦有知。”【今注】囓（niè）：咬。

[8]【李賢注】《左傳》“秦伯之弟鍼如晉脩成，叔向命召行人子員。行人子朱曰：‘朱也當御。’三云，叔向不應。子朱怒曰：‘班爵同，何以黜朱於朝？’撫劍從之（撫，紹興本、大德本、殿本皆作‘撫’，可從）。叔向曰：‘秦晉不和久矣。今日之事，幸而集，晉國賴之；不集，三軍暴骨。子員導二國之言無私（導，殿本作“道”，可從），子常易之。姦以事君者，吾所能禦也。’拂衣從之。人救之。平公曰：‘晉其庶乎！吾臣之所爭者大。’師曠曰：‘公室懼卑，臣不心競而力爭’”也。

[9]【李賢注】韓信貧賤，淮陰少年侮之，令信出跨下（跨，大德本、殿本作“胯”，可從）。

[10]【李賢注】《史記》，荊軻嘗游榆次，與蓋聶論劍，蓋聶怒而目之，荊軻出去。【今注】榆次之辱：見於《史記》卷八六《刺客列傳》。

[11]【李賢注】蚊音文。虻音茫。言蚊虻之暫過（言，大德本、殿本無），未以爲害。

[12]【李賢注】《左傳》曰，子產謂子皮曰：“人心不同，其如面焉，吾豈敢謂子面如吾面乎？”

[13]【李賢注】鑪，累土爲之，以居酒瓮，四邊隆起，一面高如鍛鑪，故名鑪。字或作“壚”。《韓子》曰：“宋人有沽酒者，斗斝甚平，遇客甚謹，爲酒甚美，而酒不售，酒酸。怪其故，問所知閭長者楊倩。二人曰：‘汝狗猛耶？’曰：‘狗猛。’‘何故不售？’曰：‘人畏焉。’令孺子懷錢絜壺往沽（絜，大德本、殿本皆

作‘挈’，可從），狗迎齕之，酒所以酸而不售。”

[14]【李賢注】《韓子》曰：“齊有居士田仲，宋人屈穀往見之，曰：‘穀聞先生之義，不恃仰人而食（恃，殿本作“待”，不從）。今穀有樹瓠之法（之，紹興本作“者”，不從），堅如石，厚而無竅，願獻先生。’田仲曰：‘夫子徒謂我也。凡貴於樹瓠者，爲可以盛也。今厚而無竅，則不可以盛物，而任堅如石，則不可以割而斟，吾無以此瓠爲也。’穀將弃之。今仲不恃仰人而食（恃，殿本作‘待’，不從），亦無益人國，亦堅瓠之類。”

[15]【皆作】案，遵，大德本、殿本作“尊”，不從。

[16]【今注】故吏：原來的下屬官吏，也指曾經爲官之人。

[17]【李賢注】《左傳》，晉文公謀元帥，趙衰曰：“郤縠可。”乃使郤縠將中軍。

[18]【李賢注】公叔文子，衞大夫，其家臣名僎，行與文子同，升之於公，與之並爲大夫。僎音士春反（士，大德本作“七”；春，紹興本、大德本、殿本皆作“眷”，可從），見《論語》。

[19]【李賢注】言曹公與己同愛都慮，故發於中心而訓誨。【今注】案，曹金華《後漢書稽疑》言，《文選》引羊祜《讓開府表》注“訓誨發中”前有“來書懇切”四字（第923頁）。

[20]【李賢注】《禮記·檀弓》曰：“滕成公之喪，使子叔敬叔弔（曹金華《後漢書稽疑》言《禮記·檀弓》‘弔’後有‘進書’二字），子服惠伯爲介。及郊，爲懿伯之忌不入。惠伯曰：‘政也，不可以叔父之私不將公事。’遂入。”鄭玄注曰：“懿伯，惠伯之叔父也。忌，怨也。”

[21]【李賢注】賢吏謂慮也。

歲餘，復拜太中大夫。性寬容少忌，好士，喜誘益後進。及退閑職，[1]賓客日盈其門。常歎曰：“坐上客恒滿，尊中酒不空，吾無憂矣。"[2] 與蔡邕素善，[3]邕卒後，有虎賁士貌類於邕，[4] 融每酒酣，引與同坐，曰："雖無老成人，且有典刑。"[5] 融聞人之善，若出諸己，言有可採，必演而成之，面告其短，而退稱所長，薦達賢士，多所獎進，知而未言，以爲己過，故海内英俊皆信服之。

[1]【李賢注】太中大夫職在言議，故云閑職。

[2]【今注】案，王先謙《後漢書集解》引惠棟言："張璠《漢紀》云融愛才、樂酒，故云。"又案，恒，大德本、殿本作"常"。

[3]【今注】蔡邕：字伯喈，陳留圉（今河南杞縣）人。東漢散文家、辭賦家、學者。曾參與校定《六經》文字，董卓專權後被迫任官，後下獄而死。傳見本書卷六〇下。

[4]【李賢注】《漢官·典職儀》曰："虎賁中郎將，主武賁千五百人。"【今注】案，曹金華《後漢書稽疑》言李賢避諱改"虎"爲"武"（第925頁）。

[5]【李賢注】《詩·大雅》曰"雖無老成人，尚有典刑"也。【今注】老成人：年長有德望之人，或年長敦厚者，此特此舊臣。

曹操既積嫌忌，而郗慮復構成其罪，遂令丞相軍謀祭酒路粹[1]枉狀奏融曰："少府孔融，昔在北海，見王室不靜，而招合徒衆，欲規不軌，云'我大聖之後，而見滅於宋，[2] 有天下者，何必卯金刀'。及與孫權使語，謗訕朝廷。[3] 又融爲九列，[4] 不遵朝儀，[5] 禿巾微行，[6] 唐突宮掖。又前與白衣禰衡跌蕩於言，[7] 云'父之於子，當有何親？論其本意，實爲情欲發耳。子之於母，亦復奚爲？譬如寄物瓻中，^[8]出則離矣'。既而與衡更相贊揚。衡謂融曰：'仲尼不死。'融答曰：'顔回復生。'大逆不道，宜極重誅。"書奏，下獄弃市。時年五十六。妻子皆被誅。

[1]【李賢注】《典略》曰："粹字文蔚，陳留人，少學於蔡邕。建安初，以高弟擢拜尚書郎（弟，紹興本、大德本、殿本皆作'第'，可從），後爲軍謀祭酒，與陳琳、阮瑀等典記室。融誅之後，人覩粹所作，無不嘉其才而忌其筆也。"（曹金華《後漢書稽疑》言《魏志·王粲傳》注引《典略》"忌"作"畏"）

[2]【李賢注】《史記》曰，魯大夫孟釐子曰："孔丘，聖人之後，滅於宋。"服虔注曰："聖人謂商湯也。孔子六代祖孔父嘉爲宋華督所殺，其子奔魯也。"

[3]【李賢注】訕音所諫反。訕謂謗毀也。《蒼頡篇》曰："訕，非也。"【今注】謗訕：誹謗。

[4]【今注】九列：即九卿，又稱"列卿"。東漢九卿爲太常、光禄勳、衛尉、太僕、廷尉、大鴻臚、宗正、大司農、少府。孔融曾爲少府，屬九卿之一。

[5]【今注】儀：大德本、殿本作"議"，不從。

[6]【李賢注】謂不加幘。

[7]【李賢注】跌蕩，無儀檢也。放，縱也。【今注】案，又前與，大德本此處爲墨點。　白衣：無官爵者。　禰衡：字正平，平原般（今山東樂陵市西南）人。傳見本書卷八〇下。　跌蕩：放蕩不羈，不守禮制。

[8]【李賢注】《説文》曰："瓻（瓻，大德本、殿本作'瓶'，下同），缶也。"《字書》曰："瓻似缶而高。"【今注】瓻（fǒu）：盛酒的瓦器，小口大腹。案，大德本、殿本作"瓶"。中

華本校勘記引沈家本言："'瓶'字本或作'瓹'者誤，《説文》無瓹字也。"

初，女年七歲，男年九歲，以其幼弱得全，寄它舍。二子方弈棊，融被收而不動。左右曰："父執而不起，何也？"答曰："安有巢毀而卵不破乎！"主人有遺肉汁，男渴而飲之。女曰："今日之禍，豈得久活，何賴知肉味乎？"兄號泣而止。[1]或言於曹操，遂盡殺之。及收至，謂兄曰："若死者有知，得見父母，豈非至願！"乃延頸就刑，顔色不變，莫不傷之。

[1]【今注】案，泣，大德本作"哭"。

初，京兆人脂習元升，[1]與融相善，每戒融剛直。[2]及被害，許下莫敢收者，習往撫尸曰："文舉舍我死，吾何用生爲？"操聞大怒，將收習殺之，後得赦出。

[1]【今注】京兆：即京兆尹，政區名。三輔之一，治長安縣（今陝西西安市西北）。　脂習：字元升，京兆人。曹丕稱帝後，任中散大夫。
[2]【李賢注】《魏略》曰："曹操爲司空，威德日盛，融故以舊意書疏倨傲，習常責融令改節，融不從之。"

魏文帝深好融文辭，每歎曰：[1]"楊、班儔也。"[2]募天下有上融文章者，輒賞以金帛。所著詩、頌、碑文、論議、六言、策文、表、檄、教令、書記凡二十五篇。文帝以習有欒布之節，加中散大夫。[3]

[1]【今注】每：大德本、殿本無。

[2]【今注】楊班：指揚雄、班固。揚雄，字子云，蜀郡成都（今四川成都市武侯區）人。西漢後期文學家。傳見《漢書》卷八七。班固，字孟堅，右扶風安陵（今陝西咸陽市東北）人。著有《漢書》。事見《漢書》卷一〇〇《叙傳》。　儔：同類，儕輩。

[3]【李賢注】《前書》曰：“欒布，梁人也，爲梁王彭越大夫，使於齊，未反。漢誅越，梟首雒陽下，布還，奏事越頭下，祠而哭之。”

論曰：昔諫大夫鄭昌有言：“山有猛獸者，藜藿爲之不採。”[1]是以孔父正色，不容弑虐之謀；[2]平仲立朝，有紓盗齊之望。[3]若夫文舉之高志直情，其足以動義槩而忤雄心。[4]故使移鼎之迹，事隔於人存；[5]代終之規，啓機於身後也。[6]夫嚴氣正性，覆折而已。豈其員园委屈，可以每其生哉！[7]懍懍焉，皜皜焉，其與琨玉秋霜比質可也。[8]

[1]【李賢注】宣帝時，司隸校尉蓋寬饒以直言得罪，鄭昌愍傷寬饒忠直憂國，以言事不當意，而爲文吏所詆挫，故上書訟之。【今注】案，王先謙《後漢書集解》引洪亮吉言：“案，此鄭昌引《文子》之言。范史或未見《文子》，故此論以爲鄭昌。前人引用，故實詳慎如此。”　諫大夫：官名。西漢武帝元狩五年（前118）初置，秩比八百石，屬郎中令（後更名爲光禄勳）。光武中興後改爲諫議大夫，名義上屬光禄勳，秩六百石，掌顧問應對，備皇

帝咨詢差使，無固定職事。本書《百官志二》載："諫議大夫，六百石。本注曰：無員。" 鄭昌：字次卿，泰山剛（今山東寧陽縣東北）人。西漢宣帝時人，官至涿郡太守。 藜藿：本指貧窮者食用的野菜，也代指貧賤之人。

[2]【李賢注】《公羊傳》曰："孔父正色而立于朝，則人莫敢過而致難於其君者，孔父可謂義形於色矣。"【今注】孔父：即孔父嘉，春秋時宋襄公五世孫。後爲太宰華義督所殺，後人逃到魯國，爲孔子六世祖。

[3]【李賢注】紓音舒，解也，緩也。盜齊謂田常也。《莊子》曰："田成子一旦弒齊君而盜其國。"《左傳》，齊景公坐於路寢。公歎曰："美哉室！其誰有此乎？"晏子對曰："如君之言，其陳氏乎？"公曰："是可若何？"對曰："唯禮可以已之。"【今注】平仲：即晏嬰。齊國大夫。著有《晏子春秋》傳世。

[4]【李賢注】忤，逆也。

[5]【李賢注】移鼎謂遷漢之鼎也。人存謂曹操身在不得篡位也。《左傳》曰："桀有昏德，鼎遷於商（商，大德本作'商'，下同，不從）；商紂暴虐，鼎遷於周。"【今注】移鼎：即遷移九鼎，比喻改朝換代。

[6]【李賢注】代終謂代漢祚之終也。身後謂曹丕受禪也。

[7]【李賢注】"園"即"刓"字，音五九反。《前書音義》曰："刓謂刓圑無稜角也。"每，貪也。言寧正直以傾覆摧折，不能委曲以貪生也。賈誼云（云，大德本、殿本作"曰"）："品庶每生。"【今注】案，其，大德本、殿本皆作"有"，可從。

[8]【李賢注】懍懍言勁烈如秋霜也。皜皜言堅貞如白玉也。皜音古老反。

荀彧字文若，[1]潁川潁陰人，[2]朗陵令淑之孫也。[3]父緄，爲濟南相。[4]緄畏憚宦官，乃爲彧娶中常

侍唐衡女。[5]或以少有才名，故得免於譏議。南陽何顒
名知人，[6]見或而異之，曰："王佐才也。"

[1]【李賢注】袁宏《漢紀》"或"作"郁"（曹金華《後漢
書稽疑》言袁宏《漢紀》卷二六、《荀淑傳》、《黨錮傳》、《方淑
傳》及《魏志·荀或傳》等皆作"或"。可從）。

[2]【今注】潁陰：縣名。治所在今河南許昌市魏都區。

[3]【李賢注】朗陵，縣，屬汝南郡，故城在今豫州朗山縣
西南。【今注】案，本書卷六二《荀淑傳》中荀淑任朗陵侯相，與
此不同。漢代侯國與縣同級，設侯相治民，但一般稱"侯相"或
"相"而不稱"令"。今"朗陵令""朗陵侯相"俱存，或爲時人未
加區別之故，存錄。朗陵，縣名。治所在今河南確山縣西南。淑，
即荀淑，字季和。傳見本書卷六二。

[4]【李賢注】緄音古本反。

[5]【李賢注】《典略》曰："衡欲以女妻汝南傅公明，公明
不取，轉以妻郁（郁，殿本作'或'，可從）。"【今注】案，曹金
華《後漢書稽疑》引裴松之注《三國志·魏志·荀或傳》，言唐衡
死時荀或不過兩歲，且荀緄爲"八龍"之一，當非貪慕權勢，應爲
所逼之故，今存錄其說（第926頁）。唐衡，潁川郾（今河南漯河
市郾城區南）人。東漢桓帝時宦官，因誅殺外戚梁冀有功，封汝陽
侯。延熹七年（164）病死。

[6]【今注】南陽：郡名。治宛縣（今河南南陽市卧龍區）。

中平六年，[1]舉孝廉，再遷亢父令。[2]董卓之亂，
弃官歸鄉里。同郡韓融時將宗親千餘家，[3]避亂密西山
中。[4]或謂父老曰："潁川，四戰之地也。[5]天下有變，
常爲兵衝。密雖小固，不足以扞大難，[6]宜亟避

之。"[7]鄉人多懷土不能去。會冀州牧同郡韓馥遣騎迎之,[8]或乃獨將宗族從馥,留者後多爲董卓將李傕所殺略焉。[9]

[1]【今注】中平:東漢靈帝劉宏年號(184—189)。

[2]【李賢注】亢父(大德本、殿本皆作"亢父縣"),屬梁國,故城在今兗州任城縣南。亢音剛,父音甫。【今注】亢父:縣名。曾屬東平國即故梁國,後劃歸任城郡,此時屬任城國。治所在今山東濟寧市任城區喻屯鎮城南張村一帶。 案,《三國志》卷一〇《魏書·荀彧傳》載:"永漢元年,舉孝廉,拜守宮令。董卓之亂,求出補吏。除亢父令,遂弃官歸。"內容較此處詳細。

[3]【今注】韓融:字元長,潁川舞陽(今河南舞陽縣西)人。官至太僕。事見本書卷六二《韓韶傳》。

[4]【李賢注】密縣西山也。【今注】密:縣名。治所在今河南新密市東南。

[5]【李賢注】四面通也。【今注】四戰之地:四面平坦、無險可守,容易發生戰爭的地方。案,四,大德本作"小",不從。

[6]【今注】扞:抵禦,抵擋,後寫作"捍"。

[7]【李賢注】亟音紀力反。【今注】亟:急切,趕快。

[8]【今注】韓馥:字文節,潁川郡(今河南禹州市)人。曾任御史中丞、尚書、冀州牧,參與討伐董卓,謀立劉虞爲帝,冀州被袁紹奪取後投靠張邈,後自殺。

[9]【今注】李傕:字稚然,北地郡(今寧夏吳忠市西南)人。董卓部將。董卓被誅後,與郭汜等人兵圍長安,後又相互攻伐,不久被曹操所殺。事見本書卷七二《董卓傳》。

或比至冀州,而袁紹已奪馥位,紹待或以上賓之禮。或明有意數,[1]見漢室崩亂,每懷匡佐之義。時曹操在東郡，[2]或聞操有雄略，而度紹終不能定大業。初平二年，[3]乃去紹從操。操與語大悦，曰：“吾子房也。”[4]以爲奮武司馬，時年二十九。明年，又爲操鎮東司馬。[5]

[1]【李賢注】數，計數也。【今注】案，王先謙《後漢書集解》引劉攽言：“案文，但云‘明有意數’不成文，史筆不如此，蓋有一‘聰’字。”數，命數，天意。

[2]【今注】東郡：治濮陽縣（今河南濮陽市華龍區西南）。

[3]【今注】初平：東漢獻帝劉協年號（190—193）。

[4]【李賢注】比之張良。【今注】子房：即張良，字子房。漢初謀臣，輔佐劉邦平定天下，封留侯。世家見《史記》卷五五，傳見《漢書》卷四〇。

[5]【今注】案，錢大昕《廿二史考異》卷一二《後漢書三》據《魏志》認爲，曹操爲鎮東將軍在建安元年（196），初平三年（193）荀彧不當爲鎮東司馬，此傳有誤。

興平元年，[1]操東擊陶謙，[2]使彧守甄城，[3]任以留事。[4]會張邈、陳宫以兖州反操，[5]而潛迎吕布。布既至，諸城悉應之。邈乃使人譎彧[6]曰：“吕將軍來助曹使君擊陶謙，宜亟供軍實。”[7]彧知邈有變，即勒兵設備，故邈計不行。豫州刺史郭貢率兵數萬來到城下，求見彧。彧將往，東郡太守夏侯惇等止之。[8]曰：“何知貢不與吕布同謀，而輕欲見之。今君爲一州之鎮，往必危也。”彧曰：“貢與邈等分非素結，今來速者，計必未定，[9]及其猶豫，宜時説之，縱不爲用，可使中立。[10]若先懷疑嫌，彼將怒而成謀，不如往也。”貢既見或無懼意，知城不可攻，遂引而去。或乃使程昱説范、東阿，[11]使固其守，卒全三城以待操焉。[12]

[1]【今注】興平：東漢獻帝劉協年號（194—195）。

[2]【今注】陶謙：字恭祖，丹陽郡（今安徽宣城市宣州區）人。傳見本書卷七三、《三國志》卷八。

[3]【李賢注】縣名，屬濟陰郡（濟陰，大德本、殿本作“齊東”。今案，東漢無“齊東郡”），今濮州縣也。“甄”今作“鄄”，音絹。【今注】甄城：縣名。時屬濟陰郡，後劃歸東郡，治所在今山東鄄城縣北。

[4]【今注】留事：留守的大小事務。

[5]【李賢注】《典略》“宫字公臺，東郡人。剛直烈壯，少與海内知名之士皆相連結”也。【今注】陳宫：字公臺，東郡東武陽（今山東莘縣南）人。曾爲曹操心腹，因曹操殺害名士邊讓等人而叛降呂布，呂布戰敗後被殺。

[6]【李賢注】譎，詐也。【今注】譎（jué）：欺詐。《説文·言部》：“譎，權詐也。”

[7]【今注】案，王先謙《後漢書集解》引惠棟言：“‘實’，《魏志》作‘食’。”今案，“軍食”專指糧餉，而“軍實”則指包括糧餉、器械在内的軍需物資，一字之差，内容有別，不知孰是，今存録。

[8]【李賢注】《魏志》曰：“惇字元讓，沛國人。”【今注】夏侯惇：字元讓，沛國譙（今安徽亳州市譙城區）人。曹操手下名將，官至大將軍。傳見《三國志》卷九。

[9]【今注】案，必未，大德本、殿本作“未必”。

[10]【李賢注】不令其有去就也。

[11]【李賢注】《魏志》：“昱字仲德，東郡東阿人。”范，縣，屬東郡，今濮陽縣也。東阿，縣，屬東郡，今濟州縣也。【今

注】程昱：原名程立，因夢上泰山雙手捧日，被曹操更名爲
“昱”。字仲德，東郡東阿人。曹操手下謀臣。傳見《三國志》卷
一四。　范：縣名。治所在今山東梁山縣西北。案，曹金華《後漢
書稽疑》言李賢時范縣當屬“濮州”而無“濮陽”（第 927 頁）。
　東阿：縣名。治所在今山東陽穀縣阿城鎮。

　　[12]【李賢注】三城謂甄、范、東阿也。

　　二年，陶謙死，操欲遂取徐州，還定吕布。或諫
曰：“昔高祖保關中，[1]光武據河内，[2]皆深根固本，以
制天下。進可以勝敵，退足以堅守，故雖有困敗，而
終濟大業。將軍本以兗州首事，故能平定山東，[3]此實
天下之要地，而將軍之關河也。[4]若不先定之，根本將
何寄乎？宜急分討陳宫，使虜不得西顧，乘其間而收
熟麥，約食稸穀，以資一舉，則吕布不足破也。今舍
之而東，未見其便。多留兵則力不勝敵，少留兵則後
不足固。布乘虛寇暴，震動人心，縱數城或全，其餘
非復己有，則將軍尚安歸乎？且前討徐州，威罰實行，
其子弟念父兄之恥，必人自爲守。就能破之，尚不可
保。彼若懼而相結，共爲表裏，堅壁清野，以待將軍，
將軍攻之不拔，掠之無獲，不出一旬，則十萬之衆未
戰而自困矣。夫事固有弃彼取此，以權一時之執，願
將軍慮焉。”操於是大收執麥，[5]復與布戰。布敗走，
因分定諸縣，兗州遂平。

　　[1]【李賢注】高祖距項羽（距，大德本、殿本作“拒”。
距，同“拒”），常留蕭何守關中。【今注】高祖保關中：漢高祖

劉邦"暗度陳倉"之後，很快平定關中，此後關中成爲劉邦争奪天下的後方。高祖，西漢高祖劉邦，公元前 206 年至前 195 年在位。紀見《史記》卷八、《漢書》卷一。

［2］【今注】河内：郡名。治懷縣（今河南武陟縣西南）。

［3］【李賢注】曹操初從東郡守鮑信等迎領兖州牧（王先謙《後漢書集解》引劉攽言："注'東郡守'，案文少一'太'字。"可從），遂進兵破黄巾等，故能平定山東也。

［4］【今注】關河：關即關中，河即河内。劉邦據關中，劉秀保河内，終成帝業。

［5］【今注】孰：大德本、殿本作"熟"。"孰"爲"熟"的本字，成熟。

建安元年，獻帝自河東還洛陽，[1] 操議欲奉迎車駕，徙都於許。衆多以山東未定，韓暹、楊奉負功恣睢，[2] 未可卒制。或乃勸操曰："昔晉文公納周襄王，而諸侯景從；[3] 漢高祖爲義帝縞素，而天下歸心。[4] 自天子蒙塵，[5] 將軍首唱義兵，徒以山東擾亂，未遑遠赴，雖禦難於外，乃心無不在王室。[6] 今鑾駕旋軫，[7] 東京榛蕪，[8] 義士有存本之思，兆人懷感舊之哀。[9] 誠因此時奉主上以從人望，大順也；秉至公以服天下，大略也；扶弘義以致英俊，[10] 大德也。四方雖有逆節，其何能爲？韓暹、楊奉，安足恤哉！[11] 若不時定，使豪桀生心，[12] 後雖爲慮，亦無及矣。"操從之。

［1］【今注】河東：郡名。治安邑縣（今山西夏縣西北）。

［2］【李賢注】恣睢，肆怒貌。睢音火季反，又火佳反。《史記》："盜跖日殺不辜，暴戾恣睢。"【今注】韓暹（xiān）：原爲黄

巾軍餘部白波軍將領，被招降後因護送獻帝東歸洛陽有功，任大將軍。曹操掌權後逐漸失勢，先後投奔袁術、呂布，死於戰敗後的逃亡途中。　楊奉：原爲黄巾軍餘部白波軍將領，被招降後因護送獻帝東歸洛陽有功，任車騎將軍。曹操掌權後逐漸失勢，先後投奔袁術、呂布，受命進攻劉備，反被劉備誘殺。　恣睢：放縱暴戾。

[3]【李賢注】《左傳》，卜偃言於晉侯曰：“求諸侯莫如勤王，諸侯信之，且大義也。”晉侯以左師逆王，王入于王城，取太叔於溫，殺之於隰城，遂定霸業，天下服從也。

[4]【李賢注】項羽殺義帝於郴，高祖爲義帝發喪。高祖大哭（大，紹興本作“太”，不從），發使告諸侯曰：“天下共立義帝，北面事之。今項羽放殺義帝，大逆無道，寡人親爲發喪，兵皆縞素。”【今注】義帝：楚懷王之孫，名心。楚亡後流落民間，爲人牧羊，陳勝起義之後項梁立其爲楚王，也稱“楚懷王”。項羽入關滅秦之後自稱西楚霸王，尊其爲義帝，後九江王英布受項羽之令，殺之於長沙郡郴縣（今湖南郴州市）。

[5]【李賢注】蒙，冒也。《左傳》：“臧文仲曰：‘天子蒙塵於外，敢不奔問官守。’”【今注】天子蒙塵：形容天子流亡在外。

[6]【李賢注】《尚書》曰：“雖爾身在外，乃心無不在王室。”乃，汝也。

[7]【李賢注】鄭玄注《周禮》曰：“軫，輿後橫木也。”【今注】鑾駕：天子的車駕。　旋軫：掉轉車頭返回，代指回京。

[8]【今注】東京：即東漢都城洛陽，因爲其在東邊故稱“東京”。西邊的長安被稱爲“西京”。　榛蕪：野草叢生，形容荒涼的景象。

[9]【今注】兆人：即兆民，因避唐太宗李世民之諱改寫爲“兆人”，代指老百姓。

[10]【今注】案，俊，殿本作“雄”。

[11]【今注】恤：憂慮。《説文·心部》：“恤，憂也。”

[12]【今注】案，桀，大德本作“俊”，不從。

及帝都許，以或爲侍中，守尚書令。[1]操每征伐在外，其軍國之事，皆與或籌焉。或又進操計謀之士從子攸，[2]及鍾繇、[3]郭嘉、[4]陳群、[5]杜襲、[6]司馬懿、戲志才等，[7]皆稱其舉。唯嚴象爲楊州，[8]韋康爲涼州，後並負敗焉。[9]

[1]【今注】守：代理，即主官不在或暫缺時暫時代理其職務。　尚書令：官名。尚書臺的長官。名義上屬少府。本書《百官志三》載：“尚書令一人，千石。本注曰：承秦所置，武帝用宦者，更爲中書謁者令，成帝用士人，復故。掌凡選署及奏下尚書曹文書衆事。”

[2]【李賢注】《魏志》，荀攸字公達。太祖素聞攸名，與語大悦，謂或曰：“公達非常人，吾得與計事，天下當何憂哉？”【今注】從子：侄子。　攸：荀攸，字公達，潁川潁陰（今河南許昌市魏都區）人。後爲曹操軍師。傳見《三國志》卷一〇。

[3]【今注】鍾繇：字元常，潁川長社（今河南長葛市東北）人。東漢時曾任侍中、尚書僕射，曹魏明帝時爲太傅，善於書法，與王羲之合稱“鍾王”。傳見《三國志》卷一三。

[4]【李賢注】《魏志》，嘉字奉孝，潁川人也。戲志才，籌畫士也，太祖甚器之，早卒。太祖與或書曰（太，殿本作“大”，不從）：“自志才亡後，莫可與計事者。汝、潁固多奇士，誰可以繼之？”或薦嘉，召見論天下事，太祖曰：“使孤成大業者，必此人也。”【今注】郭嘉：傳見《三國志》卷一四。

[5]【今注】陳群：字長文，潁川許昌（今河南許昌市建安區東）人。曹魏重要謀臣。傳見《三國志》卷二二。

[6]【李賢注】襲字子緒，潁川人。荀或薦襲，太祖以爲丞

相軍謀祭酒（曹金華《後漢書稽疑》言《魏志・杜襲傳》作“軍祭酒”，無“謀”），魏國建，爲侍中。【今注】杜襲：傳見《三國志》卷二三。

[7]【李賢注】懿字仲達，即晉宣帝。【今注】司馬懿：字仲達，河内温（今河南温縣西南）人。紀見《晉書》卷一。 戲志才：潁川郡（今河南禹州市）人。少有謀劃，受曹操器重，然英年早逝。

[8]【李賢注】《三輔決録》曰（曹金華《後漢書稽疑》言“《三輔決録》”後脱“注”字）：“象字文則，京兆人。少聰博有膽智，爲楊州刺史。後爲孫策廬江太守李術所殺。”【今注】案，楊，殿本作“揚”，可從。

[9]【李賢注】康字元將，京兆人。父端，從涼州牧徵爲太僕，康代爲涼州刺史，時人榮之。後爲馬超所圍，堅守歷時，救軍不至，遂爲超所殺。

　　袁紹既兼河朔之地，[1]有驕氣。而操敗於張繡，[2]紹與操書甚倨。[3]操大怒，欲先攻之，而患力不敵，以謀於彧。彧量紹雖強，終爲操所制，乃説先取呂布，然後圖紹，操從之。三年，遂擒呂布，定徐州。

[1]【今注】河朔之地：泛指黄河以北地區。

[2]【李賢注】《魏志》，張繡在南陽降，既而悔之，而復反。操與戰，軍敗爲流矢所中。【今注】張繡：武威祖厲（今甘肅會寧縣西北）人。傳見《三國志》卷八。

[3]【李賢注】陳琳爲紹作檄書曰：“操祖父騰饕餮放横，父嵩乞匄攜養，操贅閹遺醜。”並倨慢之詞也。【今注】案，王先謙《後漢書集解》引錢大昕言曹操爲張繡所敗在建安二年（197），袁紹宣檄在建安五年，二者本不相涉。

　　五年，袁紹率大衆以攻許，操與相距。紹甲兵甚盛，議者咸懷惶懼。少府孔融謂彧曰：“袁紹地廣兵彊，田豐、許攸智計之士爲其謀，[1]審配、逢紀盡忠之臣任其事，[2]顏良、文醜勇冠三軍，[3]統其兵，殆難克乎？”彧曰：“紹兵雖多而法不整，田豐剛而犯上，許攸貪而不正，審配專而無謀，逢紀果而自用，顏良、文醜匹夫之勇，可一戰而擒也。”後皆如彧之籌，事在《袁紹傳》。

　　[1]【李賢注】《先賢行狀》：“豐字元皓，鉅鹿人（曹金華《後漢書稽疑》言《魏志·袁紹傳》注引《先賢行狀》‘鉅鹿人’後有‘或云勃海人’）。天姿瓌傑，權略多奇。”許攸字子遠。【今注】田豐：字元皓，鉅鹿郡（今河北寧晉縣西南）人。爲人剛直，袁紹謀臣，官渡之戰後被袁紹殺害。　許攸：字子遠，南陽郡（今河南南陽市臥龍區）人。本爲袁紹謀士，官渡之戰時因家人犯法叛投曹操，獻計大敗袁紹，後自恃功高，屢屢口出狂言，因而被殺。

　　[2]【李賢注】配字正南，魏郡人。忠烈慷慨，有不可犯之色。紹領冀州，委配腹心之任。《英雄記》曰：“紀字元圖。初，紹去董卓，與許攸及紀俱詣冀州，紹以紀聰達有計策，甚信之（曹金華《後漢書稽疑》言《魏志·袁紹傳》等皆作‘甚親信之’）。”

　　[3]【今注】顏良文醜：袁紹武將，官渡之戰中被關羽所殺。案，按前文，“三軍”後逗號應删除。

　　操保官度，[1]與紹連戰，雖勝而軍糧方盡，[2]與彧議，[3]欲還許以致紹師。[4]彧報曰：“今穀食雖少，[5]未若楚漢在滎陽、成皋間也。[6]是時劉項莫肯先退者，以爲先退則執屈也。[7]公以十分居一之衆，[8]畫地而守之，[9]搤其喉而不得進，已半年矣。[10]情見埶竭，必將有變，此用奇之時，不可失也。"操從之，乃堅壁持之。遂以奇兵破紹，紹退走。封彧萬歲亭侯，[11]邑一千戶。

[1]【李賢注】官度，即古之鴻溝也。於滎陽下引河東南流，其所保處在今鄭州中牟縣北官度口是也。【今注】官度：即官渡。故址在今河南中牟縣東北。

[2]【今注】案，盡，大德本作"書書"，不從。

[3]【今注】案，與，大德本、殿本皆作"書與"，可從。

[4]【李賢注】致猶至也。兵法曰："善戰者，致人不致於人。"【今注】致：通"制"，控制。

[5]【今注】案，穀食，曹金華《後漢書稽疑》言《後漢紀》卷二九、《魏志·荀彧傳》皆作"軍食"（第928頁）。

[6]【今注】成皋：縣名。治所在今河南滎陽市氾水鎮西。

[7]【李賢注】高祖與項羽於滎陽、成皋間，久相持不決，後羽請鴻溝以西爲漢而退，高祖遂乘羽，敗之垓下，追殺之。

[8]【李賢注】言與紹衆寡相懸也。

[9]【李賢注】言畫地作限隔也。鄒陽曰："畫地而不敢犯。"

[10]【李賢注】搤音厄。搤謂捉持之也。【今注】搤：同"扼"。《說文·手部》："搤，捉也。"

[11]【今注】封彧萬歲亭侯：萬歲亭在今河南新鄭縣。案，曹金華《後漢書稽疑》言《後漢紀》卷二九、《魏志·荀彧傳》皆言荀彧封萬歲亭侯在建安八年，與此建安五年不同（第928頁）。

　　六年，操以紹新破，未能爲患，但欲留兵衞之，自欲南征劉表，以計問彧。彧對曰："紹既新敗，衆懼人擾，今不因而定之，而欲遠兵江漢，[1]若紹收離糾散，[2]乘虛以出，則公之事去矣。"操乃止。

　　[1]【今注】江漢：指長江、漢水。
　　[2]【李賢注】糾，合也。【今注】糾：收聚，集合。《玉篇·丩部》："糾，收也。"

　　九年，操拔鄴，自領冀州牧。有説操宜復置九州者，以爲冀部所統既廣，則天下易服。操將從之。彧言曰："今若依古制，是爲冀州所統，悉有河東、馮翊、扶風、西河、幽、并之地也。[1]公前屠鄴城，海内震駭，各懼不得保其土宇，守其兵衆。今若一處被侵，必謂以次見奪，人心易動，若一旦生變，天下未可圖也。願公先定河北，然後脩復舊京，[2]南臨楚郢，[3]責王貢之不入。[4]天下咸知公意，則人人自安。須海内大定，乃議古制，此社稷長久之利也。"操報曰："微足下之相難，所失多矣！"遂寢九州議。

　　[1]【今注】馮（píng）翊（yì）：左馮翊，政區名。三輔之一，治高陵縣（今陝西西安市高陵區）。長官亦稱"左馮翊"。扶風：右扶風，政區名。三輔之一，治槐里縣（今陝西興平市東南）。長官亦稱"右扶風"。　西河：郡名。時治離石縣（今山西吕梁市離石區）。
　　[2]【今注】舊京：此指東漢都城洛陽。

[3]【今注】楚郢：楚國曾以郢為都城，故稱楚為“楚郢”，此代指南方地區。

[4]【今注】責王貢之不入：魯僖公四年（前656），齊國以“苞茅不入，王祭不供，無以縮酒”為借口，率諸侯軍隊討伐楚國，後雙方在召陵結盟而去。

十二年，操上書表彧曰：“昔袁紹作逆，連兵官度，時眾寡糧單，圖欲還許。尚書令荀彧深建宜住之便，遠恢進討之略，[1]起發臣心，革易愚慮，堅營固守，徵其軍實，[2]遂摧撲大寇，濟危以安。紹既破敗，臣糧亦盡，將舍河北之規，[3]改就荊南之策。[4]彧復備陳得失，用移臣議，故得反旆冀土，[5]克平四州。[6]向使臣退軍官度，紹必鼓行而前，[7]敵人懷利以自百，[8]臣眾怯沮以喪氣，[9]有必敗之形，無一捷之勢。[10]復若南征劉表，委弃兗、豫，飢軍深入，踰越江、沔，[11]利既難要，將失本據。而彧建二策，以亡為存，以禍為福，謀殊功異，臣所不及。是故先帝貴指縱之功，薄搏獲之賞；[12]古人尚帷幄之規，下攻拔之力。[13]原其績効，足享高爵。而海內未喻其狀，所受不侔其功，[14]臣誠惜之。乞重平議，增疇户邑。”[15]彧深辭讓。操譬之曰：[16]“昔介子推有言：‘竊人之財，猶謂之盜。’[17]況君奇謨拔出，[18]興亡所係，可專有之邪？[19]雖慕魯連沖高之迹，[20]將為聖人達節之義乎！”[21]於是增封千户，并前二千户。又欲授以正司，[22]彧使荀攸深自陳讓，至于十數，乃止。操將伐劉表，問彧所策。彧曰：“今華夏以平，荊、漢知亡矣，可聲出宛、葉而閒行輕進，以掩其不意。"操從之。會表病死。[23]

[1]【李賢注】恢，大也。【今注】恢：弘大。

[2]【李賢注】徼，邀也，音古堯反。【今注】徼（yāo）：通"邀"。阻擋，攔截。《集韻·宵韻》："邀，遮也。或從彳。"

[3]【今注】河北之規：即覆滅袁氏、平定河北的謀略。

[4]【今注】荆南之策：即征伐荆州劉表的計策。

[5]【李賢注】《左傳》："南轅反旆。"杜預曰："軍門前大旆。"【今注】反旆：回師。

[6]【李賢注】謂冀、青、幽、并也。

[7]【李賢注】鼓行謂鳴鼓而行，言無所畏也。

[8]【李賢注】名規利（名，大德本、殿本作"各"，可從），人百其勇也。

[9]【李賢注】沮，止也。【今注】沮：終止、阻止。《廣韻·語韻》："沮，止也。"

[10]【李賢注】捷，勝也。

[11]【李賢注】沔即漢水也。孔安國曰："漢上爲沔。"

[12]【李賢注】搏，擊也。高祖既殺項羽，論功行封，以蕭何爲最，功臣多不服。高祖曰（曰，大德本、殿本作"云"）："諸君知獵乎？夫獵追殺獸者，狗也，而發縱指示獸者，人也。諸君徒能追得獸耳，功狗也。至如蕭何，發指示（指，大德本作'縱指'，可從），功人也（功，大德本作'切'，不從）。""縱"或作"蹤"，兩通。

[13]【李賢注】張良未嘗有戰鬭功，高帝曰："運策帷幄中，決勝千里外，子房功也。"自擇齊三萬户以封之。

[14]【李賢注】侔，等也。【今注】侔：等同。《説文·人部》："侔，齊等也。"

[15]【李賢注】《前書》曰："復其後代,疇其爵邑。"《音義》曰："疇,等也,使其後常與先人等也。"

[16]【今注】譬:曉諭,勸導。案,大德本、殿本作"誓",不從。

[17]【李賢注】《左傳》介子推,晉文公臣。

[18]【今注】謨:計策,謀略。《説文·言部》:"謨,議謀也。"

[19]【李賢注】操不專功,欲分之於或也(之,殿本作"功")。

[20]【李賢注】《史記》曰,趙欲尊秦爲帝,魯連止之,平原君乃欲封魯連。連笑曰:"所貴於天下之士,爲人排患釋難解紛而無取也。即有取者,是商賈之士也,而連不忍爲也。"(曹金華《後漢書稽疑》據《史記》卷八三《魯仲連列傳》言,李賢注引"天下之士"後脱"者","解紛"後脱"亂","商賈之事"誤爲"商賈之士")【今注】沖:淡薄。

[21]【李賢注】《左傳》曰:"聖達節,次守節。"【今注】聖人達節之義:《左傳》成公十五年載:"聖達節,次守節,下失節。"

[22]【李賢注】或先守尚書令,今欲正除也。

[23]【李賢注】《魏志》,操如或計,表子琮以州逆降。

十七年,董昭等[1]欲共進操爵國公,九錫備物,[2]密以訪或。或曰:"曹公本興義兵,以匡振漢朝,雖勳庸崇著,[3]猶秉忠貞之節。君子愛人以德,不宜如此。"事遂寢。[4]操心不能平。會南征孫權,表請或勞軍于譙,[5]因表留或曰:"臣聞古之遣將,上設監督之重,下建副二之任,[6]所以尊嚴國命,謀而鮮過者也。[7]臣今當濟江,奉辭伐罪,宜有大使肅將王命。文武並用，自古有之。使持節侍中守尚書令萬歲亭侯或，[8]國之重臣，[9]德洽華夏，既停軍所次，便宜與臣俱進，宣示國命，威懷醜虜。軍禮尚速，不及先請，臣輒留或，依以爲重。"書奏，帝從之，遂以或爲侍中、光祿大夫，[10]持節，參丞相軍事。至濡須，[11]或病留壽春，[12]操饋之食，發視，乃空器也，於是飲藥而卒。時年五十。[13]帝哀惜之，祖日爲之廢讌樂。[14]謚曰敬侯。明年，操遂稱魏公云。

[1]【李賢注】昭字公仁，濟陰人也。【今注】董昭：曹魏謀士。傳見《三國志》卷一四。

[2]【李賢注】《禮·含文嘉》曰（禮，當爲"禮緯"）："九錫一曰車馬，二曰衣服，三曰樂器，四曰朱戶，五曰納陛，六曰虎賁百人，七曰斧戉（戉，紹興本、大德本、殿本皆作'鉞'，可從），八曰弓矢，九曰秬鬯，謂之九錫。錫，與也，九錫皆如其德。"《左傳》曰："分魯公以大路大旂（路，大德本、殿本作'輅'），夏后氏之璜，封父之繁弱（父，大德本、殿本作'谷父'，不從），祝宗卜史，備物典策。"【今注】九錫：天子賜予諸侯或大臣的九種器物，從王莽開始權臣篡位前多被賜九錫。

[3]【今注】庸：功勞。《爾雅·釋詁下》："庸，勞也。"

[4]【李賢注】《禮記》曰"君子之愛人也以德，細人之愛人也以姑息"也。

[5]【今注】譙：縣名。治所在今安徽亳州市譙城區。

[6]【李賢注】《史記》，齊景公以田穰苴爲將軍，扞燕（曹金華《後漢書稽疑》言李賢注引"扞燕"後脫"晉"字）。苴曰："臣素卑賤，擢之閭伍之中，加之大夫之上，士卒未附，百姓不信，權輕，願得君之寵臣，國之所尊，以監軍，乃可。"景公許

之，使莊賈往。即監督之義也。【今注】副二：又作"副貳"，主官的副手。

[7]【李賢注】《左傳》曰："謀而鮮過，惠訓不倦。"

[8]【今注】使持節：節爲代表皇權的符節，持節者往往代表皇帝行事，權勢很大，其權力由高到低具體分爲使持節、持節和假節。

[9]【皆作】案，重，紹興本作"望"，不從。

[10]【今注】光禄大夫：官名。名義上屬光禄勳，掌顧問應對，備皇帝咨詢差使，無固定職事。本書《百官志二》載："光禄大夫，比二千石。本注曰：無員。凡大夫、議郎皆掌顧問應對，無常事，唯詔令所使。凡諸國嗣之喪，則光禄大夫掌弔。"

[11]【李賢注】濡須，水名也，在今和州歷陽縣西南。《吳錄》曰："孫權聞操來，夾水立塢，狀如偃月，以相拒，月餘乃退。"【今注】濡須：地名。在今安徽無爲縣東北。其扼守交通要道，爲兵家必爭之地。

[12]【李賢注】壽春，縣，屬淮南郡，今壽州郡也。【今注】壽春：縣名。時屬九江郡，治所在今安徽壽縣壽春鎮，李賢注誤。

[13]【李賢注】《獻帝春秋》，董承之誅，伏后與父完書，言司空殺董承，帝方爲報怨。完得書以示或，或惡之，隱而不言。完以示其妻弟樊普，普封以呈太祖，太祖陰爲之備。或恐事覺，欲自發之，因求使至鄴，勸太祖以女配帝。太祖曰："今朝廷有伏后，吾女何得配上？"或曰："伏后無子，性又凶邪，往嘗與父書，言詞醜惡（詞，大德本、殿本作'辭'，可從），可因此廢也。"太祖曰："卿昔何不道之？"或陽驚曰："昔已嘗爲公言也。"太祖曰："此豈小事，而吾忘之！"太祖以此恨或，而外含容之。至董昭建魏公議，或意不同，欲言之於太祖，乃齎璽書犒軍，飲饗禮畢（饗，大德本、殿本作"享"），或請間，太祖知或欲言，揖而遣之，遂不得。留之，卒於壽春。【今注】案，曹金華《後漢書

稽疑》言《後漢紀》卷三〇、《魏志・荀彧傳》爲“以憂”死（第929頁）。

[14]【李賢注】祖日謂祭祖神之日，因爲讌樂也。《風俗通》曰：“共工氏子曰脩（子，大德本、殿本作‘之子’，按《風俗通義・祀典》，可從），好遠遊，祀以爲祖神。漢以午日祖。”【今注】讌樂：古代天子或諸侯宴飲賓客或祭祀時所用的音樂。

論曰：自遷帝西京，山東騰沸，[1]天下之命倒縣矣。[2]荀君乃越河、冀，間關以從曹氏。[3]察其定舉措，立言策，[4]崇明王略，以急國艱，豈云因亂假義，以就違正之謀乎？[5]誠仁爲己任，期紓民於倉卒也。[6]及阻董昭之議，以致非命，豈數也夫！世言荀君者，通塞或過矣。常以爲中賢以下，道無求備，智筭有所研疎，[7]原始未必要末。斯理之不可全詰者也。夫以衛賜之賢，一説而斃兩國。[8]彼非薄於仁而欲之，蓋有全必有喪也，斯又功之不兼者也。[9]方時運之屯邅，[10]非雄才無以濟其溺，功高埶彊，則皇器自移矣。[11]此又時之不可並也。蓋取其歸正而已，亦殺身以成仁之義也。

[1]【李賢注】《詩》曰：“百川沸騰。”【今注】騰沸：指社會動蕩不安。

[2]【李賢注】趙歧注《孟子》曰（歧，大德本、殿本皆作“岐”，可從）：“倒縣猶困苦也（縣，大德本、殿本作‘懸’，二字通）。”【今注】倒縣：倒懸。比喻處境困苦危急。

[3]【李賢注】間關猶展轉也。

[4]【李賢注】措，置也。【今注】舉措：施政方略。

〔5〕【李賢注】言或本心不背漢也。

〔6〕【李賢注】紓，緩也，音舒。【今注】紓：舒緩，解除。案，民，大德本、殿本作"人"。

〔7〕【今注】踈：同"疏"。《玉篇·足部》："踈，慢也，不密。"《廣韻·魚韻》："疏，俗作踈。"本指疏遠，此與"研"（精深）相對，爲膚淺、荒疏之意。

〔8〕【李賢注】兩國謂齊與吳也。端木賜字子貢，衛人也。田常欲伐魯，仲尼令出使勸田常伐吳，常許之。賜又至吳，請夫差伐齊。又之越，説句踐將兵助吳。又之晉，説以兵待吳伐齊之弊。吳既勝齊，與晉爭彊，晉果敗吳，越襲其後，遂殺夫差。故子貢一出，存魯，亂齊，破吳，彊晉，霸越。

〔9〕【李賢注】子貢不欲違仁義而致晉，但其事不兼濟也。言或豈願彊曹氏令代漢哉？事不得已也。

〔10〕【李賢注】《易》曰："屯如邅如。"邅音竹連反。【今注】屯邅（zhān）：比喻處境困難。

〔11〕【李賢注】謂魏太祖功業大而神器自歸也。【今注】皇器：即皇位，天子之權。

贊曰：公業稱豪，駿聲升騰。權詭時偪，[1]揮金僚朋。[2]北海天逸，音情頓挫。[3]越俗易驚，孤音少和。直辔安歸，高謀誰佐？[4]或之有弼，誠感國疾。功申運改，迹疑心一。[5]

〔1〕【李賢注】謂詭辭以對卓。【今注】偪：爲時勢所迫。偪，即"逼"，逼迫。

〔2〕【李賢注】揮，散也。

〔3〕【李賢注】逸，縱也。頓挫猶抑揚也。【今注】北海：代指孔融。

　　[4]【李賢注】直蠻，直道也。言其道無所歸，謀謨之高欲誰佐也（欲，大德本、殿本作"竟"）。

　　[5]【李賢注】迹若可疑，心如一心。

後漢書　卷七一

列傳第六十一

皇甫嵩　朱儁

　　皇甫嵩字義真，安定朝那人，[1]度遼將軍規之兄子也。[2]父節，鴈門太守。[3]嵩少有文武志介，[4]好詩書，習弓馬。初舉孝廉、茂才。[5]太尉陳蕃、大將軍竇武連辟，[6]並不到。靈帝公車徵爲議郎，[7]遷北地太守。[8]

　　[1]【今注】安定：郡名。治臨涇縣（今甘肅鎮原縣東南）。朝那：縣名。治所在今寧彭陽縣東。

　　[2]【今注】度遼將軍：雜號將軍之一。西漢昭帝時范明友曾以度遼將軍出擊烏桓等，東漢明帝永平八年（65）復置，駐五原郡曼柏縣（今内蒙達拉特旗東南），秩二千石，下設長史、司馬等。
　　規：皇甫規，字威明，安定朝那（今寧夏彭陽縣東）人。傳見本書卷六五。

　　[3]【今注】鴈門：郡名。治陰館縣（今山西朔州市東南）。

　　[4]【今注】志介：即志向和操守。王先謙《後漢書集解》引何焯言：“志介猶言志略。”王先謙言：“志介猶志節耳。”

　　[5]【李賢注】《續漢書》曰："舉孝廉爲郎中，遷霸陵、臨汾令，以父喪遂去官。"【今注】舉：察舉，漢代選官制度之一。即地方郡國向中央舉薦人才，常科有孝廉、茂才等，特科有賢良、方正、文學、明經等。　孝廉：漢代察舉選官科目之一。指孝子廉吏。　茂才：漢代察舉選官科目之一。西漢稱"秀才"，東漢避光武帝劉秀之諱，改稱"茂才"。

　　[6]【今注】太尉：官名。三公之一。西漢時期雖名義上"掌武事"，但並無實際的領兵、發兵之權，西漢不常設，武帝時設大司馬，東漢光武帝時期恢復太尉職，職權有所擴大。本書《百官志一》載："太尉，公一人。本注曰：掌四方兵事功課，歲盡即奏其殿最而行賞罰。凡郊祀之事，掌亞獻；大喪則告謚南郊。凡國有大造大疑，則與司徒、司空通而論之。國有過事，則與二公通諫爭之。世祖即位，爲大司馬。建武二十七年，改爲太尉。"　陳蕃：字仲舉，汝南平輿（今河南平輿縣北）人。有"不畏強暴陳仲舉"之美譽。傳見本書卷六六。　竇武：字游平，扶風平陵（今陝西咸陽市西北）人。傳見本書卷六九。　辟：即辟除，漢代選官制度之一。三公以下任用屬吏稱爲"辟"。

　　[7]【今注】靈帝：東漢靈帝劉宏，公元 168 年至 189 年在位。紀見本書卷八。　徵：即徵召，漢代選官制度之一。皇帝徵召有才能或有德望之人爲官。　議郎：官名。名義上屬光禄勳。秩六百石，備皇帝諮詢，也參與朝議。本書《百官志二》載："凡大夫、議郎皆掌顧問應對，無常事，唯詔令所使。"

　　[8]【今注】案，錢大昕《廿二史考異》卷一二《後漢書三》言："按，下文靈帝召群臣會議，嵩亦與焉，似無出守事。或已遷而未之官耶？"今存録。　北地：郡名。治富平縣（今寧夏吳忠市西南）。

　　初，鉅鹿張角自稱"大賢良師"，[1]奉事黃老道，[2]畜養弟子，跪拜首過，[3]符水呪説以療病，[4]病者頗愈，百姓信向之。角因遣弟子八人使於四方，以善道教化天下，轉相誑惑。十餘年間，衆徒數十萬，連結郡國，自青、徐、幽、冀、荆、楊、兖、豫八州之人，[5]莫不畢應。遂置三十六方。方猶將軍號也。大方萬餘人，小方六七千，各立渠帥。訛言“蒼天已死，黄天當立，歲在甲子，天下大吉”。以白土書京城寺門及州郡官府，[6]皆作“甲子”字。中平元年，[7]大方馬元義等先收荆、楊數萬人，期會發於鄴。[8]元義數往來京師，以中常侍封諝、徐奉等爲内應，[9]約以三月五日内外俱起。[10]未及作亂，而張角弟子濟南唐周上書告之，[11]於是車裂元義於洛陽。靈帝以周章下三公、司隷，[12]使鉤盾令周斌將三府掾屬，[13]案驗宫省直衞及百姓有事角道者，誅殺千餘人，推考冀州，[14]逐捕角等。角等知事已露，晨夜馳勑諸方，一時俱起。皆著黄巾爲摽幟，[15]時人謂之“黄巾”，亦名爲“蛾賊”。[16]殺人以祠天。角稱“天公將軍”，角弟寶稱“地公將軍”，寶弟梁稱“人公將軍”。所在燔燒官府，劫略聚邑，州郡失據，長吏多逃亡。[17]旬日之間，天下嚮應，京師震動。

[1]【李賢注】“良”或作“郎”。【今注】鉅鹿：郡名。治廮陶縣（今河北寧晉縣西南）。　張角：東漢末年黄巾起義軍領袖。創立太平道，策劃起義，但起義不久就病逝。

[2]【今注】黄老道：信奉黄老學説的道教組織，道家和道教多以黄帝和老子爲鼻祖。

[3]【李賢注】首音式受反。【今注】首過：即陳述自己的罪過。首，自己陳述罪行。《廣韻·宥韻》：“首，自首前罪。”

[4]【今注】符水呪説以療病：道教用符水和咒語來治病的方法，後世也常見到，頗具迷信色彩。詳見本書卷七五《劉焉傳》。

[5]【今注】案，楊，大德本、殿本作“揚”，可從。本段下同。

[6]【今注】案，王先謙《後漢書集解》引《資治通鑑》胡三省注言：“寺門，在京城諸官寺舍之門。”今案，本書卷二七《張湛傳》載：“後告歸平陵，望寺門而步。”李賢注曰：“寺門即平陵縣門也。《風俗通》曰：‘寺者，嗣也。理事之吏，嗣續於其中也。’”可見“寺門”非僅指京城官寺之門，秦漢多稱官署爲“寺”，“寺門”即官署大門。

[7]【今注】中平元年：據後文及本書卷八《靈帝紀》可知，黃巾起義爆發於光和七年（184）二月，至十二月被平定，漢方改年號爲“中平”。中平，東漢靈帝劉宏年號（184—189）。

[8]【今注】期會：約定期限，漢代文書中常用語。 發：發動，起事。 鄴：魏郡郡治。治所在今河北臨漳縣西南。

[9]【今注】中常侍：官名。名義上屬少府。東漢多由宦官擔任，侍從皇帝，職掌顧問應對。本書《百官志三》載：“中常侍，千石。本注曰：宦者，無員。後增秩比二千石。掌侍左右，從入内宫，贊導内衆事，顧問應對給事。”

[10]【今注】案，王先謙《後漢書集解》引惠棟言：“《袁紀》云‘五月乙卯’。”與此不同，今存録。

[11]【今注】濟南唐周：濟南時爲王國。治東平陵縣（今山東濟南市章丘區西北）。案，曹金華《後漢書稽疑》言《後漢紀》卷二四作“濟陰人唐客”（中華書局 2014 年版，第 931 頁）。

[12]【今注】司隸：官名。即司隸校尉，監察三公以下百官，且爲司隸州部的長官。本書《百官志四》載：“司隸校尉一人，比二千石。本注曰：孝武帝初置，持節，掌察舉百官以下，及京師近

郡犯法者。元帝去節，成帝省，建武中復置，并領一州。"

［13］【今注】鉤盾令：官名。名義上屬少府。掌皇家園林。本書《百官志三》："鉤盾令一人，六百石。本注曰：宦者。典諸近池苑囿遊觀之處。" 三府掾屬：即太尉、司徒、司空三公官署的屬吏。

［14］【今注】推考：推求審問。

［15］【李賢注】幟音尺志反，又音試。【今注】標幟：也作"標識"，標記。

［16］【李賢注】蛾音魚綺反，即"蟻"字也。諭賊衆多，故以爲名。【今注】案，此"賊"爲統治者對起義民衆的蔑稱。

［17］【今注】長吏：泛指中央和地方州郡縣官署的行政長官。

　　詔勑州郡修理攻守，[1]簡練器械，[2]自函谷、大谷、廣城、伊闕、轘轅、旋門、孟津、小平津諸關，並置都尉。[3]召群臣會議。嵩以爲宜解黨禁，[4]益出中藏錢、西園廄馬，[5]以班軍士。帝從之。於是發天下精兵，博選將帥，以嵩爲左中郎將，[6]持節，[7]與右中郎將朱儁，[8]共發五校、三河騎士及募精勇，[9]合四萬餘人，嵩、儁各統一軍，共討潁川黄巾。[10]

［1］【今注】勑：同"敕"。告誡。

［2］【今注】簡：通"揀"。選擇。

［3］【李賢注】大谷、轘轅在洛陽東南，旋門在氾水之西。【今注】函谷大谷廣城伊闕轘轅旋門孟津小平津諸關：即黄巾起義後在洛陽周圍設置的八個關隘，也稱"八關"。廣城，殿本作"廣成"，另本書《郡國志》洛陽有"廣成聚"。

［4］【今注】黨禁：對黨人的禁錮，被禁錮者不能做官，不能

參與政治活動。

[5]【今注】中藏錢：即皇室府庫中藏府的錢。　西園厩馬：東漢皇家御苑所養的馬匹。

[6]【今注】左中郎將：官名。屬光禄勳，掌宿衛宮廷。本書《百官志二》載："左中郎將，比二千石。本注曰：主左署郎。"

[7]【今注】持節：節爲代表皇權的符節，持節者往往代表皇帝行事，權勢很大，其權力由高到低具體分爲使持節、持節和假節。

[8]【今注】右中郎將：官名。屬光禄勳，掌宿衛宮廷。本書《百官志二》載："右中郎將，比二千石。本注曰：主右署郎。"

[9]【今注】五校：即屯騎、越騎、步兵、射聲、長水五校尉，屬北軍中候。長水校尉領兵 1367 人，其餘各領兵 700 人。三河騎士：即河南、河内、河東三郡的騎兵。

[10]【今注】潁川：郡名。治陽翟縣（今河南禹州市）。

　　儁前與賊波才戰，[1]戰敗，嵩因進保長社。[2]波才引大衆圍城，嵩兵少，軍人皆恐，乃召軍吏謂曰："兵有奇變，不在衆寡。[3]今賊依草結營，易爲風火。若因夜縱燒，必大驚亂。吾出兵擊之，四面俱合，田單之功可成也。"[4]其夕遂大風，嵩乃約勅軍士皆束苣乘城，[5]使鋭士間出圍外，縱火大呼，城上舉燎應之，嵩因鼓而奔其陳，賊驚亂奔走。會帝遣騎都尉曹操將兵適至，[6]嵩、操與朱儁合軍更戰，[7]大破之，斬首數萬級。封嵩都鄉侯。[8]嵩、儁乘勝進討汝南、陳國黄巾，[9]追波才於陽翟，[10]擊彭脱於西華，並破之。[11]餘賊降散，三郡悉平。

[1]【今注】波才：東漢末期黃巾軍將領。屢破官軍，後爲皇甫嵩所敗。案，王先謙《後漢書集解》引《資治通鑑》胡三省注言："《姓譜》：'波，姓也，其先事王莽，爲波水將軍，子孫以爲氏。'"

[2]【今注】長社：縣名。治所在今河南長葛市東北。

[3]【李賢注】《孫子兵法》曰："凡戰者，以正合，以奇勝者也。故善出奇，無窮如天地，無竭如江海。戰埶不過奇正。奇正之變，不可勝也。"

[4]【李賢注】田單爲齊將，守即墨城。燕師攻城，田單取牛千頭，衣以五采，束矛盾於其角，繫火於其尾，穿城而出，城上大譟，燕師大敗。事見《史記》。【今注】田單之功：齊湣王時，燕國爲報齊宣王趁燕國"子之之亂"侵略燕國之仇，以齊國攻滅宋國爲借口，糾集秦國等五國伐齊，燕國名將樂毅率軍攻下齊國七十餘城。危亡之際，齊國宗室田單先用反間計讓騎劫替換了樂毅，後用火牛陣攻破燕軍，挽救齊國於危亡，功勳卓著。詳見《史記》卷八二《田單列傳》。 案，曹金華《後漢書稽疑》言《史記·田單列傳》作"束兵刃於其角，而灌脂束葦於尾，燒其端"，李賢注引失真（第933頁）。

[5]【李賢注】苣音巨。《説文》云："束葦燒之。"【今注】束苣：拿著火把。

[6]【今注】騎都尉：官名。名義上屬光禄勳。掌羽林騎兵。本書《百官志二》載："騎都尉，比二千石。本注曰：無員。本監羽林騎。"

[7]【今注】案，軍，紹興本、大德本、殿本作"兵"，可從。

[8]【今注】都鄉侯：列侯之一。西漢列侯祇有縣侯一等，東漢分爲縣侯、鄉侯、亭侯三等。都鄉侯即設在都鄉（縣治所在的鄉）的鄉侯。

[9]【今注】汝南：郡名。治平輿縣（今河南平輿縣北）。

陳國：王國名。治陳縣（今河南淮陽縣）。

[10]【今注】陽翟：縣名。潁川郡治，治所在今河南禹州市。

[11]【李賢注】西華，縣，屬汝南。【今注】西華：縣名。治所在今河南西華縣南。

又進擊東郡黃巾卜己於倉亭，[1]生禽卜己，[2]斬首七千餘級。時北中郎將盧植及東中郎將董卓討張角，[3]並無功而還，乃詔嵩進兵討之。嵩與角弟梁戰於廣宗。[4]梁眾精勇，嵩不能剋。明日，乃閉營休士，以觀其變。知賊意稍懈，乃潛夜勒兵，雞鳴馳赴其陳，[5]戰至晡時，[6]大破之，斬梁，獲首三萬級，赴河死者五萬許人，焚燒車重三萬餘兩，悉虜其婦子，繫獲甚眾。[7]角先已病死，[8]乃剖棺戮屍，傳首京師。

[1]【今注】東郡：時治濮陽縣（今河南濮陽市華龍區西南）。卜己：又作“卜已”“卜巳”，黃巾軍將領。 倉亭：在今河南南樂縣西。

[2]【今注】案，王先謙《後漢書集解》引惠棟言：“案《續漢書》，卜己爲傅燮所獲。”禽，同“擒”，捉住。

[3]【今注】盧植：字子幹，涿郡涿（今河北涿州市）人。傳見本書卷六四。 董卓：字仲穎，隴西臨洮（今甘肅岷縣）人。傳見本書卷七二。

[4]【李賢注】今貝州宗城縣。【今注】廣宗：縣名。治所在今河北威縣東。

[5]【今注】雞鳴：即丑時，相當於現在的凌晨一點至三點，此時人多在熟睡之中，便於偷襲。

[6]【今注】晡時：即申時，也稱“日餔”“夕食”，即晚飯時

間，相當於現在的下午三點至五點。

　　[7]【今注】案，繫，殿本作“擊”。

　　[8]【今注】案，已，大德本、殿本作“以”。

　　嵩復與鉅鹿太守馮翊郭典攻角弟寶於下曲陽，[1]又斬之。首獲十餘萬人，築京觀於城南。[2]即拜嵩爲左車騎將車，領冀州牧，[3]封槐里侯，食槐里、美陽兩縣，[4]合八千户。

　　[1]【今注】案，王先謙《後漢書集解》言惠棟引虞溥《江表傳》注曰：“典字君業，爲鉅鹿太守，與中郎將董卓攻張寶於下曲陽。典作圍塹而卓不肯。典曰：‘受詔攻賊，有死而已。’ 使諸將引兵東，典獨於西當賊之衝。晝夜進攻，寶由是城守不敢出。時人爲之語曰：‘郭君圍塹，董將不許，幾令狐狸化爲豺虎。賴我郭君，不畏强禦，轉機之間，敵爲窮虜。猗猗惠君，實完疆土。’ ” 馮翊，即左馮翊，政區名。三輔之一。治高陵縣（今陝西西安市高陵區）。長官亦稱左馮翊。下曲陽，縣名。治所在今河北晉州市西北。

　　[2]【李賢注】杜元凱注《左傳》曰：“積尸封上於其上（封上，紹興本、大德本、殿本皆作“封土”，可從），謂之‘京觀’。”【今注】築京觀於城南：此爲誇耀戰功的做法。

　　[3]【今注】案，曹金華《後漢書稽疑》言本書卷八《靈帝紀》中平五年（188）“改刺史，新置牧”，懷疑此“冀州牧”有誤（第933頁）。州牧，官名，由刺史演變而來，掌一州軍政大權，鎮撫一方。詳見本書《百官志五》。

　　[4]【李賢注】並屬扶風。【今注】槐里：縣名。右扶風郡治，治所在今陝西興平市東南。　美陽：縣名。治所在今陝西扶風縣東南。

以黃巾既平，故改年爲中平。嵩奏請冀州一年田租，以贍飢民，[1]帝從之。百姓歌曰："天下人亂兮市爲墟，[2]母不保子兮妻失夫，賴得皇甫兮復安居。"嵩溫卹士卒，甚得衆情，每軍行頓止，[3]須營幔修立，然後就舍帳。軍士皆食爾，[4]乃嘗飯。吏有因事受賂者，嵩更以錢物賜之，吏懷慙，或至自殺。

[1]【今注】贍：周濟，幫助。《玉篇·貝部》："贍，周也，假助也。"

[2]【今注】案，人，紹興本、大德本、殿本皆作"大"，可從。

[3]【今注】頓止：停駐休息。

[4]【今注】案，爾，殿本作"已"，可從。

嵩既破黃巾，威震天下，而朝政日亂，海內虛困。故信都令漢陽閻忠干説嵩曰：[1]"難得而易失者，時也；時至不旋踵者，[2]幾也。故聖人順時以動，智者因幾以發。[3]今將軍遭難得之運，蹈易駭之機，[4]而踐運不撫，[5]臨機不發，將何以保大名乎？"嵩曰："何謂也？"忠曰："天道無親，百姓與能。今將軍受鉞於暮春，收功於末冬。[6]兵動若神，謀不再計，摧強易於折枯，消堅甚於湯雪，旬月之間，神兵電埽，[7]封尸刻石，[8]南向以報，威德震本朝，風聲馳海外，雖湯武之舉，[9]未有高將軍者也。今身建不賞之功，[10]體兼高人之德，而北面庸主，何以求安乎？"嵩曰："夙夜在公，心不忘忠，何故不安？"忠曰："不然。昔韓信不忍一餐之遇，而弃三分之業，利劍已揣其喉，方發悔毒之歎者，機失而謀乖也。[11]今主上執弱於劉、項，[12]將軍權重於淮陰，[13]指撝足以振風雲，叱咤可以興雷電。[14]赫然奮發，因危抵隤，[15]崇恩以綏先附，振武以臨後服，徵冀方之士，動七州之衆，羽檄先馳於前，大軍響振於後，蹈流漳河，飲馬孟津，誅閹官之罪，除群凶之積，[16]雖僮兒可使奮拳以致力，女子可使褰裳以用命，[17]況厲熊羆之卒，因迅風之埶哉！功業已就，天下已順，然後請呼上帝，示以天命，混齊六合，南面稱制，移寶器於將興，[18]推亡漢於已墜，實神機之至會，風發之良時也。夫既朽不雕，衰世難佐。若欲輔難佐之朝，雕朽敗之木，是猶逆坂走丸，[19]迎風縱棹，[20]豈云易哉？且今豎官群居，[21]同惡如市，[22]上命不行，權歸近習，昏主之下，難以久居，[23]不賞之功，讒人側目，如不早圖，後悔無及。"嵩懼曰："非常之謀，不施於有常之執。創圖大功，豈庸才所致。黃巾細孼，[24]敵非秦、項，[25]新結易散，難以濟業。且人未忘主，天不祐逆。若虛造不冀之功，以速朝夕之禍，孰與委忠本朝，守其臣節。雖云多讒，不過放廢，猶有令名，死且不朽。[26]反常之論，所不敢聞。"忠知計不用，因亡去。[27]

[1]【李賢注】干謂冒進。【今注】故：曾經。 信都：縣名。安平郡（國）治，治所在今河北衡水市冀州區。 漢陽：郡名。治冀縣（今甘肅甘谷縣東）。 干說：冒昧游說。

[2]【今注】旋踵：比喻時間短促。

[3]【今注】幾：案，曹金華《後漢書稽疑》言《後漢紀》卷二四等皆作“機”，認爲應該作“機”（第934頁）。

[4]【今注】案，《三國志》卷一〇《魏書·賈詡傳》注引《九州春秋》作“蹈易解之機”。

[5]【今注】踐運不撫：遭逢氣運而不把握。

[6]【李賢注】《老子》曰：“天道無親，常與善人。”《易》曰：“人謀鬼謀，百姓與能。”《淮南子》曰：“民命將（民，紹興本、大德本、殿本皆作‘凡’，可從），主親授鉞（主，中華本校勘記言汲本作‘王’），曰：‘從此上至天，將軍制之。’”【今注】案，曹金華《後漢書稽疑》言《後漢紀》卷二四、《魏志·賈詡傳》注引《九州春秋》中，此句後有“故有高人之功者，不受庸主之賞”（第934頁）。

[7]【今注】神兵：指王師。　電埽：像閃電掃過，指迅速處理完畢。

[8]【今注】封尸：即掩埋尸體。　刻石：即刻石記功，古代大勝之後常將功勞刻在石碑上。

[9]【今注】湯武之舉：即商湯伐滅夏傑，周武王伐滅商紂王。

[10]【今注】不賞之功：無法賞賜的功勞，形容功勞非常大。

[11]【李賢注】《前書》，項羽使武涉説韓信，信曰：“漢王解衣衣我，推食食我，背之不祥。”又蒯通説信，令信背漢，參分天下，鼎足而立。信曰：“漢王遇我厚，豈可背之哉？”後信謀反，爲呂后所執，歎曰：“吾不用蒯通計，爲女子所詐，豈非天哉！”【今注】案，王先謙《後漢書集解》載，惠棟引陸賈《楚漢春秋》注曰：“項王使武涉説淮陰侯。淮陰侯曰：‘臣事項王，位不過郎中，官不過執戟，乃去楚歸漢。漢王賜臣玉案之食、巨闕之劍。臣背之内愧於心。’”曹金華《後漢書稽疑》據《漢書》卷三四《韓信傳》言“爲女子所詐”前脱“反”字（第934頁）。

[12]【今注】劉項：即劉邦、項羽。

[13]【今注】淮陰：韓信從楚王被貶爲淮陰侯，此以侯名代指韓信。西漢時期淮陰屬臨淮郡，治所在今江蘇淮安市淮陰區西南。

[14]【李賢注】"撝"則"麾"字（則，大德本、殿本作"即"，可從），古通用。叱咤，怒聲也。【今注】指撝足以振風雲叱咤可以興雷電：形容皇甫嵩當時勢力强，影響大。

[15]【李賢注】抵音紙（抵，大德本、殿本作"抵"，可從）。抵（大德本、殿本無"抵"字，可從），擊也。【今注】案，抵，大德本、殿本作"抵"，可從。

[16]【今注】案，曹金華《後漢書稽疑》引《後漢紀》卷二四等言"凶"當爲"怨"（第935頁）。

[17]【今注】褰（qiān）裳：提起下身的衣裳。

[18]【李賢注】寶器猶神器也，謂天位也。【今注】寶器：代指皇帝之位。案，曹金華《後漢書稽疑》言《後漢紀》卷二四等作"神器"（第935頁）。

[19]【今注】逆坂走丸：逆着斜坡滾彈丸。

[20]【今注】迎風縱棹：迎着風駕駛船隻。

[21]【今注】豎官：當爲"豎宦"。對宦官的蔑稱。案，官，殿本作"宦"，可從。

[22]【李賢注】《左氏傳》韓宣子曰："同惡相求，如市賈焉。"

[23]【李賢注】《史記》范蠡曰："大名之下，難以久居。"

[24]【今注】細孽：細小、輕微的禍害，此爲皇甫嵩對黃巾軍的蔑稱。

[25]【今注】秦項：即秦始皇、項羽。

[26]【李賢注】二句皆《左傳》之辭。【今注】猶有令名：出自《左傳》閔公元年，原文爲："猶有令名，與其及也。"令名，

即美好的名聲。　死且不朽：見於《左傳》僖公三十三年、成公三年、成公十六年、昭公三十一年等。

[27]【李賢注】《英雄記》曰：“梁州賊王國等起兵（曹金華《後漢書稽疑》言《魏志·賈詡傳》注引《英雄記》爲‘涼州’），劫忠爲主，統三十六郡，號‘車騎將軍’。忠感慨發病死。”【今注】案，曹金華《後漢書稽疑》言《後漢紀》卷二四作“忠知計不用，乃佯狂爲巫”，與此不同（第935頁）。

會邊章、韓遂作亂隴右，[1]明年春，詔嵩迴鎮長安，以衛園陵。[2]章等遂復入寇三輔，[3]使嵩因討之。

[1]【今注】邊章：金城郡（今甘肅永靖縣西北）人。本名邊允，因造反被朝廷通緝而改名邊章。曾殺涼州刺史郡守叛亂，被推舉爲涼州叛軍首領，後被韓遂所殺。　韓遂：金城郡人。本名韓約，因造反被朝廷通緝而改名韓遂。曾殺涼州刺史郡守，涼州叛軍首領之一，割據涼州三十餘年，依附曹操後又反叛，被夏侯淵所敗，病死，一說被殺。　隴右：隴山以西的地區，古代以西爲右，故稱“隴右”，相當於今甘肅六盤水以西、黄河以東的地區。

[2]【今注】園陵：古代帝王陵墓，此指西漢帝王陵園。

[3]【今注】三輔：即京兆尹、左馮翊、右扶風三個行政區。

初，嵩討張角，路由鄴，見中常侍趙忠舍宅踰制，[1]乃奏没入之。又中常侍張讓私求錢五千萬，[2]嵩不與，二人由此爲憾，奏嵩連戰無功，所費者多。其秋徵還，收左車騎將軍印綬，削户六千，更封都鄉侯，二千户。

[1]【今注】趙忠：東漢宦官，安平國（今河北衡水市冀州區）人。桓帝時因參與誅殺梁冀有功，封都鄉侯，後爲袁紹所捕殺。　舍宅踰制：即住宅面積超過國家的法律規定。漢律對不同等級人員的住宅面積有明確的數額規定，張家山漢簡《二年律令·户律》載：“宅之大方卅步。徹侯受百五宅，關内侯九十五宅，大庶長九十宅，駟車庶長八十八宅，大上造八十六宅，少上造八十四宅，右更八十二宅，中更八十宅，左更七十八宅，右庶長七十六宅，左庶長七十四宅，五大夫廿五宅，公乘廿宅，公大夫九宅，官大夫七宅，大夫五宅，不更四宅，簪裹三宅，上造二宅，公士一宅半宅，公卒、士伍、庶人一宅，司寇、隱官半宅。”〔張家山二四七號漢墓竹簡整理小組：《張家山漢墓竹簡〔二四七號墓〕》（釋文修訂本），文物出版社 2006 年版，第 52 頁〕但權貴之家往往會超過限制。東漢光武帝時期，時爲東海公的劉莊（即後來的漢明帝）曾説：“河南帝城，多近臣；南陽帝鄉，多近親。田宅踰制，不可爲准。”（本書卷二二《劉隆傳》）東漢後期豪强大多“田宅踰制”，外戚、官僚、士大夫亦不能免俗，並非衹有宦官及其子弟。

[2]【今注】張讓：潁川郡（今河南禹州市）人。東漢後期宦官，靈帝時期“十常侍”之一。傳見本書卷七八。

　　五年，涼州賊王國圍陳倉，[1]復拜嵩爲左將軍，督前將軍董卓，各率二萬人拒之。卓欲速進赴陳倉，嵩不聽。卓曰：“智者不後時，[2]勇者不留決。[3]速救則城全，不救則城滅，全滅之執，在於此也。”嵩曰：“不然。百戰百勝，不如不戰而屈人之兵。是以先爲不可勝，以待敵之可勝。不可勝在我，可勝在彼。彼守不足，我攻有餘。[4]有餘者動於九天之上，不足者陷於九地之下。[5]今陳倉雖小，城守固備，非九地之陷也。王國雖强，而攻我之所不救，非九天之埶也。夫埶非九天，攻者受害；陷非九地，守者不拔。國今已陷受害之地，而陳倉保不拔之城，我可不煩兵動衆，而取全勝之功，將何救焉！"遂不聽。王國圍陳倉，自冬迄春，八十餘日，城堅守固，竟不能拔。賊衆疲敝，果自解去。嵩進兵擊之。[6]卓曰："不可。兵法，窮寇勿追，歸衆勿追。[7]今我追國，是迫歸衆，追窮寇也。困獸猶鬬，蜂蠆有毒，[8]況大衆乎！"嵩曰："不然。前吾不擊，避其銳也。今而擊之，待其衰也。所擊疲師，非歸衆也。國衆且走，莫有鬬志。以整擊亂，非窮寇也。"遂獨進擊之，使卓爲後拒。[9]連戰大破之，斬首萬餘級，國走而死。卓大慙恨，由是忌嵩。

[1]【今注】王國：漢陽郡（今甘肅甘谷縣東）人。東漢末期涼州叛軍首領之一。自號"合衆將軍"，圍陳倉被皇甫嵩所敗，後死。　陳倉：縣名。時屬右扶風，次年劃歸漢安郡，治所在今陝西寶雞市陳倉區。"明修棧道，暗度陳倉"的故事即發生於此。

[2]【今注】後時：錯過時機。

[3]【今注】留決：猶豫不決。

[4]【李賢注】《孫子》之文。【今注】案，"百戰百勝"至"我攻有餘"出自《孫子兵法·謀攻》，有節省。

[5]【李賢注】《孫子兵法》曰："善守者藏於九地之下，善攻者動於九天之上。"《玄女三宮戰法》曰："行兵之道，天地之寶。九天九地，各有表裏。九天之上，六甲子也。九地之下，六癸酉也。子能順之，萬全可保。"　【今注】案，地，大德本作"天"，不從。

[6]【今注】案，曹金華《後漢書稽疑》引《後漢紀》卷二五

言"進兵"前脱"慾"字（第936頁）。

[7]【李賢注】《司馬兵法》之言。【今注】案，迫，殿本作"追"，可從。迫，殿本、中華本作"迫"，可從。

[8]【李賢注】皆《左氏傳》文。【今注】困獸猶鬭：《左傳》宣公十二年載："公曰：'得臣猶在，憂未歇也。困獸猶鬭，況國相乎！'" 蜂蠆（chài）有毒：《左傳》僖公二十二年載："先王之明德，猶無不難也，無不懼也，況我小國乎！君其無謂邾小。蜂蠆有毒，而況國乎？"蠆，蝎子一類的毒蟲，尾部有毒刺。

[9]【今注】後拒：斷後部隊。

明年，卓拜爲并州牧，詔使以兵委嵩，卓不從。嵩從子酈[1]時在軍中，説嵩曰："本朝失政，天下倒懸，能安危定傾者，唯大人與董卓耳。今怨隙已結，埶不俱存。卓被詔委兵，而上書自請，此逆命也。又以京師昏亂，躊躇不進，此懷姦也。且其凶戾無親，將士不附。大人今爲元帥，[2]杖國威以討之，上顯忠義，下除凶害，此桓文之事也。"[3]嵩曰："專命雖罪，專誅亦有責也。[4]不如顯奏其事，[5]使朝廷裁之。"於是上書以聞。帝讓卓，卓又增怨於嵩。及後秉政，初平元年，[6]乃徵嵩爲城門校尉，[7]因欲殺之。嵩將行，長史梁衍説曰：[8]"漢室微弱，閹豎亂朝，董卓雖誅之，而不能盡忠於國，遂復寇掠京邑，廢立從意。今徵將軍，大則危禍，小則困辱。今卓在洛陽，天子來西，以將軍之衆，精兵三萬，迎接至尊，奉令討逆，發命海内，徵兵群帥，袁氏逼其東，將軍迫其西，此成禽也。"嵩不從，遂就徵。有司承旨，奏嵩下吏，將遂誅之。

[1]【李賢注】酈音歷。【今注】從子：侄子。

[2]【今注】案，王先謙《後漢書集解》引《資治通鑑》胡三省注言："嵩討王國時爲督，故曰'元帥'。"

[3]【今注】桓文之事：桓文即齊桓公、晉文公，二人討伐不尊周天子命令的諸侯，最終成就霸業。

[4]【李賢注】《春秋左氏傳》曰："稟命則不威，專命則不孝。"【今注】案，王先謙《後漢書集解》引王補言："《通鑑》作'違命雖罪'，故胡注：'卓不釋兵爲違命，嵩擅討卓爲專誅。'"

[5]【今注】顯奏：公開上奏彈劾。

[6]【今注】初平：東漢獻帝劉協年號（190—193）。

[7]【今注】城門校尉：官名。掌京師城門兵馬。本書《百官志四》載："城門校尉一人，比二千石。本注曰：掌雒陽城門十二所。"下設有司馬一人，每一城門設城門候一人。

[8]【今注】長史：官名。東漢太尉、司徒、司空及將軍府各有長史，邊境郡守也設長史，掌管兵馬事務。

嵩子堅壽與卓素善，自長安亡走洛陽，歸投於卓。卓方置酒歡會，堅壽直前質讓，責以大義，[1]叩頭流涕。坐者感動，皆離席請之。卓乃起，牽與共坐。使免嵩囚，復拜嵩議郎，遷御史中丞。[2]及卓還長安，公卿百官迎謁道次。卓風令御史中丞已下皆拜以屈嵩，[3]既而抵手言曰：[4]"義真犕未乎？"[5]嵩笑而謝之，卓乃解釋。[6]

[1]【李賢注】質，正也。【今注】質讓：質問，責備。

[2]【今注】御史中丞：官名。名義上屬少府。御史臺長官，
負責監督百官。本書《百官志三》載："御史中丞一人，千石。本
注曰：御史大夫之丞也。舊別監御史在殿中，密舉非法。及御史大
夫轉爲司空，因別留中，爲御史臺率，後又屬少府。"御史中丞下
轄治書侍御史二人、侍御史十五人。

[3]【李賢注】風音諷，謂諷動也。【今注】風：通"諷"，
用委婉的語言暗示或勸告。《韓非子·八經》："故使之諷，諷定而
怒。"王先慎集解："諷，勸諫。"陳奇猷集釋："不以正言謂之諷。"
案，已，大德本、殿本作"以"，可從。

[4]【今注】案，抵，大德本、殿本作"抵"，可從。

[5]【李賢注】犕音服。《説文》曰："犕牛乘馬。"犕，即古
"服"字也（即、也，大德本、殿本無），今河朔人猶有此言，
音備。

[6]【李賢注】《獻帝春秋》曰："初卓爲前將軍，嵩爲左將
軍，俱征邊章、韓遂，爭雄。及嵩拜車下，卓曰：'可以服未？'
嵩曰：'安知明公乃至於是？'卓曰：'鴻鵠固有遠志，但燕雀自不
知耳。'嵩曰：'昔與明公俱爲鴻鵠，但明公今日變爲鳳皇耳（皇，
大德本、殿本作"鳳"）。'"（《三國志》卷六《魏書·董卓傳》
引張璠《漢紀》注曰："卓抵其手謂皇甫嵩曰：'義真怖未乎？'嵩
對曰：'明公以德輔朝廷，大慶方至，何怖之有？若淫刑以逞，將
天下皆懼，豈獨嵩乎？'卓默然，遂與嵩和解。"與李賢注不同，
今存録）【今注】解釋：心中的怨憤得到消除而釋懷。

　　及卓被誅，以嵩爲征西將軍，又遷車騎將軍。其
年秋，拜太尉，冬，以流星策免。[1]復拜光禄大夫，[2]
遷太常。[3]尋李傕作亂，[4]嵩亦病卒，[5]贈驃騎將軍印
綬，拜家一人爲郎。

[1]【李賢注】《續漢書》曰以日有重珥免。【今注】以流星策免：因出現流星而被策免。古人多以流星爲不祥之兆，漢代有發生災異現象後策免三公以塞責的慣例。

[2]【今注】光禄大夫：官名。名義上屬光禄勳，掌顧問應對，備皇帝諮詢差使，無固定職事。本書《百官志二》載："光禄大夫，比二千石。本注曰：無員。凡大夫、議郎皆掌顧問應對，無常事，唯詔令所使。凡諸國嗣之喪，則光禄大夫掌弔。"

[3]【今注】太常：官名。九卿之一。掌宗廟禮儀，兼管教育。本書《百官志二》載："太常，卿一人，中二千石。本注曰：掌禮儀祭祀，每祭祀，先奏其禮儀；及行事，常贊天子。每選試博士，奏其能否。大射、養老、大喪，皆奏其禮儀。每月前晦，察行陵廟。"

[4]【今注】李傕：字稚然，北地郡（今寧夏吴忠市西南）人。董卓部將。董卓被誅後，與郭汜等人兵圍長安，後又相互攻伐，不久被曹操所殺。傳見《三國志》卷六。

[5]【今注】案，亦，大德本、殿本作"以"。

嵩爲人愛慎盡勤，[1]前後上表陳諫有補益者五百餘事，皆手書毀草，[2]不宣於外。又折節下士，門無留客。[3]時人皆稱而附之。

[1]【今注】案，王先謙《後漢書集解》引劉攽言："案文，'愛'非所以配'慎'，當是'畏'字。'勤'又當在'盡'字上。"即認爲當作"畏慎勤盡"，今存録。

[2]【今注】手書毀草：親自書寫文書，寫好之後毀掉草稿。

[3]【李賢注】言汲引之速。【今注】門無留客：大門處無客人滯留等待。

堅壽亦顯名，後爲侍中，[1]辭不拜，[2]病卒。

[1]【今注】侍中：官名。名義上屬少府。掌侍從、顧問。本書《百官志三》："比二千石。本注曰：無員。掌侍左右，贊導衆事，顧問應對。法駕出，則多識者一人參乘，餘皆騎在乘輿車後。本有僕射一人，中興轉爲祭酒，或置或否。"

[2]【今注】辭不拜：拒絕而不拜受官職。

朱儁字公偉，會稽上虞人也。[1]少孤，[2]母嘗販繒爲業。[3]儁以孝養致名，爲縣門下書佐，好義輕財，鄉間敬之。時同郡周規辟公府，[4]當行，假郡庫錢百萬，[5]以爲冠幘費，[6]而後倉卒督責，規家貧無以備，儁乃竊母繒帛，爲規解對。[7]母既失產業，深恚責之。儁曰："小損當大益，[8]初貧後富，必然理也。"

[1]【今注】會稽：郡名。治山陰縣（今浙江紹興市越城區）。上虞：縣名。治所在今浙江紹興市上虞區。

[2]【今注】孤：漢代父親去世也可稱"孤"。

[3]【今注】案，嘗，大德本、殿本作"常"，不從。 繒：指絲織品。

[4]【今注】案，規，王先謙《後漢書集解》引汪文臺言，《太平御覽》卷八一四引張璠《漢紀》作"起"。

[5]【今注】假：借，貸。《廣雅·釋詁二》："假，借也。"

[6]【今注】案，幘，大德本作"憤"，不從。

[7]【李賢注】規被錄占對，儁爲備錢以解其事。

[8]【今注】案，大，紹興本作"人"，不從。

本縣長山陽度尚見而奇之，[1]薦於太守韋毅，稍歷郡職。後太守尹端以儁爲主簿。[2]熹平二年，[3]端坐討賊許昭失利，爲州所奏，罪應弃市。儁乃羸服閒行，[4]輕齎數百金到京師，賂主章吏，[5]遂得刊定州奏，故端得輸作左校。[6]端喜於降免而不知其由，儁亦終無所言。

[1]【今注】本縣長：本縣縣長。漢代大縣置令，小縣爲長。《漢書·百官公卿表上》載：“縣令、長，皆秦官，掌治其縣。萬户以上爲令……減萬户爲長。”東漢沿用其制，本書《百官志五》載：“每縣、邑、道，大者置令一人，千石；其次置長，四百石；小者置長，三百石。”　山陽：郡名。治昌邑縣（今山東巨野縣東南）。　度尚：字博平，山陽湖陸（今山東魚臺縣東南）人。傳見本書卷三八。

[2]【今注】主簿：官名。漢代中央機構及地方郡縣均有設置，大將軍出征亦設，掌管文書簿記、印鑒事務。

[3]【今注】熹平：東漢靈帝劉宏年號（172—178）。

[4]【今注】羸服：貧賤者所穿的破舊衣服。　閒行：暗地避人趕路。

[5]【今注】主章吏：即掌管奏章的官吏。案，王先謙《後漢書集解》引惠士奇言：“此‘主章’所主者章奏。”又案，主，大德本作“王”，不從。

[6]【今注】輸作：罰作勞役。　左校：官署名。屬將作大匠，長官爲左校令。本書《百官志四》載：“左校令一人，六百石。本注曰：掌左工徒。丞一人。”

後太守徐珪舉儁孝廉，再遷除蘭陵令，[1]政有異能，爲東海相所表。[2] 會交阯部群賊並起，[3] 牧守頓弱不能禁。[4] 又交阯賊梁龍等萬餘人，與南海太守孔芝反叛，[5] 攻破郡縣。光和元年，[6] 即拜儁交阯刺史，[7] 令過本郡簡募家兵及所調，[8] 合五千人，分從兩道而入。既到州界，按甲不前，先遣使詣郡，[9] 觀賊虛實，宣揚威德，以震動其心；既而與七郡兵俱進逼之，遂斬梁龍，降者數萬人，旬月盡定。以功封都亭侯，千五百戶，賜黃金五十斤，徵爲諫議大夫。[10]

[1]【今注】案，曹金華《後漢書稽疑》言《後漢紀》卷二八作"舉孝廉，爲尚書郎，遷蘭陵令"（第 937 頁）。蘭陵，縣名。時屬東海國，治所在今山東蘭陵縣蘭陵鎮。

[2]【今注】東海：時爲王國。治郯縣（今山東郯城縣西北）。相：當時王國和侯國都設有相，主治民。此爲王國相，二千石，職掌如太守。

[3]【今注】交阯部：下轄南海、蒼梧、鬱林、合浦、交阯、九真、日南七郡，後説朱儁以"七郡兵"進攻梁龍等人，正在於此。相當於今廣東、廣西的大部及越南承天以北的北部、中部地區，後也泛指嶺南以南的地區。

[4]【今注】牧守：州牧、郡守，泛指地方長官。頓（ruǎn）弱：即軟弱。

[5]【今注】南海：郡名。治番禺縣（今廣東廣州市番禺區）。

[6]【今注】光和：東漢靈帝劉宏年號（178—184）。

[7]【今注】刺史：官名。西漢武帝時始置，秩六百石，監察州二千石官員，東漢後期發展爲一州最高長官。詳見本書《百官志五》。

[8]【李賢注】家兵，僮僕之屬（僮，殿本作"童"，二字

通）。調謂調發之。【今注】簡募：簡選招募。　家兵：與“官兵”相對，指地主豪强或官僚的私人武裝。

[9]【今注】詣：前往。《玉篇·言部》：“詣，往也，到也。”

[10]【今注】諫議大夫：官名。西漢武帝元狩五年（前118）初置，秩比八百石，屬郎中令（後更名爲光禄勳），光武中興後改爲諫議大夫，名義上屬光禄勳。六百石，掌顧問應對，備皇帝諮詢差使，無固定職事。本書《百官志二》載：“諫議大夫，六百石。本注曰：無員。”

　　及黄巾起，公卿多薦儁有才略，拜爲右中郎將，持節，與左中郎將皇甫嵩討潁川、汝南、陳國諸賊，悉破平之。嵩乃上言其狀，而以功歸儁，於是進封西鄉侯，遷鎮賊中郎將。

　　時南陽黄巾張曼成起兵，[1] 稱“神上使”，衆數萬，殺郡守褚貢，[2] 屯宛下百餘日。[3] 後太守秦頡擊殺曼成，[4] 賊更以趙弘爲帥，衆浸盛，[5] 遂十餘萬，據宛城。儁與荆州刺史徐璆及秦頡合兵萬八千人圍弘，[6] 自六月至八月不拔。有司奏欲徵儁。[7] 司空張温上疏曰：[8] “昔秦用白起，燕任樂毅，皆曠年歷載，乃能克敵。[9] 儁討潁川，以有功效，[10] 引師南指，方略已設，臨軍易將，兵家所忌，宜假日月，責其成功。”靈帝乃止。儁因急擊弘，斬之。[11] 賊餘帥韓忠復據宛拒儁。儁兵少不敵，乃張圍結壘，起土山以臨城内，因鳴鼓攻其西南，賊悉衆赴之。儁自將精卒五千，掩其東北，乘城而入。忠乃退保小城，惶懼乞降。司馬張超及徐璆、秦頡皆欲聽之。儁曰：“兵有形同而執異

者。昔秦項之際，民無定主，故賞附以勸來耳。今海
内一統，唯黄巾造寇，納降無以勸善，討之足以懲惡。
今若受之，更開逆意，[12]賊利則進戰，鈍則乞降，縱
敵長寇，非良計也。"因急攻，連戰不剋。儁登土山望
之，顧謂張超曰："吾知之矣。賊今外圍周固，内營逼
急，乞降不受，欲出不得，所以死戰也。萬人一心，
猶不可當，況十萬乎！其害甚矣。不如徹圍，并兵入
城。忠見圍解，埶必自出，出則意散，[13]易破之道
也。"既而解圍，忠果出戰，儁因擊，大破之。乘勝逐
北數十里，斬首萬餘級。忠等遂降。而秦頡積忿忠，
遂殺之。[14]餘衆懼不自安，復以孫夏爲帥，還屯宛中。
儁急攻之。夏走，追至西鄂精山，又破之。[15]復斬萬
餘級，賊遂解散。明年春，遣使者持節拜儁右車騎將
軍，振旅還京師，以爲光禄大夫，增邑五千，更封錢
塘侯，[16]加位特進。[17]以母喪去官，起家，[18]復爲將作
大匠，[19]轉少府、太僕。[20]

[1]【今注】南陽：郡名。治宛縣（今河南南陽市臥龍區）。
張曼成：東漢黄巾軍起義首領之一，殺南陽太守褚貢，後爲南陽
太守秦頡所殺。

[2]【今注】案，貢，殿本作"衷"。

[3]【今注】宛：縣名。南陽郡治，治所在今河南南陽市臥
龍區。

[4]【今注】秦頡：東漢後期官吏。曾任南陽太守，率軍鎮壓
黄巾軍張曼成等，後爲江夏郡叛兵趙慈等人所殺。案，王先謙《後
漢書集解》引惠棟言："習鑿齒《襄陽耆舊記》云：'頡字初起，都

人也。’”

[5]【今注】浸盛：逐漸發展壯大。

[6]【今注】徐璆：字孟玉，廣陵海西（今江蘇灌南縣東南）人。傳見本書卷四八。

[7]【今注】徵：追究，責問。《左傳》僖公四年載：“爾貢包茅不入，王祭不供，無以縮酒，寡人是徵。昭王南征而不復，寡人是問。”

[8]【今注】司空：官名。東漢三公之一。掌工程、祭祀等，地位尊崇。本書《百官志一》：“司空，公一人。本注曰：掌水土事。凡營城起邑、浚溝洫、修墳防之事，則議其利，建其功。凡四方水土功課，歲盡則奏其殿最而行賞罰。凡郊祀之事，掌掃除樂器，大喪則掌將校復土。凡國有大造大疑，諫爭，與太尉同。世祖即位，爲大司空，建武二十七年，去‘大’。”　　張溫：字伯慎，南陽穰（今河南鄧州市）人。官至太尉，曾封互鄉侯，後因謀誅董卓被殺。

[9]【李賢注】《史記》曰，白起，郿人也，善用兵，事秦昭王爲大良造。攻魏，拔之。後五年（曹金華《後漢書稽疑》言據《史記·白起列傳》“後五年”當爲“後六年”），攻趙，拔光狼城。後七年，攻楚，拔鄢、鄧五城。明年，拔郢，燒夷陵，遂東至竟陵。樂毅，趙人也，賢而好兵，燕昭王以爲亞卿，後爲上將軍。伐齊，入臨淄，狗齊五歲，下齊七十餘城。

[10]【今注】案，以，大德本、殿本作“已”。

[11]【今注】案，曹金華《後漢書稽疑》據《後漢紀》卷二四認爲，該句後可能脫“封上虞侯”四字（第938頁）。

[12]【今注】更開逆意：更加助長了謀逆之心。

[13]【今注】案，出，大德本、殿本作“自出”。

[14]【今注】案，曹金華《後漢書稽疑》言據此韓忠是降後被殺，而《後漢紀》卷二四是“大破斬忠”，二者不同（第938—

[15]【李賢注】西鄂故城在今鄧州向城縣南，精山在其南。【今注】西鄂：縣名。治所在今河南南陽市東北。

[16]【李賢注】錢塘，今杭州縣也。《錢塘記》云："昔郡議曹華信義立此塘，以防海水。始開募，有能致土石一斛，與錢一千，旬日之間，來者雲集。塘未成而謫不復取，皆遂弃土石而去，塘以之成也（以，大德本作'已'，不從）。"【今注】錢塘：侯國名。治所在今浙江杭州市西南。

[17]【今注】特進：東漢時期列侯的禮儀性稱謂之一，一般具有參與朝政的權力。本書《百官志五》載："舊列侯奉朝請在長安者，位次三公。中興以來，唯以功德賜位特進者，次車騎將軍；賜位朝侯，次五校尉；賜位侍祠侯，次大夫。其餘以肺腑及公主子孫奉墳墓於京都者，亦隨時見會，位在博士、議郎下。"

[18]【今注】起家：出仕任官。

[19]【今注】將作大匠：官名。掌營建宮室、宗廟等。本書《百官志四》載："將作大匠一人，二千石。本注曰：承秦，曰將作少府，景帝改爲將作大匠。掌修作宗廟、路寢、宮室、陵園木土之功，並樹桐梓之類列於道側。"

[20]【今注】少府：官名。九卿之一，掌皇室財政。本書《百官志三》載："少府，卿一人，中二千石。本注曰：掌中服御諸物，衣服寶貨珍膳之屬。" 太僕：官名。九卿之一。掌馬政等。本書《百官志二》載："太僕，卿一人，中二千石。本注曰：掌車馬。天子每出，奏駕上鹵簿用；大駕則執馭。"

自黃巾賊後，[1]復有黑山、黃龍、白波、左校、郭大賢、于氐根、青牛角、[2]張白騎、劉石、左髭丈八、平漢、[3]大計、司隸、掾哉、[4]雷公、浮雲、飛燕、白雀、楊鳳、于毒、[5]五鹿、李大目、白繞、畦固、[6]苦哂之徒，[7]並起山谷閒，不可勝數。其大聲者稱雷公，騎白馬者爲張白騎，輕便者言飛燕，多髭者號于氐根，[8]大眼者爲大目，如此稱號，各有所因。大者二三萬，小者六七千。

[1]【今注】黄巾賊：指黄巾農民起義軍，因起義者頭裹黄巾而得名。統治者蔑稱農民起義軍爲“賊”。

[2]【今注】案，王先謙《後漢書集解》引惠棟言：“《魏志》作‘張牛角’，博陵人也。”

[3]【今注】案，王先謙《後漢書集解》言：“即陶升，見《袁紹傳》。”今案，本書卷七四上《袁紹傳》載：“賊有陶升者，自號‘平漢將軍’，獨反諸賊，將部衆踰西城入，閉府門，具車重，載紹家及諸衣冠在州内者，身自扞衞，送到斥丘。紹還，因屯斥丘，以陶升爲建義中郎將。”

[4]【李賢注】《九州春秋》“大計”作“大洪”，“掾哉”作“緣城”（城，大德本、殿本作“成”，不從）。

[5]【今注】案，干，紹興本、大德本、殿本作“于”，可從。

[6]【今注】案，王先謙《後漢書集解》引惠棟言：“畦，《通鑑》作‘眭’。”

[7]【李賢注】《九州春秋》“哂”作“蝤”，音才由反。【今注】苦哂（qiú）：人名。其他不詳。

[8]【李賢注】《左氏傳》曰：“于思于思，弃甲復來。”杜預注云：“于思，多須之貌也。”【今注】案，氐，大德本作“氏”，不從。

賊帥常山人張燕，[1]輕勇趫捷，[2]故軍中號曰飛燕。善得士卒心，乃與中山、常山、趙郡、上黨、河内諸山谷寇賊更相交通，[3]衆至伯萬，[4]號曰黑山賊。[5]河北諸郡縣並被其害，[6]朝廷不能討。燕乃遣使至京師，奏書乞降，遂拜燕平難中郎將，使領河北諸山谷事，歲得舉孝廉、計吏。[7]

[1]【今注】賊帥：農民起義軍的首領，"賊"爲統治者對農民軍的蔑稱。　常山：時爲王國。治元氏縣（今河北元氏縣西北）。張燕：常山真定（今河北正定縣）人。本姓褚，後改姓張。東漢末期農民起義軍首領之一。傳見《三國志》卷八。

[2]【今注】趫捷：矯健敏捷。

[3]【今注】中山：時爲郡。治盧奴縣（今河北定州市）。趙郡：時治邯鄲縣（今河北邯鄲市）。　上黨：郡名。本治長子縣（今山西長子縣西南），後因董卓作亂，移治壺關縣（今山西長治市北）。　河內：郡名。治懷縣（今河南武陟縣西南）。　交通：相互交往，互通消息。此爲貶義，即相互勾結。

[4]【今注】案，伯，大德本、殿本皆作"百"，可從。

[5]【今注】案，曹金華《後漢書稽疑》言，本書卷六四《袁紹傳》注引《九州春秋》《魏志·張燕傳》皆作"號曰'黑山'"，衍"賊"字（第941頁）。

[6]【今注】河北：黃河以北地區。

[7]【今注】計吏：官名。又稱"上計吏""上計掾"，掌管計簿，將郡國政績呈報朝廷，並代表地方參與朝會等大典，接受皇帝諮詢，是聯繫中央和地方的重要官吏。

燕後漸寇河內，逼近京師，於是出儁爲河內太守，將家兵擊却之。其後諸賊多爲袁紹所定，事在《紹傳》。復拜儁爲光禄大夫，轉屯騎，[1]尋拜城門校尉、河南尹。[2]

[1]【今注】屯騎：即屯騎校尉，官名。屬北軍中候，北軍五校之一，掌宿衞京師。本書《百官志四》載："屯騎校尉一人，比二千石。本注曰：掌宿衞兵。"

[2]【今注】河南尹：此爲官名。行政區河南尹的最高長官。本書《百官志四》："河南尹一人，主京都，特奉朝請。其京兆尹、左馮翊、右扶風三人，漢初都長安，皆秩中二千石，謂之三輔。中興都雒陽，更以河南郡爲尹，以三輔陵廟所在，不改其號，但減其秩。"其屬京畿，故不稱郡，地位高於郡守。

時董卓擅政，以儁宿將，外甚親納而心實忌之。及關東兵盛，[1]卓懼，數請公卿會議，徙都長安，儁輒止之。卓雖惡儁異己，然貪其名重，乃表遷太僕，以爲己副。使者拜，儁辭不肯受。因曰："國家西遷，必孤天下之望，[2]以成山東之釁，[3]臣不見其可也。"使者詰曰："召君受拜而君拒之，不問徙事而君陳之，其故何也？"儁曰："副相國，非臣所堪也；遷都計，非事所急也。辭所不堪，言所非急，臣之宜也。"使者曰："遷都之事，不聞其計，[4]就有未露，何所承受？"儁曰："相國董卓具爲臣說，[5]所以知耳。"使人不能屈，[6]由是止不爲副。

[1]【今注】關東：東漢函谷關（今河南澠池縣東）以東的廣大地區。

[2]【今注】孤：辜負。《集韻·模韻》："孤，負也。"西漢李陵《答蘇武書》言："陵雖孤恩，漢亦負德。"

[3]【今注】山東：指崤山、函谷關以東的廣大地區，如稱魏、趙、韓、楚、齊、燕六國爲“山東六國”。 釁：罪。《左傳》宣公十二年載：“會聞用師，觀釁而動。”杜預注：“釁，罪也。”孔穎達疏：“釁是間隙之名……既有間隙，故爲得罪也。”

[4]【今注】案，計，紹興本、大德本作“討”，不從。

[5]【今注】相國：職掌與丞相大致相同，但地位更加尊貴，不常設。 具：詳細。

[6]【今注】使人：即前文所言使者。

卓後入關，留儁守洛陽，而儁與山東諸將通謀爲內應。既而懼爲卓所襲，乃弃官奔荆州。卓以弘農楊懿爲河南尹，[1]守洛陽。儁聞，復進兵還洛，懿走。儁以河南殘破無所資，乃東屯中牟，[2]移書州郡，[3]請師討卓。徐州刺史陶謙遣精兵三千，[4]餘州郡稍有所給，謙乃上儁行車騎將軍。董卓聞之，使其將李傕、郭汜等數萬人屯河南拒儁。[5]儁逆擊，爲傕、汜所破。儁自知不敵，留關下不敢復前。

[1]【今注】弘農：郡名。治弘農縣（今河南靈寶市東北）。

[2]【今注】中牟：縣名。治所在今河南中牟縣東。

[3]【今注】移：表移送文書的文書用語，可用於平級及互不統屬的官署之間，也可以用於上下級之間。 書：泛指官府文書。

[4]【今注】案，史，大德本作“吏”，不從。 陶謙：字恭祖，丹陽（今安徽宣城市宣州區）人。傳見本書卷七三、《三國志》卷八。

[5]【今注】郭汜：張掖郡（今甘肅張掖市甘州區西北）人。董卓部將，董卓被誅後與李傕禍亂長安，劫持公卿，後爲其部將伍

習襲擊，死於郿。事見本書卷七二《董卓傳》、傳見《三國志》卷六。

及董卓被誅，傕、汜作亂，儁時猶在中牟。陶謙以儁名臣，數有戰功，可委以大事，乃與諸豪桀共推儁爲太師，[1]因移檄牧伯，[2]同討李傕等，奉迎天子。乃奏記於儁曰："徐州刺史陶謙、前楊州刺史周乾、[3]琅邪相陰德、[4]東海相劉馗、[5]彭城相汲廉、[6]北海相孔融、[7]沛相袁忠、[8]太山太守應劭、[9]汝南太守徐璆、前九江太守服虔、[10]博士鄭玄等敢言之，[11]行車騎將軍河南尹莫府：[12]國家既遭董卓，重以李傕、郭汜之禍，幼主劫執，[13]忠良殘敝，長安隔絕，不知吉凶。是以臨官尹人，[14]搢紳有識，[15]莫不憂懼，以爲自非明哲雄霸之士，曷能剋濟禍亂！自起兵已來，于兹三年，州郡轉相顧望，未有奮擊之功，而互爭私變，更相疑惑。謙等並共諮諏，[16]議消國難。僉曰：[17]‘將軍君侯，[18]既文且武，應運而出，凡百君子，靡不顒顒。’[19]故相率屬，簡選精悍，堪能深入，直指咸陽，多持資糧，足支半歲，謹同心腹，委之元帥。"會李傕用太尉周忠、尚書賈詡策，[20]徵儁入朝。軍吏皆憚入關，[21]欲應陶謙等。儁曰："以君召臣，義不俟駕，[22]況天子詔乎！且傕、汜小豎，樊稠庸兒，無他遠略，又執力相敵，變難必作。吾乘其閒，大事可濟。"遂辭謙議而就傕徵，復爲太僕，謙等遂罷。

[1]【今注】案，桀，殿本作"傑"。　太師：官名。位在三

公之上，地位尊崇，多無實權，不常置。

[2]【今注】牧伯：對州牧與方伯的合稱。州牧本爲九州之長，東漢末期設置州牧，取代職權較輕的刺史，掌握一州民政、軍政、財政、司法等大權。方伯爲一方諸侯之長。牧伯爲對州郡長官的尊稱，後也代指封疆大吏。

[3]【今注】案，楊，殿本作“揚”，可從。

[4]【今注】琅邪：時爲王國。時治開陽縣（今山東臨沂市北）。

[5]【李賢注】魋音巨眉反。

[6]【今注】彭城：王國名。治彭城縣（今江蘇徐州市雲龍區）。

[7]【今注】北海：時爲王國。治劇縣（今山東昌樂縣西北）。案，大德本脱“相”字。 孔融：字文舉，魯國（今山東曲阜市）人。傳見本書卷七〇。

[8]【今注】沛：時爲王國。治相縣（今安徽濉溪縣西北）。案，相，大德本作“國”，不從。

[9]【今注】太山：即泰山，范曄避其父泰諱而寫作“太”，郡名。治奉高縣（今山東泰安市東）。 應劭：字仲遠，汝南南頓（今河南項城市西）人。傳見本書卷四八。

[10]【今注】九江：郡名。時治陰陵縣（今安徽定遠縣西北）。 服虔：字子慎，河南滎陽（今河南滎陽市東北）人。傳見本書卷七九下。

[11]【李賢注】蔡質《典職儀》曰：“諸州刺史上郡并列卿府，言‘敢言之’。” 【今注】博士鄭玄：東漢靈帝中平五年（188），鄭玄曾以博士徵，但未到任，此仍以“博士”稱之，未妥。博士，官名。屬太常。秦漢皆置，掌教育弟子，備皇帝諮詢。本書《百官志二》載：“博士十四人，比六百石。本注曰……掌教弟子。國有疑事，掌承問對。本四百石，宣帝增秩。”鄭玄，字康

成，北海高密（今山東高密市西南）人。漢代大儒。傳見本書卷三五。　敢言之：秦漢文書常用語，多用於下級對上級。

[12]【今注】莫府：即幕府，將軍所設的官署機構。

[13]【今注】劫執：劫於勢，即被勢力所劫持。

[14]【今注】臨官：做官。　尹人：治民。尹，主管，治理。《説文·又部》：“尹，治也。”

[15]【今注】搢紳：古代仕者垂紳插笏，後代指士大夫。搢，插。紳，束腰的大帶。

[16]【今注】諮諏（zōu）：同“咨諏”，商量之意。

[17]【今注】僉：皆，都。《爾雅·釋詁下》：“僉，皆也。”

[18]【今注】君侯：對封侯者的尊稱。封侯者在封國内可稱“君”，故有此稱謂。

[19]【今注】顒（yóng）顒：仰慕的樣子。

[20]【今注】案，大德本、殿本無“會”字。　尚書：官名。原爲皇帝近侍，負責文書傳達等，後權力逐漸上升。東漢光武帝時期，尚書臺成爲政務中樞機構，尚書也成爲擁有實權的官職。本書《百官志三》載：“尚書六人，六百石。本注曰：成帝初置尚書四人，分爲四曹：常侍曹尚書主公卿事；二千石曹尚書主郡國二千石事；民曹尚書主凡吏上書事；客曹尚書主外國夷狄事。世祖承遵，後分二千石曹，又分客曹爲南主客曹、北主客曹，凡六曹。”

[21]【今注】案，大德本無“吏”字。

[22]【李賢注】《論語》曰：“君命召，不俟駕行矣。”俟，待也。【今注】俟：等待。

　　初平四年，代周忠爲太尉，録尚書事。[1]明年秋，以日食免，復行驃騎將軍事，持節鎮關東。未發，會李傕殺樊稠，而郭汜又自疑，與傕相攻，長安中亂，故儁止不出，留拜大司農。[2]獻帝詔儁與太尉楊彪等十

餘人譬郭汜,[3]令與李傕和。汜不肯,遂留質儁等。儁
素剛,即日發病卒。

[1]【今注】録尚書事:官名。尚書掌管文書,録尚書事即總
領尚書臺諸事宜,屬於兼官,但却是手握行政實權的行政大臣。

[2]【今注】大司農:官名。九卿之一。掌國家財政。本書
《百官志三》載:"大司農,卿一人,中二千石。本注曰:掌諸錢穀
金帛諸貨幣。郡國四時上月旦見錢穀簿,其逋未畢,各具别之。邊
郡諸官請調度者,皆爲報給,損多益寡,取相給足。"

[3]【今注】獻帝:東漢獻帝劉協,公元189年至220年在位。
紀見本書卷九。 楊彪:字文先,弘農華陰(今陝西華陰市東)
人。傳見本書卷五四。 譬:曉諭,勸導。

子晧,亦有才行,官至豫章太守。[1]

[1]【今注】豫章:郡名。治南昌縣(今江西南昌市東湖區)。

論曰:皇甫嵩、朱儁並以上將之略,受脤倉卒之
時。[1]及其功成師剋,威聲滿天下。值弱主蒙塵,[2]獷
賊放命,[3]斯誠葉公投袂之幾,翟義鞠旅之日,[4]故梁
衍獻規,山東連盟,而舍格天之大業,蹈匹夫之小諒,
卒狼狽虎口,爲智士笑。[5]豈天之長斯亂也?何智勇之
不終甚乎!前史晉平原華嶠,[6]稱其父光禄大夫表,[7]
每言其祖魏大尉歆[8]稱"時人説皇甫嵩之不伐,汝豫
之戰,歸功朱儁,張角之捷,本之於盧植,收名斂策,
而己不有焉。[9]蓋功名者,世之所甚重也。誠能不爭天

下之所甚重，則怨禍不深矣"。如皇甫公之赴履危亂，而能終以歸全者，其致不亦貴乎！故顏子願不伐善爲先，斯亦行身之要與！[10]

[1]【李賢注】《春秋左氏傳》曰："國之大事在祀與戎。祀有執膰，戎有受脤。"脤，宜社之肉也。《爾雅》曰："舉大事，動大衆，必先有事於社然後出，謂之宜。"【今注】受脤（shèn）：古代出征祭社，將所用之肉分賜衆人稱爲"受脤"。

[2]【今注】弱主蒙塵：指天子流亡在外。

[3]【今注】放命：違背命令。

[4]【李賢注】《新序》曰："楚白公勝既殺令尹、司馬，欲立王子閭爲王。王子閭不肯，劫之以刃。王子閭曰：'吾聞辭天下者，非輕其利以明其德也。不爲諸侯者，非惡其位以絜其行也。今子告我以利，威我以兵，吾不爲也。'白公强之，不可，遂殺之。葉公子率楚衆以誅白公（率，紹興本、大德本、殿本皆作'高率'，可從），而反惠王於國。"投袂，奮袂也，言其怒也。《左氏傳》曰："楚子聞之，投袂而起。"翟義，方進之子，舉兵將誅王莽，事見《前書》。《詩》曰："陳師鞠旅。"鄭玄注云："鞠，告也。"【今注】投袂：比喻發怒。 鞠旅：誓師出征。

[5]【李賢注】山東連盟謂上云群帥及袁氏也（帥，大德本、殿本作"師"，不從）。《書》稱"伊尹格于皇天"。《論語》曰："豈若匹夫匹婦之爲諒也。"《莊子》云（云，大德本、殿本作"曰"），孔子見盜跖，退曰："吾幾不免虎口。"

[6]【今注】前史：前朝史官。 晉：西晉。大德本、殿本作"著"，不從。 平原：王國名。治平原縣（今山東平原縣南）。華嶠：字叔駿，平原高唐（今山東禹城市西）人。傳見《晉書》卷四四。

[7]【李賢注】華嶠《譜叙》曰（叙，大德本、殿本作

"序"）："表字偉容，歆之子也。年二十餘，爲散騎常侍。"

[8]【李賢注】《魏志》曰："歆字子魚。"【今注】魏：曹魏。案，大，紹興本、大德本、殿本作"太"，可從。 歆：華歆，字子魚。傳見《三國志》卷一三。

[9]【李賢注】斂策，不論其功。【今注】斂策：不誇耀自己的計策。

[10]【李賢注】《論語》曰，顏回曰："願無伐善，無施勞。"（殿本無此注）【今注】不伐善：不誇耀自己的好處。

贊曰：黃妖衝發，[1]嵩乃奮鉞。孰是振旅，不居不伐。[2]儁捷陳、潁，亦弭干越。[3]言肅王命，並遘屯蹶。[4]

[1]【今注】黃妖：對黃巾軍的蔑稱。 衝發：突然爆發。

[2]【李賢注】《老子》曰："功成而不居。"【今注】不居不伐：不居功自傲。

[3]【李賢注】謂平許昭也。于，語辭，猶云"句吳"之類矣。【今注】案，曹金華《後漢書稽疑》言"亦弭於越"指朱儁平定交阯，而"平許昭"則是熹平時臧旻所爲，非同一事（第942頁）。弭，平定。干，紹興本、大德本作"于"，殿本作"於"。越，代指交阯等偏遠之地。

[4]【李賢注】蹶猶躓也。【今注】並遘屯蹶（jué）：一起遭遇困難挫折。